David T. Fisher

Produktivität durch Information Engineering

David T. Fisher

Produktivität
durch
Information Engineering

Friedr. Vieweg & Sohn   Braunschweig/Wiesbaden

ISBN-13: 978-3-528-04762-7   e-ISBN-13:978-3-322-86152-8
DOI: 10.1007/978-3-322-86152-8

Vorwort

Vor einigen Jahren hatte ich Anlaß, für die Nachwuchskräfte unseres Beratungsunternehmens ein geeignetes Lehrbuch zu suchen. Bei allen in Betracht gezogenen Lektüren stieß ich auf zwei Mängel. Zum einen wurde das Problem der fehlenden Übereinstimmung zwischen Softwaresystemen und betrieblicher Organisation zu oberflächlich behandelt; zum anderen wurde zwar eine Fülle von Techniken vorgestellt, aber kein klarer Leitfaden geboten, wie diese Techniken eingesetzt werden müßten, um aus unstrukturierten organisatorischen Gegebenheiten Schritt für Schritt ein funktionierendes Informationssystem zu entwickeln. Dieses Buch soll einen Beitrag zur Lösung dieser Probleme leisten.

Ein praktischer Ratgeber muß eine Auswahl treffen. Es gibt mittlerweile so viele empfehlenswerte Information-Engineering-Techniken, daß es ganz unmöglich ist, alle anzuwenden; manche schließen sich sogar gegenseitig aus. Ich habe deswegen eine Methodenauswahl getroffen, die sich in der Praxis in zahlreichen Projekten bewährt hat. Das bedeutet natürlich nicht, daß es keine anderen Techniken gibt, die effektiv sein können. Dennoch bin ich der Meinung, daß gerade die Kombination von Unternehmensmodellierung, Einsatz von Standardsoftwarekomponenten, Prototyping und Gruppendesigngremien die beste Gewähr für das Gelingen von Softwareprojekten im kommerziellen Bereich bietet. Diese Methoden zielen darauf ab, Mensch, Maschine, Software und Organisation in ein synergistisches Gesamtsystem zu integrieren, das betriebliche Abläufe und Zielsetzungen auf optimale Weise durch die Informationstechnik unterstützt.

Die in diesem Buch beschriebenen Methoden werden nach dem folgenden Schema angewandt:

Phase 1 - Analyse des Ist-Zustandes einer Organisation mit Hilfe der strukturierten Interviewtechnik und einer Interviewdatenbank; Entwerfen eines aus 12 Modellprogrammen bestehenden Prototyps;

Phase 2 - Erstellen des Prototyps bzw. Auswahl eines Softwarepakets, das
   der Funktionalität des Prototyps am nächsten kommt;
Phase 3 - Schrittweise Verfeinerung des Informationssystems mit Hilfe
   eines Designgremiums.

Die Anwendung der Information-Engineering-Methoden nach diesem Schema
ermöglicht eine ganzheitliche Gestaltung der betrieblichen Informationstechnik. Der Einsatz von sowohl Softwarepaketen als auch Eigenentwicklungen wird mit der unternehmerischen Zielsetzung und den
betrieblichen Abläufen harmonisiert. Die empfohlene Vorgehensweise für die
Projektführung sorgt zudem dafür, daß der Projektaufwand auf das
wirtschaftlich Vertretbare beschränkt wird. Aus diesen Gründen ist das Buch
ein praxisnaher Ratgeber für EDV-Leiter, Organisationsleiter, Projektleiter,
Organisatoren, Fachbereichsvertreter und Führungskräfte, die für die
Auswahl, Entwicklung, Implementierung und/oder Koordinierung von
Informationssystemen zuständig sind. Auch Studenten und Dozenten der
Wirtschaftsinformatik und angrenzender Wissenschaften erhalten mit diesem
Buch einen Einblick in die Praxis der betrieblichen Informationstechnik.

In der Behandlung der Unternehmensmodellierung beschreibe ich das von
meiner Firma entwickelte SIABA-System. Der Nutzen dieses Buches hängt
jedoch nicht vom Vorhandensein des SIABA-Systems ab. Wichtig ist nur zu
erkennen, daß die dort vorgesehenen Datenelemente auf jeden Fall zu einem
aussagefähigen Unternehmensmodell gehören. Es ist nämlich nicht damit
getan, einfach eine Fülle von Informationen über eine Organisation in
sogenannten *Repositories* oder Enzyklopädien zu speichern, sondern auch bei
der Bestimmung der Elemente eines Modells muß eine Auswahl getroffen
werden. Die Stärke eines Modells hängt mit seiner Bündigkeit und Einfachheit
zusammen. Bei der Unternehmensmodellierung, wie bei so vielen Aspekten
der Informationstechnik, gilt daher die Devise:

Non sunt multiplicanda entia praeter necessitatem.[1]

---

[1] "Sachen sind nicht über die Notwendigkeit hinaus zu multiplizieren", das ist
das Prinzip der Ökonomie in der Philosophie, das von William von Occam
formuliert wurde.

Es ist tröstlich, daß ein Prinzip aus dem 14ten Jahrhundert noch in unserem technologischen Zeitalter seine Gültigkeit hat.

Die Ideen dieses Buches sind vorwiegend aus der Praxis erwachsen. Aus diesem Grund bin ich den an vielen Projekten beteiligten Personen zu Dank verpflichtet. Insbesondere danke ich Marina Martin-Dengler, die mein grob formuliertes Rohmaterial in verständliches Deutsch umwandelte, und Olaf Rauhof, der das Manuskript nach fachlichen Aspekten überarbeitet hat. Auch meinen geschätzten Berufskollegen Prof. Dr. Gerrard Breitbart, Jörg Happel und John Sease habe ich für viele Ratschläge, kritische Betrachtungen, kreative Anregungen und sonstige Unterstützung zu danken.

Wiesbaden im Herbst 1989

Kapitelübersicht

Inhaltsverzeichnis

1 Das Problem der Produktivität in der Informationstechnik

Software ist das wichtigste Rationalisierungsinstrument des Industriezeitalters und kann bei vernünftigem Einsatz enorme Wettbewerbsvorteile bieten. Das Potential wird jedoch selten richtig ausgeschöpft, weil Software oft ineffizient entwickelt und falsch eingesetzt wird. Das muß durchaus nicht so sein, denn die Praxis der letzten vierzig Jahre hat gezeigt, daß es Techniken und Methoden gibt, die den Erfolg des Softwareeinsatzes wesentlich sicherer machen können. Trotz des rapiden Voranschreitens der EDV-Technik behalten diese Methoden ihre Aktualität. Dieses Buch untersucht die wichtigsten Einflußfaktoren der Softwareproduktivität und schlägt eine Softwareentwicklungsmethode vor, die den Einsatz der betrieblichen Informationstechnik optimiert.

1.1 Rolle der Produktivität in der Informationstechnik

1.1.1 Informationssysteme und betriebliche Rationalität

Das Hauptziel der Informationstechnik ist die Steigerung der betrieblichen Effizienz. Dieses Ziel versucht man in erster Linie durch den Einsatz von Computer- und Softwaresystemen zu erreichen. Solche Informationssysteme werden installiert, um organisatorische Abläufe rationeller zu gestalten. Rationell heißt in diesem Fall im Einklang mit dem ökonomischen Prinzip: Bei einem gegebenen Aufwand wird der maximale Nutzen erwirtschaftet oder ein gegebener Nutzen wird mit einem Minimum an Aufwand erzielt. Auch die Mittel der elektronischen Datenverarbeitung werden angewandt, um betriebliche Abläufe im Sinne des ökonomischen Prinzips zu beeinflußen. Es ist jedoch verblüffend, wie oft dies in der Praxis mißlingt. Eine neuere Diebold-Untersuchung des EDV-Einsatzes in ca. 70 Industrie- und Dienstleistungsunternehmen in Österreich, der Bundesrepublik und der Schweiz hat z.B. ergeben, daß zwei Drittel der untersuchten Unternehmen keine meßbare Produktivitätssteigerung durch den EDV-Einsatz erzielt hatten.[1] Die Unter-

---

[1] *Computerwelt* (Österreich), Nr. 17, 9.Sept.88, S. 1-2

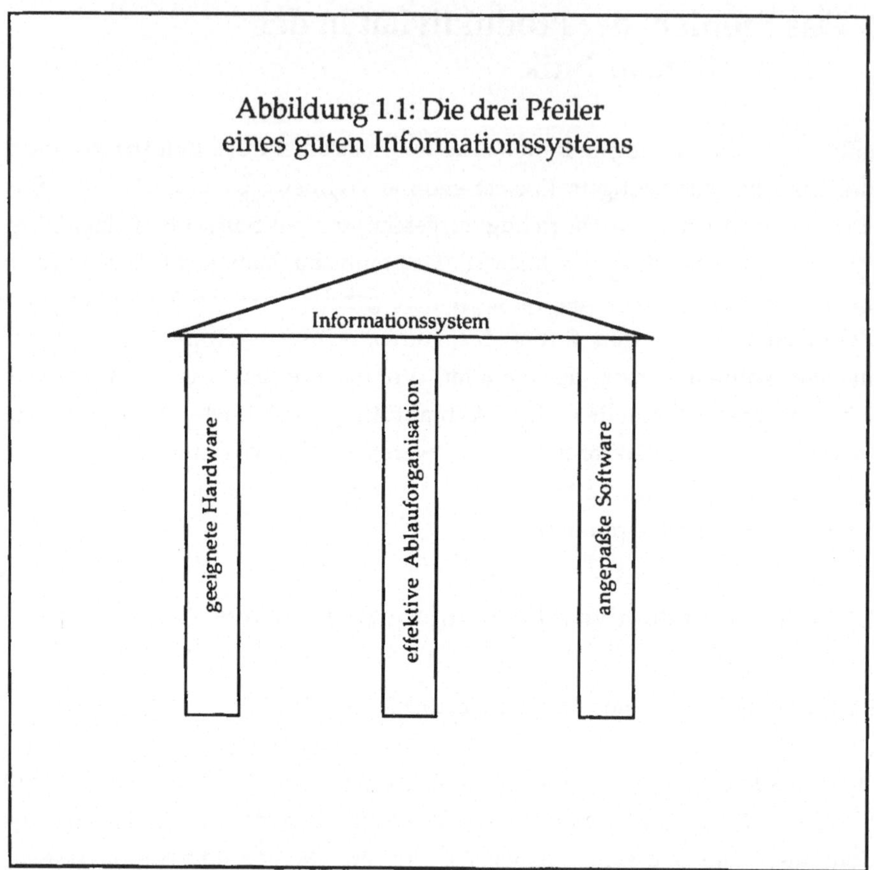

suchung bezog sich in erster Linie auf Bürokommunikationssysteme. Als Hauptursachen dafür, daß eine Rationalisierung im o.g. Sinne fehlschlug, wurden mangelnde Akzeptanz und fehlende organisatorische Anpassung genannt. Dieses Ergebnis mag manche überraschen, Praktiker wissen aber, daß es allzu typisch ist und nicht nur für Bürokommunikationsprojekte gilt.

Die Gründe für diese Misere sind vielfältig, hängen aber in erster Linie mit der Tatsache zusammen, daß Informationssysteme oft nicht mit den ablauforganisatorischen Gegebenheiten übereinstimmen. Die Resultate reichen von mangelnder Akzeptanz bis hin zum EDV-unterstützten Chaos. Die Ablauforganisation eines Betriebs und das dazu passende Informationssystem bilden nun einmal eine untrennbare Einheit. Beide müssen sorgfältig aufeinander abgestimmt werden. Es ist erstaunlich, wie oft dies nicht geschieht. Dabei ist häufig ein gewisser Wunderglaube zu beobachten: Dem Computer werden magische Kräfte beigemessen; das reine Vorhandensein fortschrittlicher Technik soll den Erfolg irgendwie sichern! Geleitet von technischen Modeerscheinungen und Schlagwörtern bewilligen manche Manager riesige Investitionen, ohne sich konkret zu überlegen, was und wie verbessert werden soll. Man kauft ein Werkzeug ein, ohne genau zu wissen, wofür man es einsetzen wird. Es ist, als ob ein Heimwerker zuerst einen Hammer kauft und dann ermittelt, ob es Nägel gibt, die eingeschlagen werden sollen. So gesehen, ist es nicht verwunderlich, daß so viele Rationalisierungsprojekte schieflaufen.

1.1.2 Finanzielle Bedeutung der Softwareproduktivität

Die Probleme beim Einsatz von Informationssystemen hängen weniger mit dem Computer selbst als mit der Software zusammen. Die Hardwarekomponente eines Computersystems ist weitgehend anwendungsneutral und somit sind diesbezügliche Fehlentscheidungen meistens korrigierbar. Darüber hinaus hat die enorme Produktivitätssteigerung in der Hardwareherstellung Kostensenkungen herbeigeführt, die zu einer gewaltigen Entlastung dieses Budgetpostens führen. Durch Standardisierung und Automatisierung in der Hardwarefertigung halbiert sich das Preis-Leistungsverhältnis für die Hardwarekomponente der meisten Computersysteme etwa alle zwei Jahre. Es gibt kaum ein Wirtschaftsgebiet, das solche Produktivitätsfortschritte aufweist. Auf der Softwareseite sieht es leider ganz anders aus. Hier wird in der Regel noch so verfahren wie bei der Hardwarefertigung in den frühen 50er Jahren. Maßgeschneiderte Komponenten werden auf arbeitsintensive Weise zusammengestellt mit dem Ergebnis, daß unzuverlässige, wartungsanfällige Aggregate entstehen. Das hat hohe Kosten zur Folge. Es sind daher die Fehler bei der Softwareerstellung bzw. die fehlerhafte Software, die die wirklichen Schwierigkeiten auslösen. Die Fehlentwicklungen auf diesem Gebiet sind umso bedauerlicher, da Software als Kostenfaktor immer mehr Bedeutung erlangt. 1985 sind weltweit etwa 140 Milliarden US\$ für Software ausgegeben worden. Bei den gegenwärtigen Wachstumsraten (ca. 12% pro Annum) wird diese Zahl bis 1995 die Summe von 450 Milliarden US\$ übersteigen.[1] Bei

---

[1] B.W.Boehm, "Improving Software Productivity", *Computer*, Sept.1987, S.43

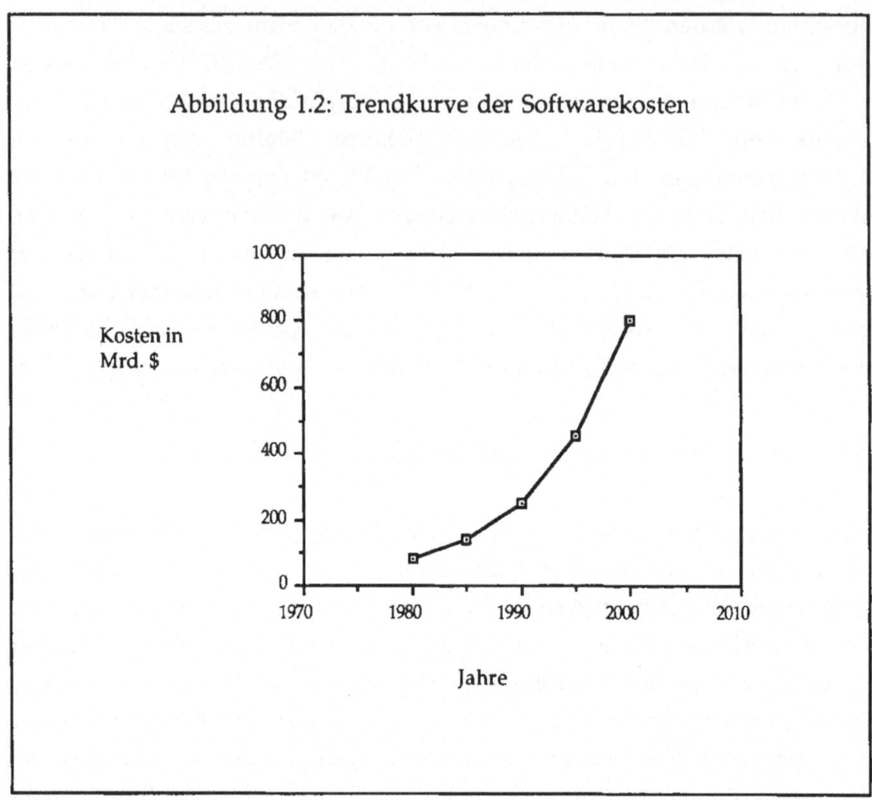

diesen enormen Ausgaben haben selbst kleine Verbesserungen eine ungeheure wirtschaftliche Auswirkung. Produktivitätssteigerung in der Erstellung und Verwendung von Software ist daher ein zentrales Thema unserer Zeit.

1.2 Analyse der Produktivitätsfaktoren

1.2.1 Analyse der Einflußgrößen

Ein Hauptproblem der Informationstechnik ist die mangelnde Anpassung der Software an die betriebliche Realität. Alle anderen Probleme, wie etwa mangelnde Akzeptanz, leiten sich in erster Linie von diesem Anpassungsproblem ab. Das trifft sowohl für die Verwendung von fertigen Software-

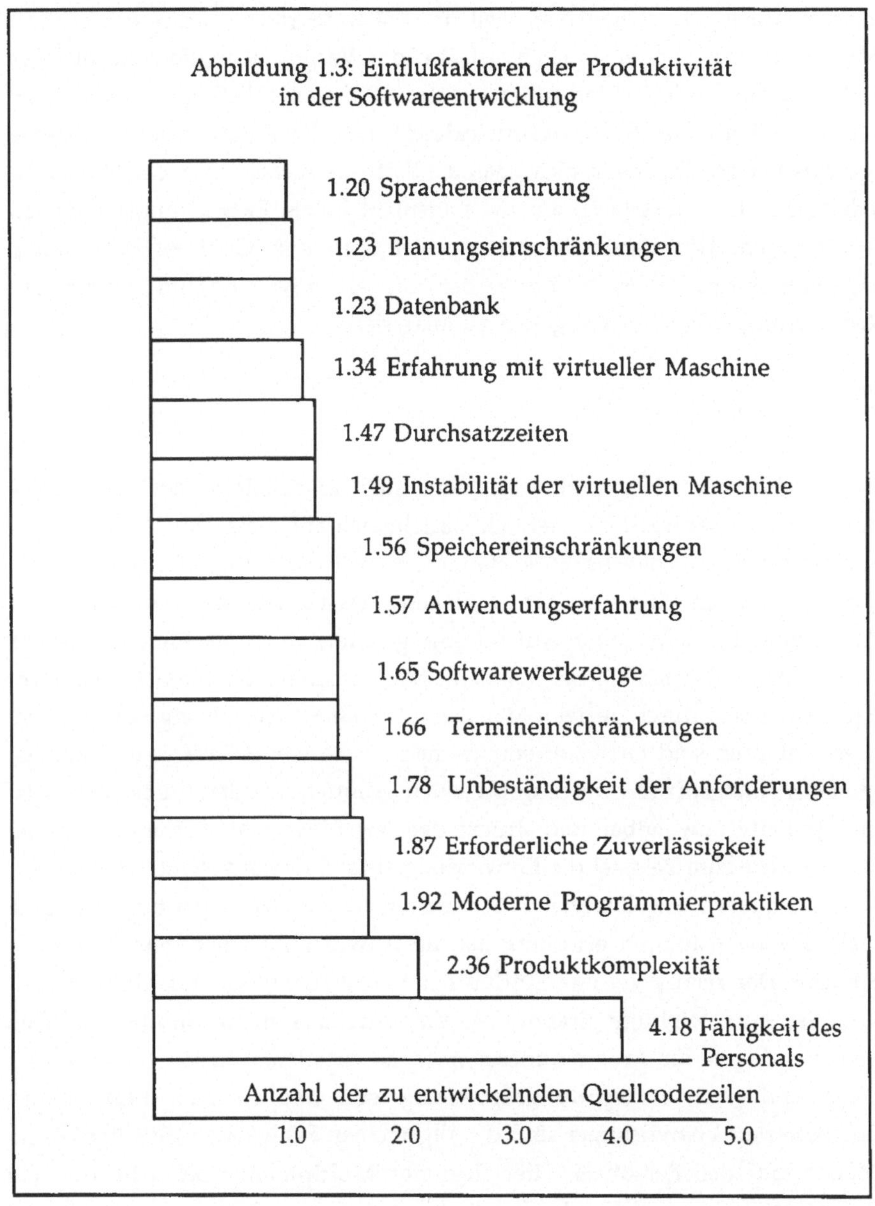

paketen als auch für Eigenentwicklungen zu. Häufig stellt man bei der Inbetriebnahme fest, daß die Software die gestellten Aufgaben überhaupt nicht oder nicht ausreichend abdeckt. Das Resultat ist ein unvorhergesehener aber unvermeidlicher Kostenanstieg, weil das Softwaresystem verbessert, ergänzt oder gar ersetzt werden muß. Es ist also der Verlust über die Kontrolle der Softwarekosten (die Implementierung eines Softwarepakets gilt hier als eine besondere Form der Softwareentwicklung), der die Rationalisierungseffekte zunichte macht. Das heißt nicht, daß die Software nichts nutzt, der Nutzen ist lediglich nicht groß genug, um die ungeplant hohen Entwicklungskosten zu rechtfertigen. Um Rationalisierungsprojekte in den Griff zu bekommen, empfiehlt es sich daher, die Kosten der Softwareentwicklung im Hinblick auf Reduzierungsmöglichkeiten genau zu analysieren.

1.2.1.1 Der Faktor Mensch

Die Analyse der Softwarekosten kann auf verschiedene Art und Weise durchgeführt werden. Eine Methode bezieht sich auf diejenigen Attribute von Softwareprojekten, die die Entwicklungskosten beeinflussen. Diese Attribute, die sogenannten Kostentreiber, schlagen verschieden stark zu Buche. In Abbildung 1.3 wird eine Aufstellung gezeigt, die den Einfluß von 16 verschiedenen Kostenfaktoren darstellt. Manche dieser Faktoren (leider nicht alle) lassen sich durch gezielte Managementmaßnahmen günstig beeinflussen. Diese Faktoren sind aus einer empirischen Studie von Softwareentwicklungsprojekten und Softwarewartungsprojekten ermittelt worden.[1] Jeder Faktor ist multiplikativ anwendbar und drückt den jeweiligen statistischen Spielraum aus: So wird zum Beispiel die Entwicklung eines Softwaresystems in einer den Programmierern ungeläufigen Programmiersprache ceteris paribus etwa 20% mehr Personenstunden erfordern als die Anwendung einer sehr geläufigen Sprache. Der relativ geringe Einfluß der Sprachkenntnisse auf die Produktivität ist eine wichtige Erkenntnis, die durchaus nicht intuitiv ist. Den Stellenanzeigen für Programmierer nach zu urteilen, werden Sprachkenntnisse und auch Anwendungserfahrung von den meisten EDV-Leitern überbewertet. Viel wichtiger sind die allgemeinen Fähigkeiten (Intelligenz und Motivation) des Personals. Hier liegt der Multiplikator bei 4.18, d.h. ein unfähiges Team wird für die Bearbeitung eines Projektes mehr als viermal soviel Zeit benötigen als eine schlagfähige Truppe. Hat man die Wahl

---

[1] B.W. Boehm, P.N. Papaccio, "Understanding and Controlling Software Costs", *IEEE Transactions on Software Engineering*, Vol 14, Nr. 10, Okt.1988, S. 1466

zwischen einem mittelmäßigen Programmierer mit relevanter Sprach- und Anwendungserfahrung und einem begabten Programmierer ohne Vorkenntnisse, wäre es demnach ein großer Fehler, dem erfahrenen Bewerber den Vorzug zu geben! Generell gilt, daß sich die Auswahl der besten Mitarbeiter immer rentiert, da ihr Produktivitätsspielraum viel größer als ihr Gehaltsspielraum ist.

1.2.1.2 Die Anzahl der zu entwickelnden Instruktionen

Der alles überragende Kostenfaktor in der Softwareentwicklung ist aber die Anzahl der zu entwickelnden Quellinstruktionen. Der Einfluß dieses Faktors ist nach oben hin offen. Daher ist der Versuch, die Anzahl der zu entwickelnden Quelleninstruktionen zu reduzieren, eine erfolgversprechende Produktivitätsstrategie. Das kann durch den Einsatz von modernen Programmiersprachen erreicht werden. Aus diesem Grund finden die Sprachen der vierten Generation[1] gegenwärtig breite Zustimmung. Die Erfahrung zeigt jedoch, daß die sogenannten 4GLs zwar gewisse Vorteile, aber auch gravierende Nachteile mit sich bringen. Die zu vermutenden Vorteile werden in Abbildung 1.4 den Nachteilen gegenübergestellt, die sich in der Praxis ergeben können.[2] Mit solchen Sprachen können bestimmte Arten der Anwendung sehr leicht und schnell programmiert werden; auch das Testen wird oft durch eine gut integrierte Entwicklungsumgebung wesentlich erleichtert. Bei komplexeren Anwendungen ist das Programmieren jedoch oft schwieriger als mit einer herkömmlichen Sprache. Häufig unterliegt z.B. die Programmgröße bzw. die Größe der im Programm benutzten Datentabellen Limitationen, die dazu führen können, daß bestimmte Anwendungen in der 4GL mehr Code erfordern als in Cobol oder PL/1!

---

1 Sprachen der vierten Generation sind entwickelt worden, um Programmieraufgaben schneller und leichter bewältigen zu können, als das mit den herkömmlichen Sprachen wie Cobol und Pl/1 möglich ist. Das wird in erster Linie durch den Einsatz von nichtprozeduralen Programmeinrichtungen angestrebt, d.h. der Programmierer bestimmt, was erreicht werden soll, aber nicht im Detail, wie es zu erreichen ist.

2 Die zu vermutenden Vorteile sind aus dem folgenden Werk entnommen: J.Martin, *Information Engineering*, Vol.1, Carnforth, Lancashire: 1986, S.233

Abbildung 1.4: Überblick über die Charakteristiken von Sprachen der vierten Generation

Vermutete Vorteile	Nachteile, die sich in der Praxis herausstellen können
Leicht zu benutzen	Nur dann, wenn man nur das macht, was die Sprache gut kann
Kann durch nichttechnische Benutzer eingesetzt werden, um eigene Resultate zu erzielen	Solche Resultate sind im höchsten Maße unzuverlässig
Kann ein Datenbankverwaltungssystem direkt ansprechen	Durch eine falsche Abfrage kann man einen Systemstillstand auslösen
Erfordert signifikant weniger Instruktionen als COBOL	Aber nur, wenn die Anwendung ins Schema paßt
Nichtprozeduraler Code wird wann immer möglich eingesetzt	Dadurch wird die Flexibilität der Programmierung oft eingeschränkt
Intelligente Standardannahmen über die Wünsche des Benutzers werden wann immer möglich gemacht	Die Annahmen sind oft falsch
Geeignet für interaktive Programmierung	Das sind die anderen Sprachen auch
Erzwingt oder fördert die strukturierte Programmierung	Erzwingt aber auch oft unrealistische Einschränkungen bezüglich Modulgröße, Tabellengröße usw.
Leicht erlernbare Teilmengen für den nichttechnischen Benutzer	Nur geeignet für triviale Aufgaben, die in der Praxis selten vorkommen
Geeignet für schnelles Debugging	Die meiste Debugging-Zeit wird für die Behebung der 4GL-eigenen Schwächen benutzt
Resultate in wesentlich weniger Zeit erreichbar als mit COBOL oder PL/1	Wesentliche Zeitverkürzungen sind empirisch schlecht belegt

Ein weiterer Nachteil, der mit der Verwendung von 4GLs einhergeht, ist, daß
es für sie noch keine allgemein anerkannten Standards gibt. Dadurch ist man
den subjektiven Vorstellungen der einzelnen Hersteller vollständig ausgeliefert. Das gegenwärtige Wettrennen unter den Herstellern um den
Markterfolg bewirkt auch, daß oft unausgereifte, instabile Produkte an die
Kunden ausgeliefert werden. Ein bekannter 4GL-Hersteller hat z.B. über
längere Zeit zahlreiche Versionen seines Produktes in kurzen Zeitabständen
herausgegeben. Das lag daran, daß jede Version Fehler aufwies, was dann
wiederum zu der raschen Ausgabe einer korrigierten aber mit neuen Fehlern
behafteten Version geführt hat. Während dieser Zeit haben Anwendungsent-
wickler verheerende Folgen für ihre Projekte hinnehmen müssen, da für
jeden entdeckten Fehler kurzfristig programmtechnische Provisorien gefunden werden mußten, die jedoch bei nachfolgenden Versionen oft nicht
mehr funktionstüchtig waren. Aufgrund solcher Erfahrung kommt es häufig
zu der grotesken Situation, daß sich Kunden weigern, neue Versionen eines
Softwareproduktes überhaupt anzunehmen und lieber bei einer fehlerhaften
aber bekannten Auflage des Produktes bleiben. Der Reifungsprozeß einer
Programmiersprache ist eine Sache von Jahren und wird meistens durch eine
Zunahme an Funktionen begleitet. Durch die Rückkopplung von
unzufriedenen Benutzern erkennt der Hersteller, daß die 4GL zusätzliche Einrichtungen benötigt, um praxisgerecht eingesetzt werden zu können. Das
bedeutet, daß, wenn eine 4GL endlich einmal ausgereift ist, die Sprache genau
so umfangreich wie eine 3GL ist. Die vielgepriesenen Vorteile der Einfachheit
und der schnellen Erlernbarkeit werden dadurch stark relativiert. Die
vermeintlichen Vorteile der Einfachheit und schnellen Erlernbarkeit von
4GLs sollen auch die Programmierung durch den Endbenutzer ermöglichen.
4GLs, die normalerweise mit sogenannten relationalen Datenbankverwaltungssystemen[1] kombiniert werden, sollen die EDV-Entwicklungsab-
teilungen dadurch entlasten, daß die Endbenutzer manche Anwendungen
selbst programmieren können. Das ist eine praxisfremde Einschätzung, die nur
dann realistisch wird, wenn vollausgebildete Programmierer in den

---

[1] Ein relationales Datenbanksystem ist ein System, das Datensätze in zwei-
dimensionalen Tabellen auf eine Weise speichert, die die Darstellung der
Abhängigkeiten der einzelnen Sätze untereinander als mathematische
Relationen ermöglicht und dadurch den Zugriff nach verschiedenen
Ordnungsbegriffen erleichert.

entsprechenden Abteilungen sitzen. Ohne ausreichend qualifizierte Endbenutzer, ist das Programmieren mit 4GLs eines der gefährlichsten Abenteuer, auf das sich eine Organisation einlassen kann. Selbst die Verwendung einfacher 4GLs setzt Fähigkeiten und Kenntnisse voraus, über die oft genug selbst Programmierer nicht verfügen, geschweige denn Nicht-Programmierer. So ist z.B. die Beherrschung der Booleschen Algebra unerläßlich, um die Resultate einer Abfrage genau zu verstehen, andernfalls können unbemerkt fehlerhafte Datenauswertungen vorgenommen werden, die zu katastrophalen Fehlentscheidungen führen können. Solche falschen Datenauswertungen sind in der Regel weder prüfbar noch rekonstruierbar und daher der Alptraum eines jeden Wirtschaftsprüfers. Die Prüfbarkeit und Rekonstruierbarkeit einer Datenauswertung können nur durch fachgerechtes Austesten gewährleistet werden. Das wiederum setzt Kenntnisse über die Führung eines streng kontrollierten Versuchs voraus, über die die meisten Endbenutzer nicht verfügen.

Darüber hinaus ist die Hardwareausnutzung bei 4GLs (wie auch bei vielen relationalen Datenbankverwaltungssystemen) meistens sehr ineffizient, was dann zu Laufzeitproblemen in der Produktion führt. Das ist ein besonders tückisches Problem, da es in der Testphase oft nicht auffällt. So kann bei einer geringen Benutzerzahl das System zufriedenstellend funktionieren, bei einer hohen Benutzerzahl können aber unakzeptable Antwortzeiten auftreten. Selbst bei einer geringen Anzahl von Benutzern kann eine einzige schlecht durchdachte Abfrage einen Systemstillstand herbeiführen. In der Praxis zeigen sich nur dann Produktivitätsvorteile bei 4GLs, wenn sich das Systemdesign auf solche einfachen Transaktionen beschränkt, die die in Frage kommende 4GL gut lösen kann. Die Vorteile resultieren dann aber mehr aus der Vereinfachung des Problems und weniger aus der 4GL.

1.2.1.3 Die Vorteile der Wiederbenutzbarkeit

Eine wirksamere Strategie zur Reduzierung des zu programmierenden Quellencodes ist die konsequente Anwendung von wiederbenutzbaren Komponenten (und natürlich auch von fertigen Softwarepaketen). Die Vor-

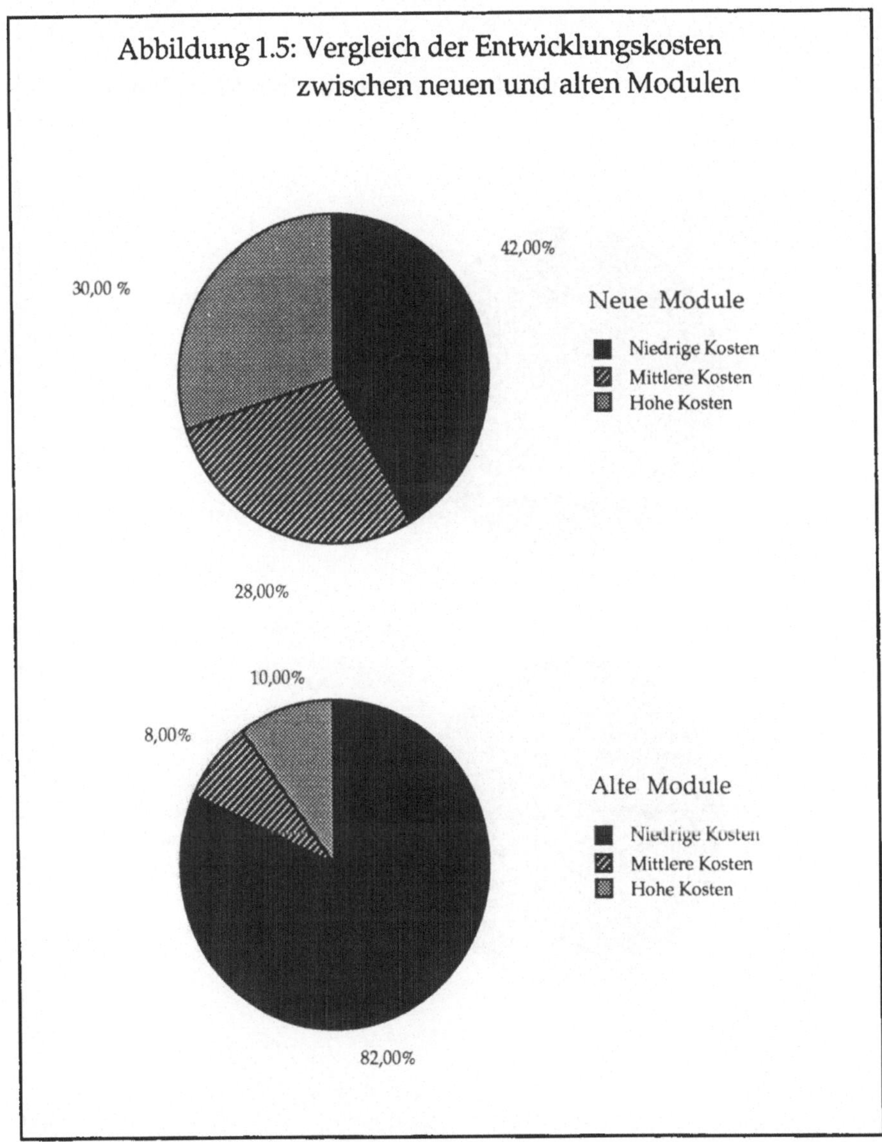

teile der Wiederbenutzbarkeit von Quellencode sind empirisch sehr gut belegt. Während die gängige Programmiererproduktivität seit vielen Jahren bei weniger als 4000 Kodierzeilen pro Jahr liegt, hat die Fa. Toshiba z.B. durch die

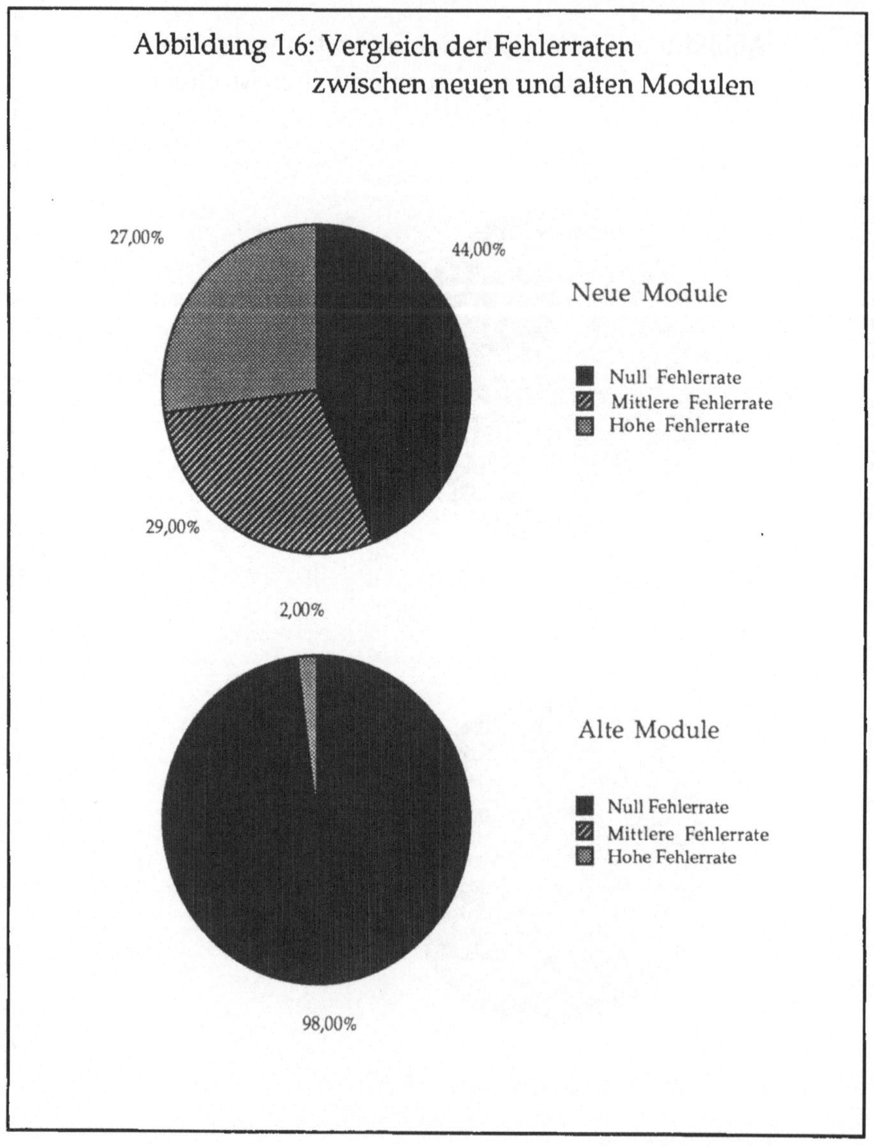

Anwendung wiederbenutzbarer Komponenten Produktivitätsraten von über 20000 Kodierzeilen pro Personenjahr erzielt.[1] Der amerikanische Versi-

---

[1] E.J. Joyce, "Reusable Software: Passage to Productivity?", *Datamation*, 15.Sept.88, S.97

cherungsgigant Hartford Group hat ähnliche Erfolge verbucht. Bei einer Beschäftigtenzahl von 1200 Systementwicklern hat Hartford durch eine Komponentenbibliothek eine monatliche Ersparnis von 250 Arbeitstagen realisiert, wobei die Wartung dieser Bibliothek einen Aufwand von lediglich 25 Arbeitstagen im Monat erfordert.[1] Diese Bibliothek besteht aus 35 dokumentierten und ausgetesteten COBOL-Modulen (15 Programmen und 20 Subroutinen). Zwischen 30% und 40% des Codes von neuen Systemen stammt aus der wiederbenutzbaren Bibliothek. Alle Programmierer sind gehalten, die Bibliothek möglichst häufig zu benutzen, bei jedem geschriebenen Programm den Anteil an wiederbenutztem Code zu melden und eigene Beiträge für die Bibliothek zu entwickeln. Ein monatlicher Preis, der von der Firma für den besten Produktivitätsvorschlag vergeben wird, bietet den Programmierern einen Anreiz, in diesem Sinne kreativ zu sein.

Die Wiederbenutzbarkeit von Software erhöht nicht nur die Produktivität der Programmierer, sondern reduziert auch die Fehlerraten der entwickelten Module. Dies geht sehr eindeutig aus einer Studie von 887 Fortranmodulen hervor.[2] Diese Studie wurde vom Software Engineering Laboratory durchgeführt. Das SEL ist ein ständiges Forschungsprojekt, das von der amerikanischen Raumfahrtbehörde NASA, der Computer Sciences Corporation und der Universität von Maryland gemeinsam getragen wird. Das SEL überwacht Softwareprojekte auf dem Gebiet der Luft- und Raumfahrttechnik und unterhält eine Datenbank mit Statistiken aus vielen Projekten. Die Studie hat gezeigt, daß 98% alter, wiederbenutzbarer Module fehlerfrei funktionierten, neue Module jedoch nur zu 44%. Darüber hinaus haben diese und andere Studien von SEL bewiesen, daß die Wiederbenutzung von Code nur 20% der Kosten einer Neuentwicklung ausmacht.

Eine interessante Variante der Wiederbenutzung von Code bietet der Einsatz von Generatoren. Ein Codegenerator erstellt Programme (oder Programmteile) aufgrund von angegebenen Parametern und erspart dem Programmierer damit die Zusammenstellung der Komponenten aus einer Bibliothek. Ein gut

---

[1] E.J. Joyce, Op.Cit., S.98

[2] D.N. Card, V.E. Church, W.W. Agresti, "An Empirical Study of Software Design Practices", *IEEE Transactions on Software Engineering*, Vol.12, Nr.2, Feb.1986, S.266

konzipierter Generator kann viel Zeit sparen. Bei manchen Produkten ist die Parameterangabe jedoch so kompliziert, daß keine echte Produktivitätssteigerung zu erreichen ist. In der Praxis stellen sich solche Generatoren als am nützlichsten heraus, die ganze Programme in Form von gut verständlichem (und notfalls abänderbarem) Quellcode generieren.

1.2.1.4 Die Vorteile der Vereinfachung - die Gefahr des Goldplating

Die enorme Auswirkung, die die Faktoren Programmgröße (Anzahl der zu entwickelnden Quelleninstruktionen) und Produktkomplexität (2.36) auf die Softwareproduktivität haben, macht eine Strategie der Vereinfachung sehr sinnvoll. Es gibt kaum ein Informationssystem, das nicht zu seinem Vorteil vereinfacht werden könnte. Das kommt daher, daß Anwender zur Überspezifizierung ihrer Bedürfnisse neigen. Diese Neigung hängt mit der Tatsache zusammen, daß die Systementwicklung nicht nur ein technisches, sondern auch ein politisches und psychologisches Problem ist. Die herkömmliche Methode des Systemdesigns sieht eine schriftliche Spezifizierung aller Funktionen vor. Diese Spezifizierung wird in der Regel in Form von relativ abstrakten Unterlagen vorgenommen, die den Benutzern zur Abnahme vorgelegt werden. Hier fängt das psychologische Problem an; die meisten Benutzer sind nämlich nicht in der Lage, die abstrakten Unterlagen hinreichend zu verstehen. Sie können sich nicht in ihre künftige Arbeitswelt hineindenken und haben nur eine vage Vorstellung, wie das geplante System funktionieren soll. Um ganz sicher zu sein, daß das neue System alles Notwendige beinhaltet, wird jede denkbare Forderung gestellt und vom Systemdesigner oft unkritisch in das Design eingebaut. Viele dieser Einrichtungen stellen sich nach der Realisierung als nutzlose Kostentreiber heraus. Der politische Faktor kommt zum Tragen, wenn die Berücksichtigung von bestimmten Abläufen im Systemdesign als Werturteil über die zuständigen Mitarbeiter verstanden wird. Dann findet ein Wettlauf in der Spezifizierung von Forderungen statt, der eine kostspielige Aufblähung des Systemumfangs zur Folge hat. Ein weiteres politisches Problem entsteht dadurch, daß Rationalisierung meistens Integration erforderlich macht. Wenn Abläufe integriert werden, dann bedeutet das einen Verzicht auf Individualität. Mitarbeiter, die früher relativ selbständig arbeiten konnten, müssen sich jetzt mit anderen Stellen abstimmen. Jeder will, daß gerade seine Arbeitsweise und nicht die des Nachbarn in das neue System übernommen wird. Das kann aufwendige Diskussionen auslösen und somit wiederum die Kosten des Systemdesigns in die Höhe treiben. Sowohl die psychologischen als auch die politischen Aspekte der Systementwicklung können also zu einer Überspezifizierung der Systembedürfnisse führen. Diese Überspezifizierung, auch "Goldplating" (Vergoldung) genannt, ist einer der größten Feinde der Produktivität in der Softwareentwicklung!

1.2.1.5 Die Unerläßlichkeit der Teilnahme der Endbenutzer

Die Probleme mit Überspezifizierung und unendlichen Designdiskussionen verleiten manche Systementwickler dazu, die Teilnahme der Benutzer am Designprozeß auf ein Minimum zu reduzieren. Das ist ein folgenschwerer Fehler. Systemdesigner sind selten Fachbereichsexperte und selbst wenn sie es sind, können sie nie alle subtilen Probleme der einzelnen Arbeitsplätze genau genug verstehen, um das optimale System zu konzipieren. Darüber hinaus ist die Akzeptanz seitens der Benutzer der wichtigste Erfolgsfaktor überhaupt. Dies ist empirisch sehr gut belegt. Eine Studie von 200 Benutzern in der industriellen Fertigung aus verschiedenen Firmen zeigt z.B. eindeutig, daß die Akzeptanz des Systems eine hohe positive Korrelation mit der Teilnahme der Benutzer am Designprozeß aufweist.[1] Darüber hinaus zeigt diese Studie, daß die Teilnahme der Benutzer am Designprozeß zu einer erhöhten Systemausnutzung führt. Das ist auch wichtig, da viele Systeme daran scheitern, daß sie von den Benutzern einfach ignoriert werden. Ein System kann natürlich keine Rationalisierungseffekte herbeiführen, wenn es nicht eingesetzt wird. Es steht außer Frage, die Teilnahme der Benutzer am Designprozeß ist von ausschlaggebender Wichtigkeit; entscheidend ist dabei nur, daß die Teilnahme richtig organisiert und gesteuert wird.

Einen vernünftigen Ansatz zur Steuerung der Teilnahme von Endbenutzern am Designprozeß zeigt eine andere Studie über den Einsatz von IBMs Joint

---

[1] J.J. Baroudi, M.H. OLson, B. Ives, "An Empirical Study of the Impact of User Involvement on Systems Usage and Information Satisfaction," *Communications of the ACM*, März 1986, Vol. 29, Nr.3, S. 232

Application Design (JAD-Technik). Aus dieser Studie geht hervor, daß ein partizipatives Entwicklungsmodell bei einer großen US-amerikanischen Versicherungsgesellschaft zu Produktivitätssteigerungen von 50% und mehr geführt hat.[1] Die Firma CNA-Versicherungsgesellschaft gehört zu den ersten Firmen, die Gruppendesigntechniken eingesetzt haben. 1983 wurden bei CNA zwei Projekte im Rahmen eines kontrollierten Versuches verglichen, wobei das eine Projekt JAD-Techniken eingesetzt hat und das andere nicht. Die Produktivität wurde auf der Basis von *function points*[2] gemessen . In den Projektphasen von Bedarfsermittlung und Systemdesign hat das durch JAD-Technik unterstützte Projekt im Schnitt 2,5 Personenstunden pro *function point* an Aufwand gehabt, während das andere Projekt 5,2 Personenstunden pro *function point* benötigte.

1.2.1.6 Die CASE-Problematik

Mit dem Ziel, partizipatives Systemdesign vernünftig zu gestalten, ist in den letzten Jahren eine neue Gattung von Softwareprodukten entstanden. Diese fallen unter die Rubrik CASE (Computer Aided Systems Engineering). Diese Produkte unterstützen verschiedene Aspekte der Systementwicklung durch maschinelle Verfahren. Konkret bedeutet das in vielen Fällen eine graphische Unterstützung. Die CASE-Hersteller empfehlen, die Systemspezifikationen verstärkt in graphischer Form zu gestalten. Die Produkte ermöglichen dies durch die Fähigkeit, Bilder zu erstellen und zu speichern. Diese Bilder sollen die Verständigungsschwierigkeiten zwischen Benutzern und Systemdesignern abbauen helfen. Manche der fortgeschritteneren Produkte können die Konsistenz zwischen verschiedenen graphischen Darstellungen prüfen und sogar die Generierung von Programmen aufgrund graphischer Darstellungen bewerkstelligen. Die theoretischen Versprechungen werden jedoch in der Praxis nicht erfüllt. Die Grundannahme, daß graphische Darstellungen alle Verständnisschwierigkeiten aus der Welt räumen werden, ist einfach falsch, da

---

[1] A. Gill, "Setting Up Your Own Group Design Session," *Datamation*, 15.Nov.87, S.90

[2] Die Function-Point-Methode ist ein durch die Fa. IBM entwickeltes Verfahren zur einheitlichen Aufwandschätzung von Softwareentwicklungsprojekten. Nach dieser Methode wird der Aufwand in erster Linie aufgrund der Anzahl und des Komplexitätsgrades bestimmter anwendungsorientierter Merkmale des Softwaresystems geschätzt.

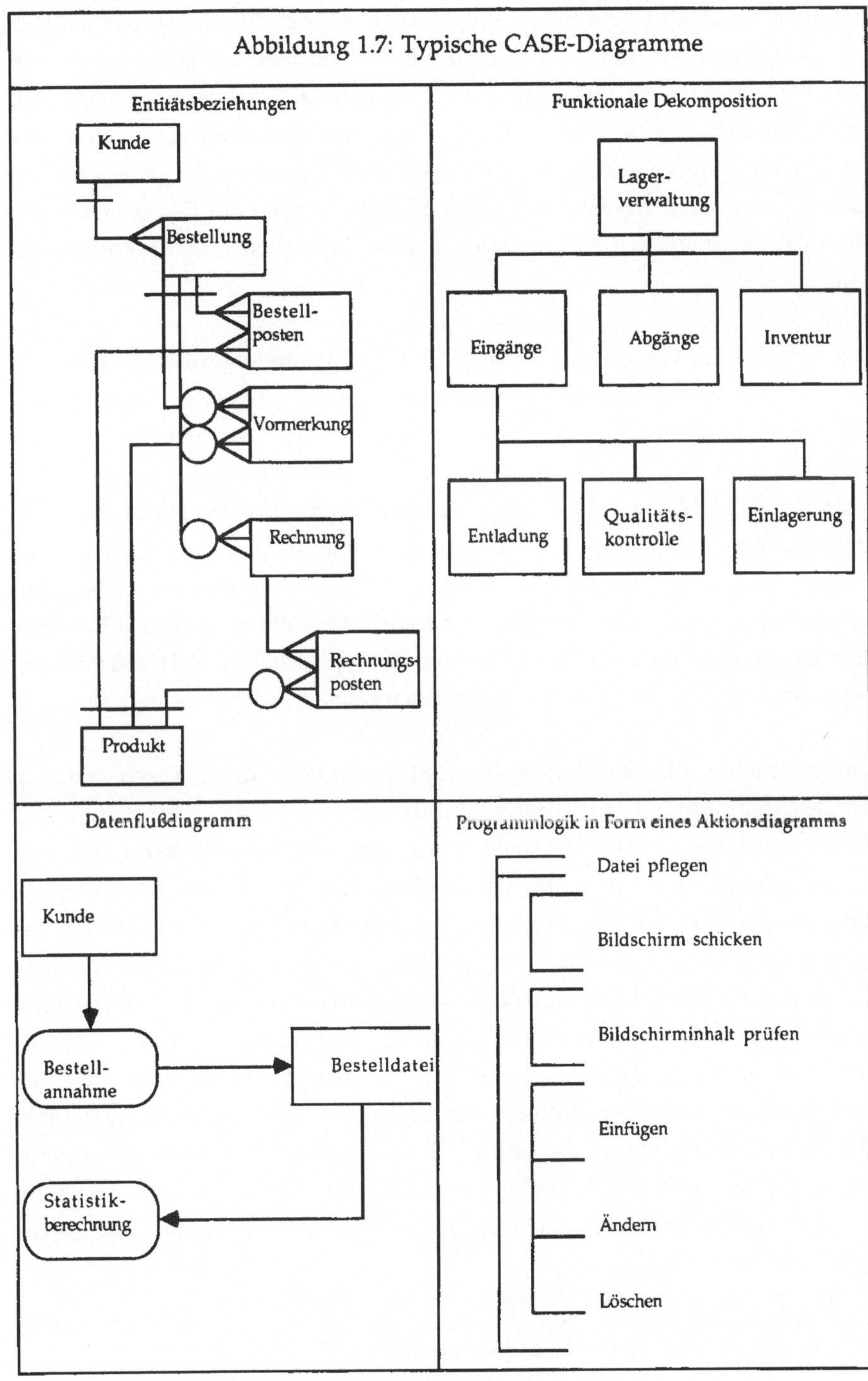

Abbildung 1.7: Typische CASE-Diagramme
Entitätsbeziehungen
Funktionale Dekomposition
Kunde
Bestellung
Bestell-
posten
Vormerkung
Rechnung
Rechnungs-
posten
Produkt
Lager-
verwaltung
Eingänge
Abgänge
Inventur
Entladung
Qualitäts-
kontrolle
Einlagerung
Datenflußdiagramm
Programmlogik in Form eines Aktionsdiagramms
Kunde
Bestell-
annahme
Bestelldatei
Statistik-
berechnung
Datei pflegen
Bildschirm schicken
Bildschirminhalt prüfen
Einfügen
Ändern
Löschen

die Bilder auch abstrakte Darstellungen sind, die den Benutzern fast so viele Schwierigkeiten bereiten wie altmodische schriftliche Spezifikationen. Ein typischer Benutzer hat genauso viele Probleme mit einem Diagramm über Entitätsbeziehungen[1] wie mit einer verbalen Beschreibung. Durch die Möglichkeit, verschiedene Systemdarstellungen maschinell generieren zu können, kann der Systemdesigner die Fachabteilungen mit Designunterlagen nun total überhäufen. Die Pseudoabnahme ist dann noch wahrscheinlicher als ohne CASE.

Das Problem des Goldplating wird durch CASE kaum angesprochen. Obwohl viele CASE-Produkte den Anspruch erheben, den Aufbau eines Unternehmensmodells zu ermöglichen, liefern diese Modelle wenige Hinweise zur Prioritätenbildung bezüglich der Rationalisierungsmöglichkeiten. Die typischen CASE-Diagramme bilden Aufbauorganisationen, Funktionsuntergliederungen (sogenannte funktionale Dekompositionen), Datenflüsse, Programmlogik und Entitätsbeziehungen ab. Solche Unterlagen können zur Konzipierung eines Softwaremodells nützlich sein, sagen aber relativ wenig über den betriebswirtschaftlichen Nutzen des Systems aus. Alle abgebildeten Organisationsteile sehen auf den CASE-Diagrammen gleichberechtigt aus.

Um Entscheidungen über Rationalisierungsprojekte zu unterstützen, muß ein Unternehmensmodell quantitative Informationen über Arbeitszeiten und Kosten speichern. Dieser Aspekt wird von fast allen CASE-Produkten vernachlässigt. Ein typisches Entitätsdiagramm zeigt z.B. die Wechselbeziehungen zwischen Gegenständen, über die Daten gespeichert werden. Das Diagramm gibt einen in sich stimmigen, allerdings nur groben Überblick über die informationellen Beziehungen. Es sagt nichts über das Rationalisierungspotential aus. Die Abbildung 1.7 zeigt ein Diagramm über die Entitätsbeziehungen einer Handelsgesellschaft. In dieser Darstellung sind die Beziehungen zwischen Kunden und Bestellungen, Bestellungen und einzelnen Zeilen einer Bestellung, Produkten und Bestellungen usw. abgebildet. Das mag eine Hilfe für einen Außenstehenden sein, gibt aber nicht den geringsten Aufschluß darüber, ob sich softwaregestützte Maßnahmen

---

[1] Als Entitäten werden die Gegenstände einer Organisation bezeichnet, über die Daten gespeichert werden. Ein Diagramm über Entitätsbeziehungen bildet die Verhältnisse solcher Gegenstände zueinander graphisch ab.

rentieren. Um die Rentabilität abschätzen zu können, muß man viel mehr über die Arbeitsabläufe und deren Kosten wissen. Das bedeutet nicht, daß die CASE-Bilder grundsätzlich nutzlos sind, die eine oder andere Abbildung kann durchaus eine sinnvolle Ergänzung zu einer Studie sein; sie stellen aber bei weitem nicht alles dar, was man für ein gutes Systemdesign braucht. Jerrold Grochow, Vizepresident des amerikanischen CASE-Herstellers American Management Systems, hat das Niveau der jetzigen Generation von CASE-Produkten sehr treffend charakterisiert, indem er zugegeben hat, daß selbst mit den besten CASE-Produkten lediglich das Niveau eines Berufsanfängers zu erreichen sei.[1]

Ein weiteres Problem bei der Verwendung von CASE-Produkten ist, daß diese nicht normiert sind und somit der Datenaustausch mit anderen Werkzeugen schwierig ist. Es gibt jedoch kaum ein CASE-Produkt, das alle Aspekte einer Entwicklungsumgebung zufriedenstellend abdeckt. Aus diesem Grund werden häufig mehrere verschiedene CASE-Werkzeuge eingesetzt, die miteinander nicht optimal zusammenarbeiten können. Man erlebt oft, daß EDV-Abteilungen so viele verschiedene CASE-Produkte, Entwicklungswerkzeuge, Sprachen der vierten Generation usw. anschaffen, daß kein Mitarbeiter mehr den Überblick hat. Die Einarbeitung eines Programmierers in solch eine Abteilung nimmt Jahre in Anspruch, und eine vernünftige Systemintegration innerhalb der Entwicklungsabteilung ist so gut wie unmöglich. Alle vermeintlichen Produktivitätsvorteile werden durch eine übermäßig komplexe Entwicklungsumgebung zunichte gemacht. Viele EDV-Leiter neigen dazu, eine solche Umgebung aufzubauen, weil sie hoffen, dadurch die mangelnde Produktivität des Personals ausgleichen zu können. Dabei verlieren sie aus dem Auge, daß es einfach keinen Ersatz für eine durchdachte Organisation gibt. Nur durch Organisation kann man mit durchschnittlichem Personal ein überlegenes Resultat herbeiführen. Bei der Gestaltung einer guten Organisation ist das erste Prinzip Ökonomie. Diese Ökonomie wird dadurch erreicht, daß zuerst die Entwicklungsorganisation gestaltet und danach die Instrumentarien zur Erreichung der abgesteckten Ziele gesucht werden. Aus den genannten Gründen sollte man daher sehr vorsichtig bei der Anschaffung von CASE-Produkten und ähnlichen Werkzeugen sein, da eine zu komplex

---

[1] D. Stamps, "CASE: Cranking Out Productivity", *Datamation*, 1.Jul.87, S.58

werdende Entwicklungsumgebung viel eher die Produktivität vermindert als steigert.

1.2.1.7 Die Vorteile einer Prototypentwicklungsmethode

Um unnötiger Systemkomplexität entgegenzuwirken, ist eine Prototypentwicklungsmethode oft sehr nützlich. Es wird sogar häufig festgestellt, daß das Resultat jedes Entwicklungsprojektes nur ein Prototyp sein kann. Der Vater des IBM Systems 360, Frederick Brooks, hat in dieser Hinsicht einmal geschrieben:[1]

> Das erste Ergebnis der allermeisten Projekte ist aber bekanntlich zu nichts zu gebrauchen. Manchmal ist es zu langsam, manchmal zu groß, manchmal kaum zu handhaben, oder auch alles zusammen. Es bleibt kein Ausweg - man muß noch einmal von vorne anfangen und eine neuentwickelte Version bauen, die diese Probleme nicht hat. Löschen und Neuentwicklung können in einem Rutsch erledigt werden, oder eines nach dem anderen - aber alle Erfahrung mit großen Projekten zeigt, daß man es auf jeden Fall tun muß. Wenn demnach ein neues Systemkonzept oder eine unbekannte Technologie verwendet wird, sollte direkt von Anfang an ein System nur für den Abfalleimer gebaut werden - denn auch die besten Planer sind nicht allwissend, können also im ersten Anlauf gar nicht alles richtig machen.

Dieser kluge Ratschlag wird durch die Tatsache untermauert, daß die sogenannten Evolutions- oder Wartungskosten während der Lebensdauer eines Softwaresystems etwa 70% der gesamten Entwicklungskosten ausmachen.[2] Das bedeutet, daß mehr als zwei Drittel der Kosten eines Softwaresystems mit der Überarbeitung des ursprünglichen Konzeptes zusammenhängen. Das ist der beste Beweis dafür, daß die erste Auflage eines Softwaresystems immer nur ein Prototyp ist.

---

[1] F.P. Brooks, *Vom Mythos des Mann-Monats*, Reading, MA: Addison-Wesley, 1975, S.102
[2] B.W. Boehm, Op.Cit., S.48

Durch die Entwicklung eines Prototyps wird das Problem mit den abstrakten Systemspezifikationen weitgehend gelöst. Die Benutzer sehen konkrete Bildschirmmasken und Listen, sie können mit wirklich funktionierenden Programmen herumexperimentieren. Sie verstehen sofort den Bezug zu der eigenen Arbeitswelt und können sachlich fundierte Kritik üben. Es gibt keine bessere Möglichkeit, die psychologischen Probleme der Systementwicklung zu lösen als durch einen Prototypen. Ein solcher Prototyp kann dann gemeinsam mit den Benutzern schrittweise verfeinert werden, um das optimale System zu erreichen.

Es gibt zwei Varianten des Prototypmodells, das Wegwerfmodell und das evolutionäre Modell. Beim Wegwerfmodell wird normalerweise der Teil des Systems zuerst abgebildet, über den die größte Unsicherheit herrscht. Mit diesem Teil wird so lange herumexperimentiert, bis man der Meinung ist, die Problematik hinreichend zu verstehen. Dann wird der Prototyp weggeworfen und das Produktionssystem mehr oder weniger nach der herkömmlichen Vorgehensweise entwickelt. Der Vorteil des Prototyps als Wegwerfmodell besteht in der Qualitätsverbesserung, die aus der frühen Durchleuchtung der komplexeren Bedürfnisse resultiert. Die Entwicklungszeiten und -kosten sind ansonsten der herkömmlichen Vorgehensweise sehr ähnlich. Beim evolutionären Modell hingegen fängt man mit dem Teil des Systems an, über den die größte Sicherheit herrscht. Dem Kernsystem wird dann schrittweise immer mehr Funktionalität hinzufügt, bis das Produktionssystem entstanden ist. Das evolutionäre Modell hat einige wichtige Vorteile. Ein funktionierendes System steht zu einem viel früheren Zeitpunkt zur Verfügung, d.h. die aktive Teilnahme der Endbenutzer am Designprozeß kann auch entsprechend früher beginnen. Darüber hinaus läßt sich die schrittweise Verbesserung des Prototyps aufgrund der Kosten- und Nutzenaspekte viel leichter analysieren und steuern. Aus diesen Gründen wird in diesem Buch das evolutionäre Modell vorgezogen.

Die Systementwicklung nach dem Prototypmodell bietet nicht automatisch die Gewähr, daß die Entwicklung in den richtigen Bahnen verläuft; denn auch diese Methode muß gezielt und planvoll angewendet werden. Das gelingt nur dann, wenn der Prototyp auf der Basis einer gründlichen Ist-Aufnahme entwickelt wird. Dazu müssen die strategischen und auch die operativen Daten, die für das künftige System von Bedeutung sind, gesammelt und

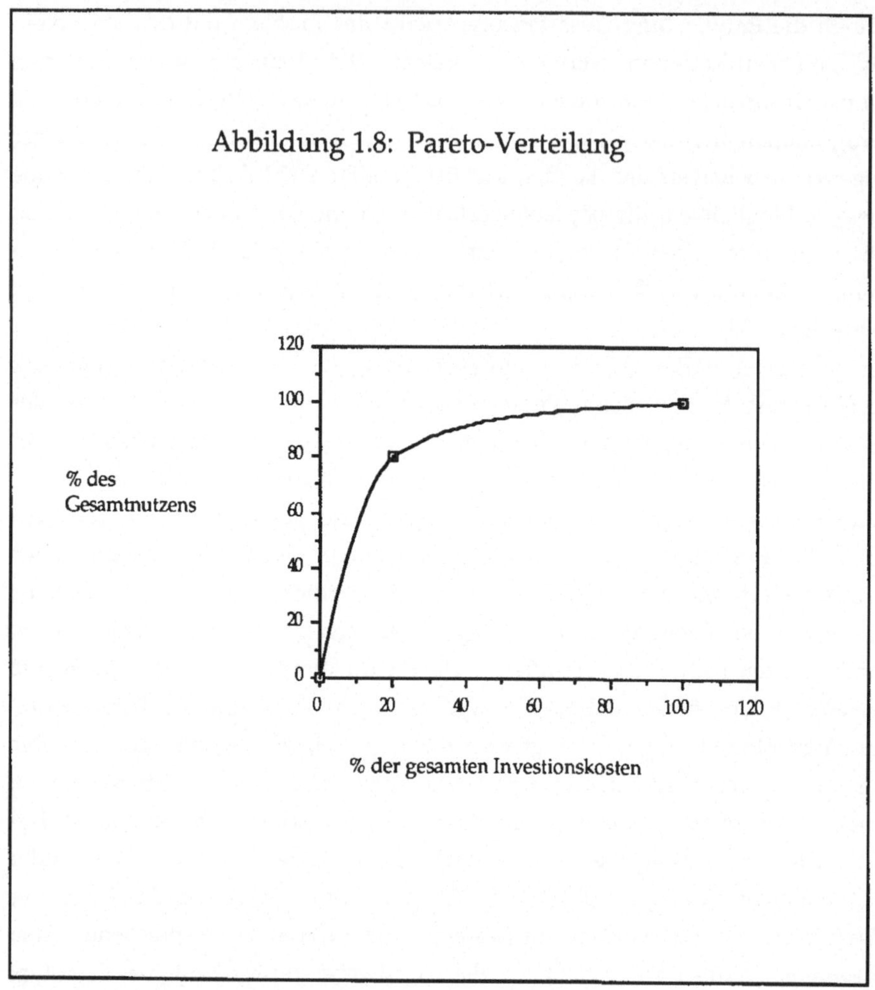

analysiert werden. Das wird am besten durch strukturierte Interviews bewerk-
stelligt. Interviewdaten aus sowohl der Führungs- als auch der Sachbearbeiterebene müssen nach einem bestimmten Schema analysiert und in einer Form
gespeichert werden, aus der sich die wesentlichen Parameter des informationstechnischen Problems ableiten lassen.

Über die gründliche Ist-Aufnahme hinaus muß der Aufwand für die
schrittweise Verfeinerung sorgfältig gesteuert werden. Vor allem kommt es
darauf an, daß jede Verbesserung des Prototyps einer meßbaren Erhöhung des

Rationalisierungseffektes entspricht. Die Kosten-Nutzen-Beziehungen eines Rationalisierungsprojektes haben die Form der in Abbildung 1.8 gezeigten Pareto-Verteilung, d.h. die ersten 20% der Investition führen in der Regel etwa 80% des Nutzens herbei. Der Versuch, die verbleibenden 20% des Nutzens zu erzielen, ist normalerweise nicht kostenwirksam. Diese Tatsache den Endbenutzern einsichtig zu machen, ist jedoch nicht leicht. Sie neigen nämlich zu der Annahme, daß, wenn ein Arbeitsplatz schon "auf den Computer" gebracht wird, auch jedes Detail der Arbeit im neuen Informationssystem berücksichtigt werden soll. Das ist aus ökonomischen Gesichtspunkten nicht vertretbar. Nur solche Arbeitsgänge sollten berücksichtigt werden, bei denen der Grenznutzen den Grenzkosten der Softwareentwicklung zumindest entspricht.[1]

1.2.1.8 Moderne Programmierpraktiken

Der viertgrößte Einflußfaktor (1.92) auf die Softwareentwicklungskosten hängt mit der Anwendung moderner Programmierpraktiken zusammen. Unter modernen Programmierpraktiken versteht man vor allem die strukturierte Programmierung. Glücklicherweise hat sich die Idee der strukturierten Programmierung weitgehend durchgesetzt. Die strukturierte Programmierung ist aber nur dann wirklich wirksam, wenn sie mit einer konsequenten Politik der Standardisierung gekoppelt wird. Namenskonventionen, Funktionstasten sowie alle Grundcharakteristiken der Benutzeroberfläche sollen für alle Softwaresysteme einer Organisation einheitlich gestaltet werden. Diese Politik läßt sich am besten mit einer Bibliothek von wiederbenutzbaren Komponenten durchsetzen. Die Einhaltung der Standards muß außerdem systematisch überwacht werden. Die bloße Bekanntgabe der Konventionen reicht nicht aus. Programmierer sind Individualisten, die gerne ihren technischen Spieltrieb bei der Gestaltung von neuen Programmiertechniken ausleben. Dadurch können zwar kreative Impulse entstehen, das ist aber leider

---

[1] Als Grenzkosten werden die Mehrkosten bezeichnet, die durch die Herstellung einer zusätzlichen Einheit, in diesem Fall einer zusätzlichen Systemeinrichtung, entstehen. Die Erhöhung des Gesamtnutzens, die durch diese zusätzliche Einheit herbeigeführt wird, ist der Grenznutzen. Bei jedem ökonomischen Prozeß wird der Gewinn dadurch maximiert, daß der Produktionsumfang auf dem Niveau gehalten wird, auf dem Grenzkosten und Grenznutzen gleich sind. Siehe hierzu Abschnitt 4.3.3.

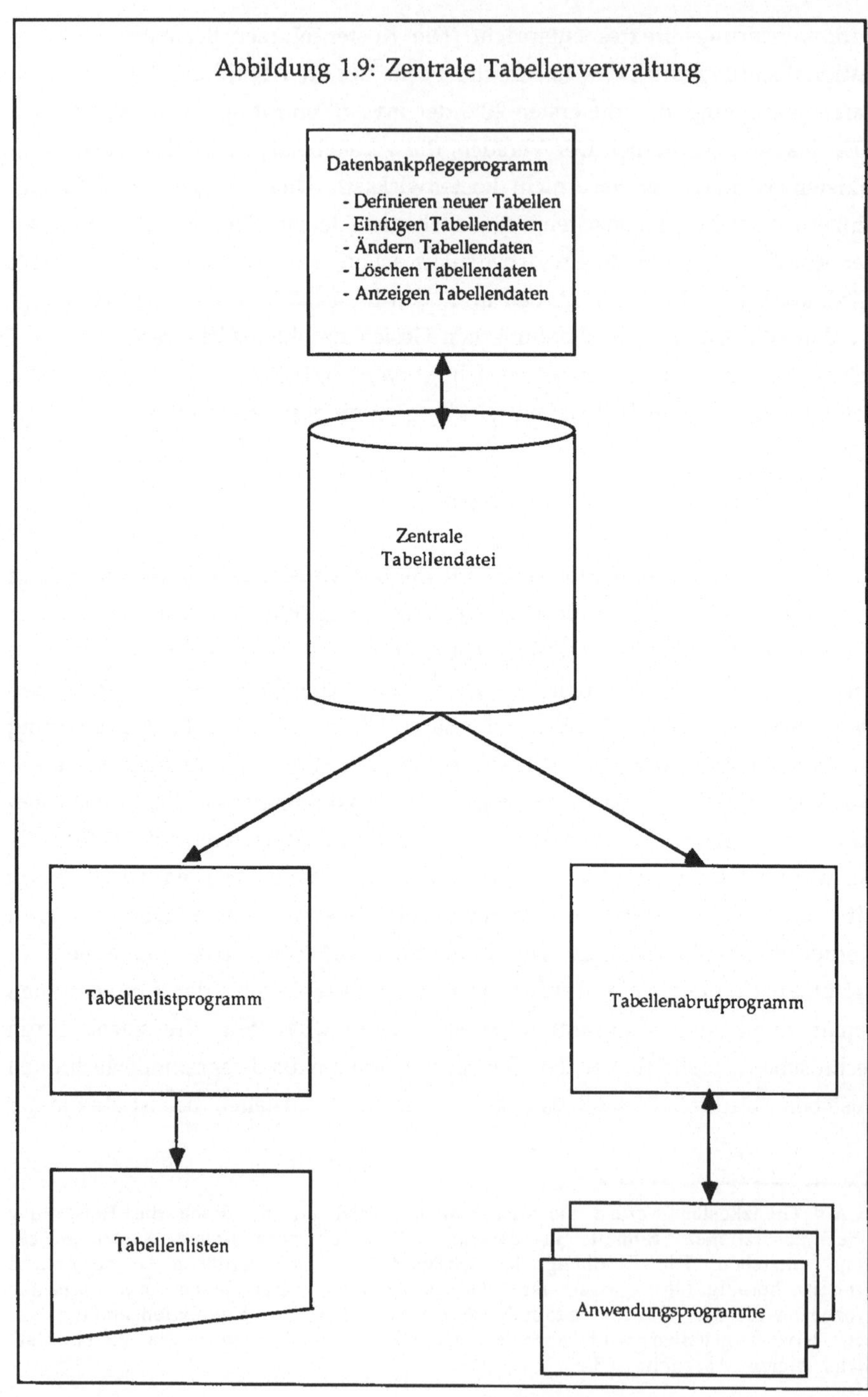

Abbildung 1.9: Zentrale Tabellenverwaltung
Datenbankpflegeprogramm
- Definieren neuer Tabellen
- Einfügen Tabellendaten
- Ändern Tabellendaten
- Löschen Tabellendaten
- Anzeigen Tabellendaten
Zentrale
Tabellendatei
Tabellenlistprogramm
Tabellenabrufprogramm
Tabellenlisten
Anwendungsprogramme

die Ausnahme. Die meisten individuellen Lösungen sind selten wirklich besser, sie sind nur anders. Im Falle einer solchen willkürlichen Vielfalt bezahlt die Organisation einen hohen Preis für die persönliche Befriedigung der einzelnen Programmierer. Wer Produktivität in der Softwareentwicklung anstrebt, muß mangelnde Einheitlichkeit energisch bekämpfen. Das Prinzip muß lauten: Jeder Programmierer benutzt bestehende Standards oder weist nach, daß sein Weg wirklich signifikant überlegen ist. Gelingt der Beweis, dann soll die Idee zum neuen Standard erhoben werden. Die Möglichkeit, einen neuen Standard zu definieren, reicht aus, um die kreativen Impulse nicht übermäßig zu dämpfen.

Produktivitätsvorteile im Rahmen moderner Programmierpraktiken sind auch - und das wird oft übersehen - durch eine vernünftige Gestaltung von Parametertabellen zu erreichen. Ein gutes Informationssystem muß "tabellengetrieben" sein, d.h. alle Daten, die die Funktionsweise der Programme steuern, sollen in Tabellen gespeichert sein. Tabellen werden zwar in fast jedem Informationssystem benutzt, aber meistens nicht annähernd konsequent genug. Im Normalfall werden nur sogenannte Validierungstabellen angewandt, d.h. gültige Schlüsselwerte (wie z.B. gültige Gehaltskategorien oder gültige Projektnummern) werden als eine Art Nachschlagewerk abgespeichert. Das ist wichtig, reicht aber nicht aus. Alle Daten, die die Verarbeitungslogik steuern, sollen in Tabellen gespeichert werden. So sollten zum Beispiel nicht nur gültige Codes für Gehaltskategorien, sondern auch die dazu gehörenden Abrechnungsalgorithmen gespeichert sein. Der Grund hierfür ist einfach: Es soll vermieden werden, daß Programme wegen Datenänderungen angepaßt werden müssen. Hat man z.B. folgende Zeile in einem Programm "WENN KUNDENNR = '4711' DANN FÜHRE PARAGRAPH-A AUS, ANSONSTEN FÜHRE PARAGRAPH-B AUS.", dann ist ein hoher Wartungsaufwand schon vorprogrammiert. Ändern sich die Bedingungen für Kundennummern, so muß man möglicherweise in Hunderten von Programmen suchen, nur um die Auswirkungen zu ermitteln. Wenn man bedenkt, daß Wartungskosten in der Regel 70% der Gesamtentwicklungskosten ausmachen, so wird die Wichtigkeit eines konsequent durchgeführten Tabellenkonzeptes klar. In den meisten EDV-Abteilungen verbringen Programmierer mehr als die Hälfte ihrer Zeit mit

Programmänderungen, die durch einen vernünftigen Einsatz von Parametertabellen hätten vermieden werden können.

Parametertabellen können und sollen zentral verwaltet werden. Es ist ohne
weiteres möglich, alle Tabellen eines Unternehmens in einer Datei zu
speichern. Diese Datei kann durch ein einziges Programm verwaltet werden.
Die Layouts der Tabellen sollen selbst durch Tabellen gesteuert werden, so daß
die Kreierung von neuen Tabellen keiner Programmierung bedarf. Eine solche
zentrale Tabellenverwaltung bringt einem Unternehmen erhebliche Vorteile.
Das ganze Informationswesen wird von einer Stelle aus gesteuert. Dadurch ist
ein Überblick viel leichter zu beschaffen und die Konsequenzen, die sich aus
Änderungen ergeben, sind mit wenig Aufwand abzuschätzen. Die Konsistenz
von Schlüsselsystemen und Namenskonventionen ist viel leichter zu
gewähr-leisten.   Zusätzlich werden die Programme dadurch einfacher und
robuster im Hinblick auf ihre Wartungsbedürftigkeit. Die Gestaltung von
Tabellenverarbeitung wird meistens den Programmierern überlassen. Das ist
ein Fehler. Damit überläßt man ein wichtiges Instrument zur Steuerung der
Organisation dem bloßen Zufall. Erfolgreiche Integration hängt in
entscheidendem Maße von der Konsistenz der Tabellenverarbeitung ab. Die
Organisation der Tabellenverarbeitung ist deswegen eine Führungsaufgabe.

Innerhalb moderner Programmierpraktiken bildet auch die Gestaltung von
Programmodulen einen Einflußfaktor auf die Softwareproduktivität. Die oben
genannte Studie des Software Engineering Laboratory hat auch dieses Thema
in bezug auf Kosten und Fehlerraten quantitativ untersucht.[1] Dabei sind
manche althergebrachte Praktiken in Frage gestellt und andere bestätigt
worden. Es wird z.B. oft empfohlen, Programmodule so zu gestalten, daß eine
gewisse Größe nicht überschritten wird. Die Studie hat jedoch gezeigt, daß
solche willkürlich festgelegten Einschränkungen der Modulgröße die Kosten
erhöhen können. 453 Module wurden in drei Größen- und drei
Kostenkategorien unterteilt und verglichen. 46% der großen Module, aber nur
22% der kleinen Module entfielen auf die niedrigste Kostenkategorie. Keine
signifikante Beziehung wurde zwischen Modulgröße und Fehlerrate festgestellt.

---

[1] D.N. Card, V.E. Church, W.W. Agresti, Op.Cit., S.267

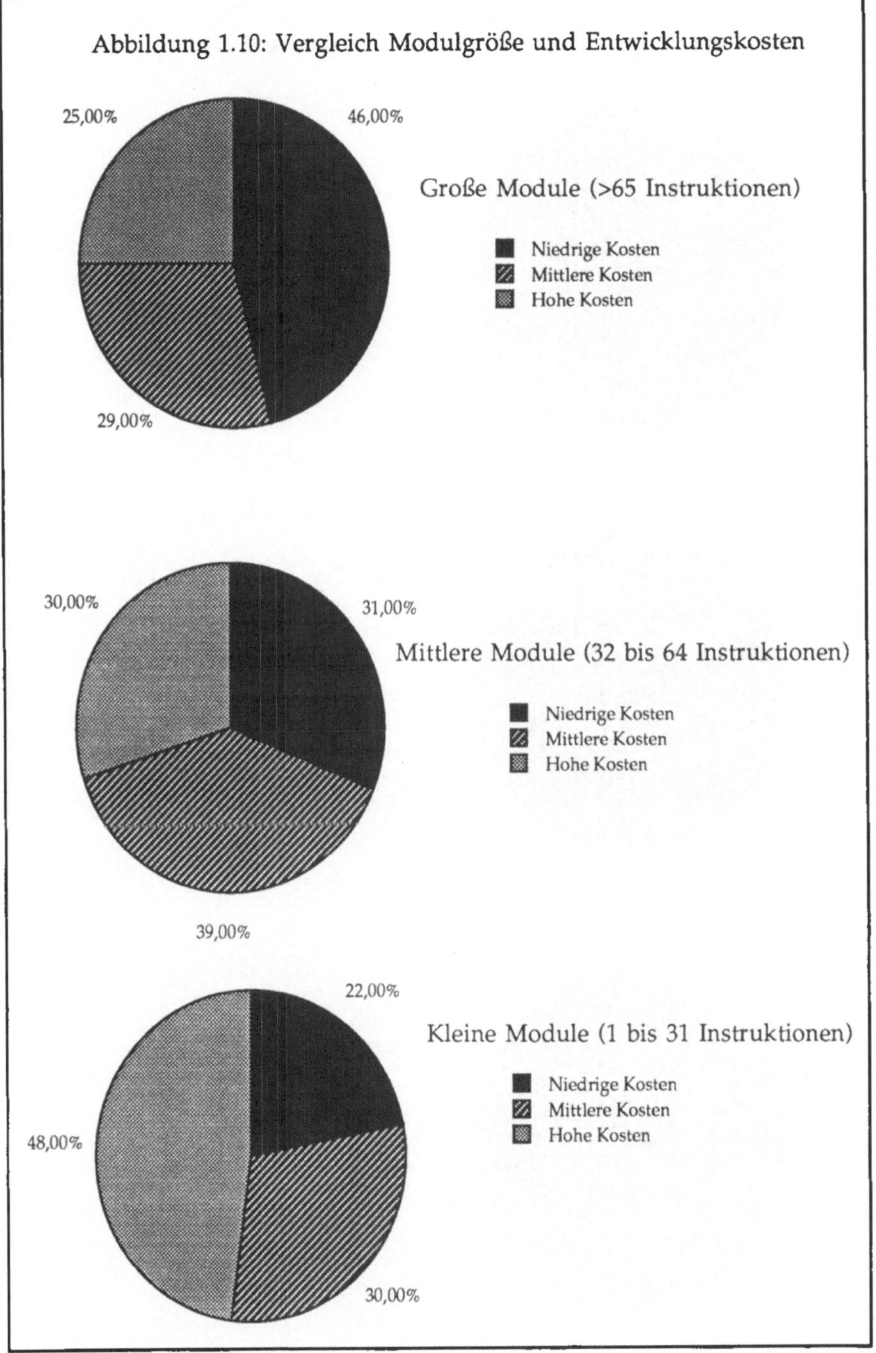

Abbildung 1.10: Vergleich Modulgröße und Entwicklungskosten

25,00%
46,00%

Große Module (>65 Instruktionen)

Niedrige Kosten
Mittlere Kosten
Hohe Kosten

29,00%

30,00%
31,00%

Mittlere Module (32 bis 64 Instruktionen)

Niedrige Kosten
Mittlere Kosten
Hohe Kosten

39,00%

22,00%

Kleine Module (1 bis 31 Instruktionen)

Niedrige Kosten
Mittlere Kosten
Hohe Kosten

48,00%

30,00%

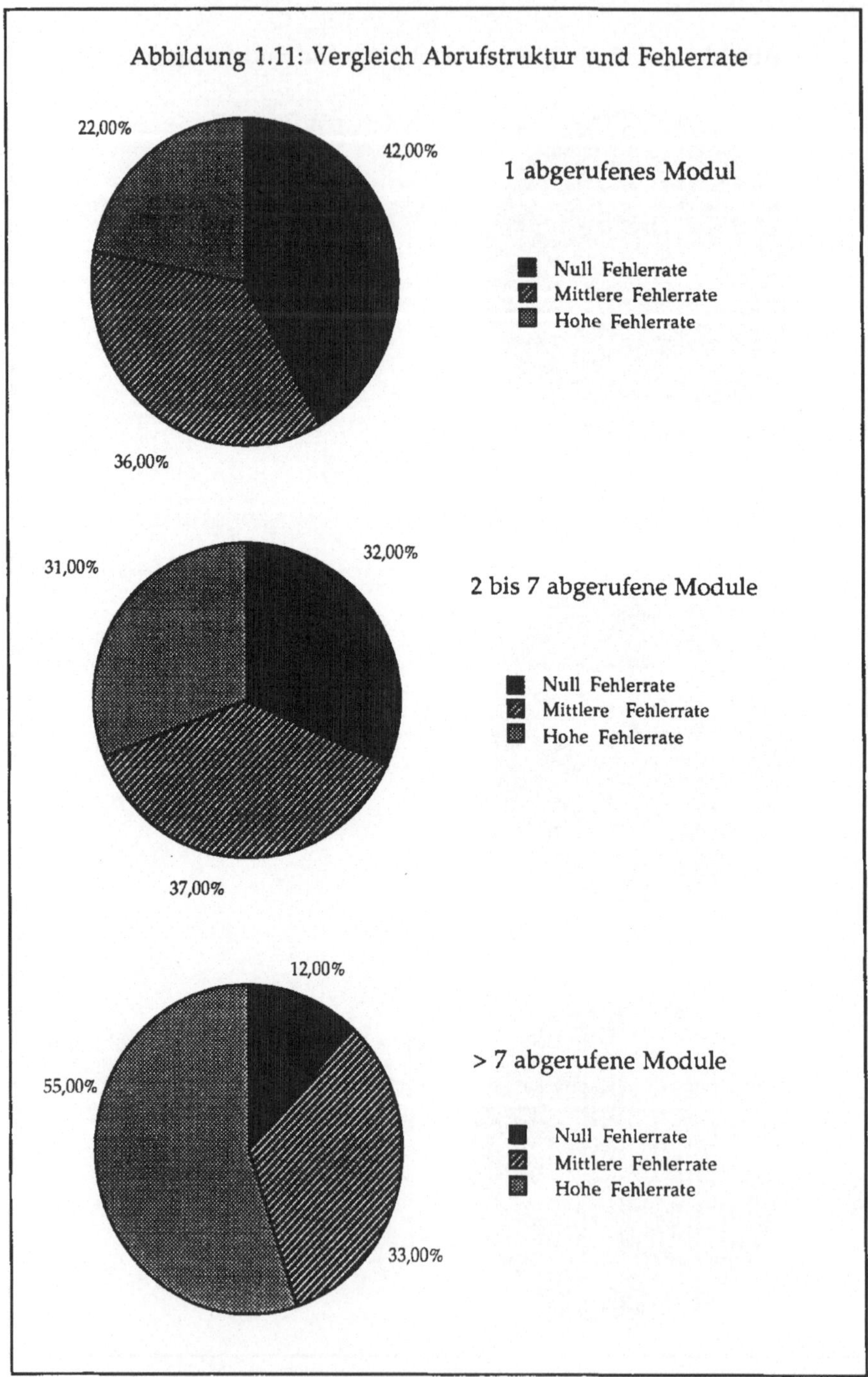

Abbildung 1.11: Vergleich Abrufstruktur und Fehlerrate
22,00%
42,00%
1 abgerufenes Modul
Null Fehlerrate
Mittlere Fehlerrate
Hohe Fehlerrate
36,00%
31,00%
32,00%
2 bis 7 abgerufene Module
Null Fehlerrate
Mittlere Fehlerrate
Hohe Fehlerrate
37,00%
12,00%
> 7 abgerufene Module
55,00%
Null Fehlerrate
Mittlere Fehlerrate
Hohe Fehlerrate
33,00%

Abbildung 1.12: Rangliste der Softwarewerkzeuge

Werkzeug	Relative Präferenz
Interaktiver Debugger	1.00
Bildschirmeditor	0.98
Subnetzchecker	0.97
Prozeßmeter	0.97
Druckdatei	0.96
Stream Editor	0.91
Datenlexikon	0.90
Konfigurationsverwalter	0.90
Quellcodeverwalter	0.90
Testdeckungsanalysator	0.89
Auto.Testdatengenerator	0.88
Prozeßmonitor	0.88
Private Bibliothek	0.88
Speichermonitor	0.86
Dateivergleicher	0.84
Splitprogramm für große Dateien	0.84
Programmquerreferenz	0.81
Bildschirmanzeige	0.79
Scanner für große Dateien	0.79
Quellcodebeschöniger	0.78

Andere allgemein empfohlene Regeln der Modulgestaltung, die die
Abrufstruktur und die Stärke der Module betreffen, sind durch die SEL-Daten
bestätigt worden.[1] Ein altes Moduldesignprinzip besagt, daß kein Modul mehr
als 7 andere Module abrufen soll. Die SEL-Daten zeigen, daß bei steigender
Anzahl abgerufener Module sowohl Modulkosten als auch Fehlerraten
steigen. Von den untersuchten Modulen waren nur 12% derjenigen mit mehr
als 7 abgerufenen Modulen fehlerfrei. Dagegen waren 42% der Module
fehlerfrei, die nur ein abgerufenes Modul hatten. Die Fehlerrate hängt auch
sehr mit der sogenannten Stärke eines Moduls zusammen. Ein Modul gilt als
stark, wenn es nur eine präzis definierte Funktion erledigt. Module mit zwei

---

[1] D.N. Card,V.E. Church, W.W. Agresti, Op.Cit., S.267-269

Funktionen gelten als mittelstark. Module mit drei oder mehr Funktionen rangieren auf der Stärkeskala niedrig. Von den untersuchten Modulen waren 50% der starken Module, aber nur 18% der schwachen Module fehlerfrei. Es wurde keine signifikante Beziehung zwischen Modulstärke und Entwicklungskosten festgestellt.

1.2.1.9 Softwarewerkzeuge

Den letzten hier zu besprechenden Einflußfaktor aus den in Abbildung 1.3 aufgeführten Einflußfaktoren, der großen Raum für Produktivitätsverbesserungen bietet, bilden die Softwarewerkzeuge (1.65). Hanson und Rosinski haben 20 Softwarewerkzeuge im Hinblick auf Produktivitätsverbesserung aus der Sicht des Programmierers untersucht.[1] Die 20 Werkzeuge sind aus einer Gruppe von 400 Werkzeugen ausgewählt worden und stellen die typischen Werkzeuge dar, die man in einer komplexen Entwicklungsumgebung anwenden kann. Die Autoren dieser Studie haben 25 COBOL-Programmierer gebeten, diese Werkzeuge paarweise im Hinblick auf ihre Produktivität zu bewerten. Die paarweisen Bewertungen sind zu der Rangliste umgerechnet worden, die in Abbildung 1.12 gezeigt wird.

Diese Rangliste zeigt, daß bei allen Programmierern ein guter Debugger und ein guter Quellcode-Editor die höchsten Prioritäten genießen. Diese Präferenzen sind gar nicht verwunderlich, da die zentralen Tätigkeiten von Programmierern Codieren und Testen sind. Um die Produktivität der Programmierer zu erhöhen, muß man gerade diese Tätigkeiten erleichtern. Ein enger Bezug zu den tatsächlichen Tätigkeiten der Programmierer sollte das Leitprinzip bei der Auswahl von Softwarewerkzeugen sein. Diese Tätigkeiten sollen quantitativ genau analysiert und dann Werkzeuge gesucht werden, die die zeitraubensten Tätigkeiten abkürzen. So einfach dieses Prinzip ist, so häufig wird es in der Praxis mißachtet. Eine gute Strategie besteht darin, zuerst die Werkzeuge, die mit dem Betriebssystem des Computers mitgeliefert werden, einzusetzen. Danach stellen sich manche Komponenten als unzweckmäßig oder nicht brauchbar heraus. Dann können gezielt "bedarfsgetrieben" Ersatz-

---

[1] S.J. Hanson, R.R. Rosinski, "Programmer Perceptions of Productivity and Programming Tools", *Communications of the ACM*, Feb. 1985, Vol.28, Nr.2, S.183

Abbildung 1.13: Die ergiebigsten Produktivitätsstrategien	
Schwerpunkte	**Maßnahmen**
Personalpolitik	• bei der Personalauswahl Betonung auf Intelligenz und Motivation • bei der Gehaltspolitik Produktivitätsorientiertheit
Bessere Anpassung an die betriebswirtschaftliche Realität	• gründliche IST-Aufnahme mit strukturierten Interviewmethoden • Interview-Datenbank als quantitatives Unternehmensmodell • Prototypentwicklungsmethode • Gruppendesignmethoden
Vereinfachung, Vermeidung von Goldplating	• Beachtung der Pareto-Verteilung in bezug auf Rationalisierungseffekte • sorgfältiger Vergleich von Grenzkosten und -nutzen • bedarfsgetriebene Anschaffung von Software und Softwarewerkzeugen
moderne Programmierpraktiken	• strukturierte Programmierung • konsequente Anwendung von wiederbenutzbaren Komponenten • Standardisierung aller Aspekte von Programmen und Benutzeroberflächen • zentrale Verwaltung von Parametertabellen • starke Module • begrenzte Abrufstrukturen • sorgfältige Organisation von Testumgebungen

werkzeuge gesucht werden. Dabei sollten immer die Mitarbeiter, die mit dem Produkt umgehen müssen, in die Entscheidung einbezogen werden.

Eine wichtige Funktion von Softwarewerkzeugen ist die Verwaltung von Testumgebungen. Diese Tätigkeit hat einen starken Einfluß auf die Softwareproduktivität, da Programmierer sehr viel Zeit mit dem Aufbau ihrer Testumgebungen verbringen. Oft müssen Hunderte oder gar Tausende von Sätzen erfaßt werden, bevor ein bestimmter Test durchgeführt werden kann. Wenn der Test gefahren wird, werden die erfaßten Informationen oft zerstört und müssen wieder aufgebaut werden. Dabei können die Programmierer sich gegenseitig stark behindern, wenn sie die gleichen Datenstrukturen benutzen müssen. Die größte Hilfe zur Lösung dieses Problems ist eine gute Organisation der Testumgebung. Teure Werkzeuge sind dazu oft gar nicht notwendig. Die Software, die man zur Verwaltung der Testumgebung benötigt, kann aus einer kleinen Anzahl selbstgefertigter, einfacher Programme bestehen. Die Verwaltung der Testumgebung ist eine der wichtigsten Aufgaben der Projektleitung und sollte daher nicht dem einzelnen Programmierer überlassen werden. Die Testumgebung muß so organisiert werden, daß ein Programmierer immer in der Lage ist, einen kontrollierten Versuch durchzuführen und die ursprüngliche Umgebung ohne Mühe wiederherzustellen. Eine vernünftig organisierte Testumgebung spart enorm viel Zeit, nicht nur beim Programmtesten, sondern auch beim Systemtest, bei eventuellen Abnahmeverfahren und bei der Qualitätskontrolle. Die Verwaltung der Testumgebung ist eine der ergiebigsten Quellen von Produktivitätsvorteilen in der Softwareerstellung.

1.2.2 Zusammenfassung der ergiebigsten Produktivitätsstrategien

Empirische Untersuchungen der Praxis zeigen, daß es viele Möglichkeiten gibt, Produktivitätssteigerung in der Softwareerstellung zu erreichen. Dabei kommt es nicht so sehr auf technische Raffinessen als auf vernünftige Organisation und konsequente Anwendung klassischer, mikroökonomischer Prinzipien an. Die wichtigsten, **gesicherten** Erkenntnisse über Produktivität in der Softwareerstellung sind in Abbildung 1.13 zusammengefaßt. Im nächsten

Abbildung 1.14: Das Dreiphasenkonzept zur Softwareentwicklung

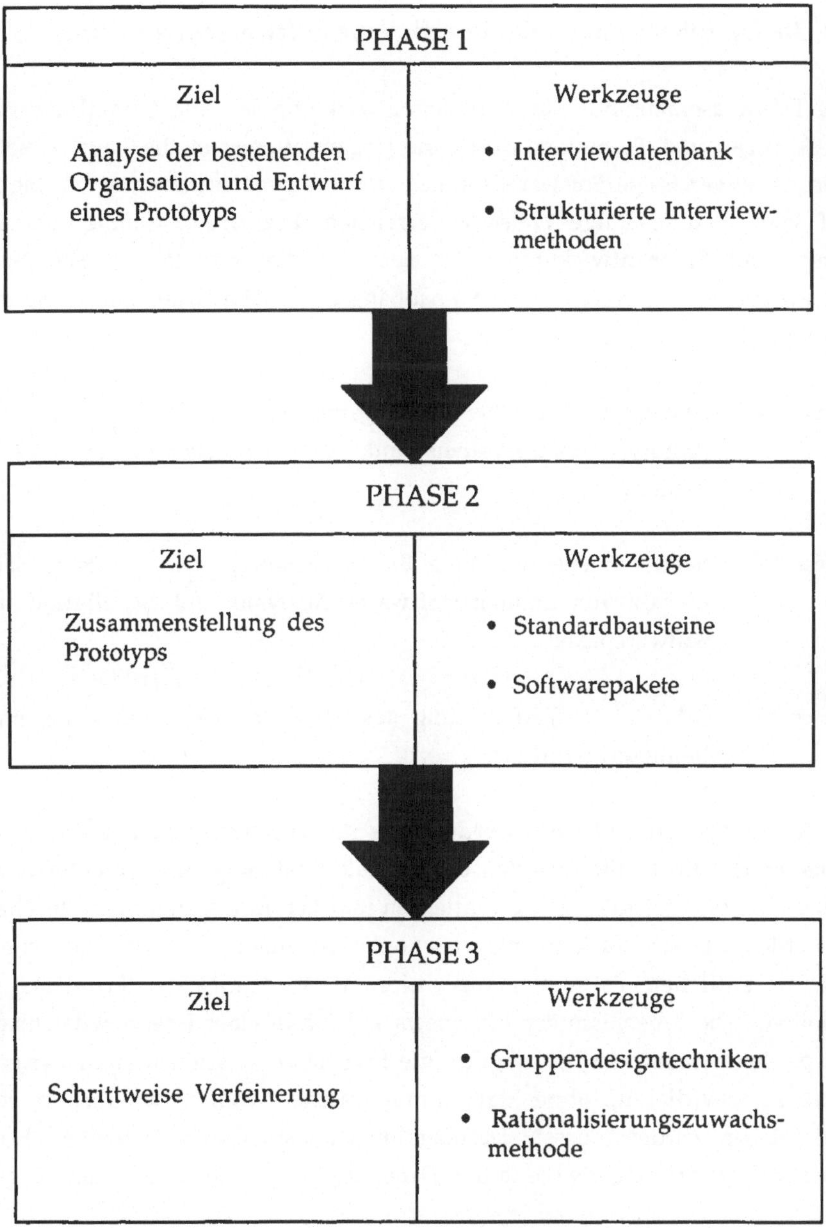

PHASE 1

Ziel	Werkzeuge
Analyse der bestehenden Organisation und Entwurf eines Prototyps	• Interviewdatenbank • Strukturierte Interviewmethoden

PHASE 2

Ziel	Werkzeuge
Zusammenstellung des Prototyps	• Standardbausteine • Softwarepakete

PHASE 3

Ziel	Werkzeuge
Schrittweise Verfeinerung	• Gruppendesigntechniken • Rationalisierungszuwachsmethode

Abschnitt wird eine Softwareentwicklungsmethode beschrieben, die auf diesen Erkenntnissen basiert.

1.3 Die Dreiphasenmethode für effiziente Softwareentwicklung

Die Dreiphasenmethode für Softwareentwicklung ist eine Sammlung von Werkzeugen und Techniken, durch die Organisationen in die Lage versetzt werden, zuverlässige Softwarelösungen für ihre organisatorischen Probleme auf sehr leistungsfähige Weise zu erreichen. Die Dreiphasenmethode ist sowohl für Eigenentwicklungen als auch für den Einsatz von Standardsoftwarepaketen geeignet und ist unabhängig von Hardware und Programmiersprache. Die drei Phasen sind:

Phase 1 -   Analyse der bestehenden Organisation und Entwicklung eines Prototypsoftwaresystems und des entsprechenden Datenbankdesigns.

Phase 2 -   Bei der Eigenentwicklung: Bau des Prototypsoftwaresystems. Beim Einsatz von Standardsoftware: Auswahl und Installation des Softwarepakets.

Phase 3 -   Schrittweise Verfeinerung des Softwaresystems mit Hilfe eines Benutzergremiums.

In jeder der drei Phasen werden die im vorangehenden diskutierten Erkenntnisse über Möglichkeiten der Produktivitätssteigerung eingesetzt, um hohe Produktivitätsraten zu gewährleisten und den Erfolg zu sichern. In Phase 1 werden z.B. strukturierte Interviewmethoden angewandt, um sehr schnell die wesentlichen Parameter des informationstechnischen Problems zu ermitteln. Die Ergebnisse der Interviews werden in einer Interviewdatenbank gespeichert. Dadurch ist es möglich, die Ergebnisse maschinell zu analysieren und zu revidieren, ohne daß umfangreiche Studien wiederholt neu geschrieben werden müssen. Darüber hinaus können quantitative Analysen durchgeführt werden, die die in den Daten impliziten Erkenntnisse ans Tages-

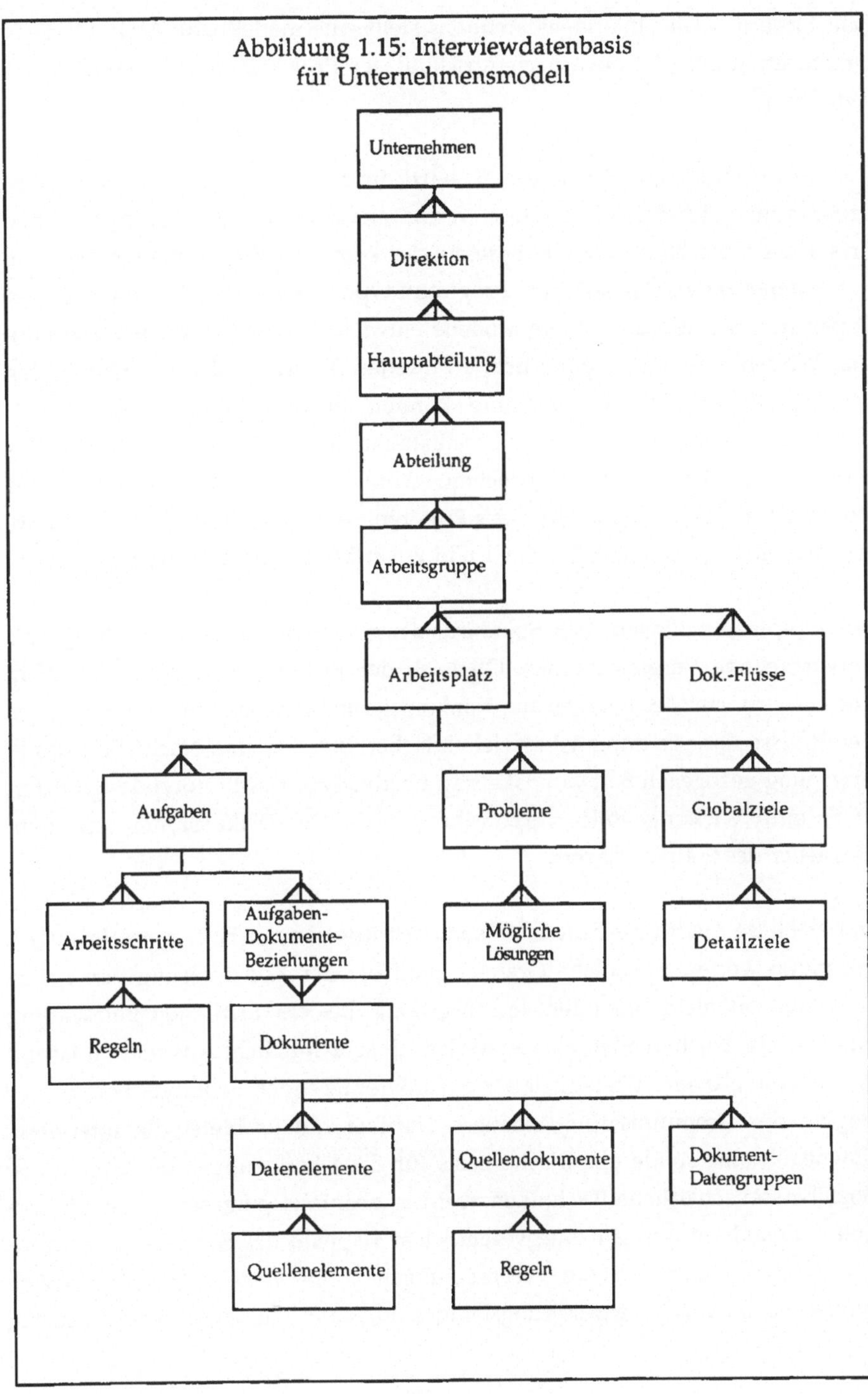

Abbildung 1.15: Interviewdatenbasis
für Unternehmensmodell

licht fördern. Die Interviewdatenbasis stellt eine modellhafte Abbildung der Organisation dar, die auch nach Abschluß des Projektes von großem Nutzen sein kann.

Das Prototypdesign der Phase 1 wird in Form von Standardbaustein-programmen durchgeführt. Diese Verfahrensweise ist aus der praktischen Erfahrung erwachsen, daß alle Systeme der kommerziellen Datenverarbeitung aus einer kleinen Anzahl von Programmtypen bestehen. Für jeden dieser Typen hat man leistungsfähige Modelle entwickelt. Diese Modelle verkörpern das Wissen von außerordentlich erfahrenen Programmierern. Durch den Einsatz dieser Modellprogramme können Produktivitätsvorteile erzielt werden, die den Vorteilen der austauschbaren Standardteile in der industriellen Fertigung entsprechen. Durch die **Standardisierung auf Programmebene** ist es möglich, das Prototypdesign der Phase 1 und die Proto-typentwicklung der Phase 2 schnell und zuverlässig durchzuführen.

Beim geplanten Einsatz von Standardsoftware dient das Prototypdesign als hervorragende Vergleichsgröße. Obgleich der Prototyp in diesem Fall nicht gebaut wird, stellt er eine genaue Konkretisierung der ablauforganisatorischen Bedürfnisse dar. Dadurch ist es viel einfacher, die Vor- und Nachteile eines in Erwägung gezogenen Softwarepakets zu überblicken. Das Prototypdesign liefert auch eine wirkungsvolle Verhandlungsbasis für Diskussionen mit dem Hersteller des Softwarepakets.

In der Phase 3 wird die Softwarelösung schrittweise mit Hilfe eines Benutzer-gremiums verfeinert. Solche Gremien sind bei der Konzipierung von neuen Systemen oft nicht besonders leistungsfähig, bei der kritischen Betrachtung eines bereits existierenden Konzeptes jedoch sehr nützlich. Aus diesem Grund ist es von großem Vorteil, daß ein funktionierender Prototyp bereits vor Beginn der Gremiumsarbeit existiert. Darüber hinaus bietet die Interview-datenbank eine solide empirische Basis für die Überlegungen des Gremiums. Sozialwissenschaftliche Techniken werden ebenfalls eingesetzt, um die Ar-beiten des Gremiums auf die wesentlichen Aspekte des Systems zu konzen-trieren und quantifizierbare Verbesserungen zu entwickeln. Da alle Systeme immer noch weiter verbesserungsfähig sind, kann die Phase 3 auch beliebig

---

Abbildung 1.16: Ergebnisse der Phase 1

- Listen der lang- und mittelfristigen Ziele
- Listen der Schwachstellen mit Lösungsvorschlägen
- Arbeitsplatz-Aufgaben-Dokumente-Matrizen
- Listen der Ablaufschritte pro Aufgabe
- Informationsflußdiagramme
- ABC-Analyse der Informationsflüsse
- ABC-Analyse der Einsparungspotentiale
- Bildschirmmaskenentwürfe
- Listenentwürfe
- Programmbeschreibungen
- Datenbankdesign in der dritten Normalform
- Arbeitsplatz-Computerfunktionen-Matrizen

---

lang fortgesetzt werden. Die Organisation kann allerdings die Phase 3 so einschränken, daß Budgetvorgaben genau eingehalten werden. Dadurch, daß ein vollfunktionsfähiger Prototyp (oder ein Softwarepaket) vor Beginn der Gremiumsarbeit implementiert wird, besteht keine Gefahr, daß solche Einschränkungen zur Nicht-Lösung der Aufgabe führen. Die Einschränkung der Anzahl der Verfeinerungsiterationen trägt der Tatsache Rechnung, daß die Kosten-Nutzen-Beziehungen von Rationalisierungsprojekten der Pareto-Verteilung entsprechen.

1.3.1 Phase 1 - Die Ermittlung der empirischen Basis

Sowohl bei der Eigenentwicklung als auch beim Einsatz von Softwarepaketen beginnt jedes Projekt mit der Datensammlung der Phase 1. Diese Datensammlung umfaßt operative Daten über die Ablauforganisation des Betriebs sowie strategische Daten über Ziele, Probleme und künftige Entwicklungen. Die strategischen Daten werden nach dem Top-Down-Prinzip durch Gespräche

Abbildung 1.17: Die 12 Bausteinprogramme	
Typ	**Beschreibung**
1	Datenbankpflegeprogramm - Eine Maske hat ein Fenster. Ein Satz wird angezeigt, gelöscht oder gespeichert.
2	Datenbankpflegeprogramm - Eine Maske hat ein Fenster. Eine blätterbare Liste von mehreren Sätzen wird angezeigt. Jeder Satz kann gelöscht oder gespeichert werden.
3	Datenbankpflegeprogramm - Eine Maske hat ein Fenster Jedes Fenster hat die Funktionen von Typ 1 oder 2.
4	Datenbankpflegeprogramm - Eine Maske hat drei Fenster Jedes Fenster hat die Funktionen von Typ 1 oder 2.
5	Datenbankpflegeprogramm - Eine Maske hat vier Fenster. Jedes Fenster hat die Funktionen von Typ 1 oder 2.
6	Einfaches Listenprogramm
7	Listenprogramm mit Sortierung und Summenbildung
8	Transformationsprogramm - Eine Datei wird in eine andere kopiert und dabei verändert.
9	Transformationsprogramm - Aus einer Datei werden mehrere Dateien erstellt.
10	Transformationsprogramm - Aus mehreren Dateien wird eine Datei erstellt.
11	Transformationsprogramm - Mehrere Dateien werden eingelesen und mehrere ausgegeben.
12	Menüprogramm - Eine Liste von abrufbaren Programmen wird angeboten. Nach der Auswahl wird das gewählte Programm abgerufen.

mit Führungskräften ermittelt. Die operativen Daten werden nach dem Bottom-Up-Prinzip durch Interviews an der Basis gesammelt. Beide Datenarten werden in der Interviewdatenbasis gespeichert, deren Schema in der Abbildung 1.15 veranschaulicht wird. Sind diese Daten einmal gespeichert, so können viele aussagekräftige Analysen und Darstellungen automatisch erstellt werden. Aufgrund dieser Analysen und Darstellungen werden Bildschirm- und Listenentwürfe, Programmbeschreibungen und ein Datenbankdesign entwickelt. Zusammen bilden diese Unterlagen das Prototypdesign.

Um leistungsfördernde Budgetvorgaben einhalten zu können, muß sehr strukturiert vorgegangen werden. Der erste Schritt ist die Aufstellung einer Liste der Interviewpartner. Diese Liste soll eine wohlüberlegte Mischung von Führungs- und Basiskräften enthalten, die in der Lage sind, die notwendigen strategischen und operativen Daten zu liefern. Diese Mitarbeiter müssen vor Beginn der Interviews von den Zielen und Vorgehensweisen der Phase 1 unterrichtet werden. Es ist von ausschlaggebender Wichtigkeit, daß die Interviewpartner auf die Interviews vorbereitet sind. Danach wird ein Zeitplan für die Durchführung der Interviews vereinbart. Alles andere wird vom Projektleiter gesteuert. Die Ergebnisse der Phase 1 sind in Abbildung 1.16 dargestellt. Diese Ergebnisse beschreiben auf bündige Art und Weise die ablauforganisatorischen Verhältnisse des untersuchten Betriebs und das Informationssystem, das in diese Umgebung paßt. Es wäre möglich, das System viel ausführlicher zu beschreiben. Das wäre aber ein Fehler, da unnötige Systembeschreibungen die Kosten nur in die Höhe treiben, ohne das Verständnis des Systems wesentlich zu erhöhen. Die 12 Ergebnisse der Phase 1 genügen einem erfahrenen Systemdesigner, um das erste Prototypdesign anzufertigen. Darüber hinaus gehen aus den Unterlagen die durch das System zu realisierenden Rationalisierungseffekte klar hervor. Dadurch wird gewährleistet, daß das neue System auf dem Boden der betriebswirtschaftlichen Vernunft bleibt und das Projekt meßbare Ziele erhält.

1.3.2 Phase 2 - Die Realisierung des Prototyps

In Phase 2 wird ein Prototypsystem realisiert und implementiert. Das ist sowohl bei Eigenentwicklungen als auch beim Einsatz von Softwarepaketen der Fall. Ein Softwarepaket ist am Anfang auch nur ein Prototyp, selbst wenn die Hersteller des Pakets das oft nicht wahrhaben wollen. Der Anpassungsaufwand bei manchen Paketen übersteigt sogar die Herstellungskosten einer Eigenentwicklung. Deshalb sollte bei der eventuellen Auswahl eines Paketes besonders viel Wert auf die Anpassungsfähigkeit gelegt werden.

Bei Eigenentwicklungen wird das System aus Standardbausteinen zusammengestellt. Dies sind Musterprogramme, die von sehr erfahrenen Systemingenieuren geschrieben worden sind und ein hohes Maß an Komfort, Flexibilität und Anpassungsfähigkeit aufweisen. Diese Programme verkörpern alle o.a. Hinweise für moderne Programmierpraktiken. Die Programme sind so strukturiert und dokumentiert, daß selbst Berufsanfänger schnell in der Lage sind, Anpassungsarbeiten vorzunehmen. Die Wiederbenutzbarkeit dieser Programme gewährleistet fortdauernde Produktivitätsvorteile in der Systementwicklung sowie zuverlässige Leistungsfähigkeit beim Betrieb des Systems.

1.3.3 Phase 3 - Die schrittweise Verfeinerung

Jedes Softwaresystem ist am Anfang ein Prototyp, der den betrieblichen Gegebenheiten nicht genau entspricht. Selbst bei dem größten Planungsaufwand mit den teuersten CASE-Produkten ist das der Fall. Um die hartnäckigen Probleme der Anpassung an die betriebswirtschaftliche Realität in den Griff zu bekommen, benötigt man daher einen funktionierenden Prototyp als Gesprächsbasis. Ein real existierender Prototyp ist sinnvoller als jede abstrakte Systemdarstellung. Durch die Arbeit mit dem Prototyp versteht der Benutzer sofort, worum es geht und kann kreativ bei der Weiterentwicklung helfen.

Abbildung 1.18: Die Gruppendesignmethoden

Designmethoden	Arten der Projektarbeit		
	unter-suchend	kreativ	Entscheidung treffend
Benutzersimulation	•		•
Benutzeruntersuchung	•		•
Informationssuche	•		
Zielbäume	•	•	•
Kontraplanung	•	•	
Interaktionsmatrizen	•	•	•
Interaktionsnetze	•	•	•
Brainstorming	•	•	
Klassifizierung	•	•	
Erzwungene Verbindungen	•	•	
Neue Kombinationen	•	•	•
Vergrößerung des Untersuchungsfeldes		•	
Funktionelle Innovation		•	
Leistungsspezifikation		•	•
Checklisten	•		•

Der Prototyp wird vom Projektleiter allein anhand der Interviewdaten zusammengestellt. Bevor der Prototyp vorliegt, ist das Einbeziehen der Endbenutzer verfrüht. Erst beim Vorhandensein des Prototyps können Endbenutzer produktiv mitarbeiten, da eine konkrete Gesprächsbasis vorliegt. Bei der Dreiphasenmethode wird zuerst ein Prototyp vorgelegt, der dann mit Hilfe der Benutzer schrittweise verfeinert wird. Dabei wird die klassische Grenzkostenanalyse der Mikroökonomie eingesetzt, um dem Problem des Goldplating entgegenzuwirken. Bei jedem Verfeinerungsschritt wird die Rationalisierungszuwachsmethode angewandt, d.h. jede Veränderung des Prototyps muß einem klar definierten Rationalisierungszuwachs entsprechen. Da jede einzelne Änderung nur einen kleinen Systemteil betrifft, sind diese Rationalisierungszuwächse viel einfacher zu analysieren als der Rationalisierungseffekt des Gesamtsystems. Dadurch wird gewährleistet, daß der Grenznutzen jeder Verbesserung den Grenzkosten entspricht.

Die politischen Aspekte der Systementwicklung bilden einen oft unterschätzten Produktivitätsfaktor. Rationalisierung bedeutet Integration von Arbeitsabläufen, d.h. Verzicht auf Individualität. Das ist immer ein schmerzlicher Prozeß, der unendliche Diskussionen auslösen kann. Hierfür werden 15 Gruppendesignmethoden eingesetzt, die geeignet sind, einen schnellen Konsens in einem steuerbaren Zeitraum herbeizuführen.[1] Diese Methoden fördern die Kreativität der Beteiligten und helfen ihnen, empirisch begründete Entscheidungen zu treffen.

Das Dreiphasenkonzept ist keine theoretische Erfindung, sondern ein aus langer Praxis erwachsenes Entwicklungskonzept. In den folgenden Kapiteln dieses Buches wird Schritt für Schritt gezeigt, wie man das Dreiphasenkonzept anwendet, um produktive Softwarelösungen mit hohem Rationalisierungseffekt zu erzielen.

---

[1] N.Cross, R. Roy, *Design Methods Manual*, Milton Keynes: The Open University Press, 1975

1.4 Kontrollfragen bzw. -übungen

1. Nennen Sie die drei wichtigsten Kostenfaktoren in der Softwareentwicklung.

2. Welche Maßnahmen können ergriffen werden, um die Anzahl der zu entwickelnden Quellcodezeilen zu reduzieren? Geben Sie die Vor- und Nachteile jeder Maßnahme an.

3. Warum neigen viele Benutzer zur Überspezifikation ihrer Bedürfnisse?

4. Warum sollten Endbenutzer am Designprozeß beteiligt werden?

5. Nennen Sie die Vor- und Nachteile von CASE-Produkten.

6. Geben Sie die Vor- und Nachteile einer Prototypentwicklungsmethode an.

7. Nennen Sie die im Hinblick auf die Softwareproduktivität wichtigsten Programmierpraktiken.

2 Die Ermittlung der empirischen Basis

2.1 Das Unternehmen als informationsverarbeitende Einrichtung

2.1.1 Informationsflüsse

Jedes Unternehmen ist eine informationsverarbeitende Einrichtung. Mit zunehmender Automatisierung der materiellen Abläufe gewinnt dieser Aspekt des Unternehmens immer mehr an Bedeutung. Wer die Geschicke eines Unternehmens gestalten will, muß deswegen das Unternehmen als Informationssystem begreifen. In diesem Kapitel wird ein Instrument beschrieben, mit dem ein Unternehmen als Informationssystem abgebildet werden kann. Dieses Instrument heißt SIABA, System für Ist-Aufnahme und Bedarfsanalyse, und ermöglicht den Aufbau des in Abbildung 2.1 veranschaulichten Unternehmensmodells, aus dem alle wesentlichen Rationalisierungsparameter hervorgehen. Mit SIABA kann man in kurzer Zeit die wichtigsten betrieblichen Informationsflüsse feststellen und ihre Bedeutung für das Funktionieren des gesamten Unternehmens richtig einschätzen. Das mit SIABA erstellte Modell bildet eine solide empirische Basis für die Verbesserung des betrieblichen Informationswesens.

2.1.2 Vorgehensweise und Kalkulation

Die Vorgehensweise zur Anwendung eines SIABA-Modells umfaßt in der ersten Phase zwei Haupttätigkeiten: die Ist-Aufnahme und die Entwicklung einer oder mehrerer Sollkonzeptionen. In beiden Fällen wird eine Datenbank aufgrund von Interviewergebnissen mit bestimmten Daten in einer vorgeschriebenen Reihenfolge gefüllt und ausgewertet. Diese Daten definieren sowohl den Ist- als auch den Sollzustand der untersuchten Organisation.

Der Aufwand für die erste Phase ist eine lineare Funktion der Anzahl der Interviewpartner. Während der Ist-Aufnahme wird mit jedem Interviewpartner zweimal diskutiert, einmal zur Informationsaufnahme und einmal

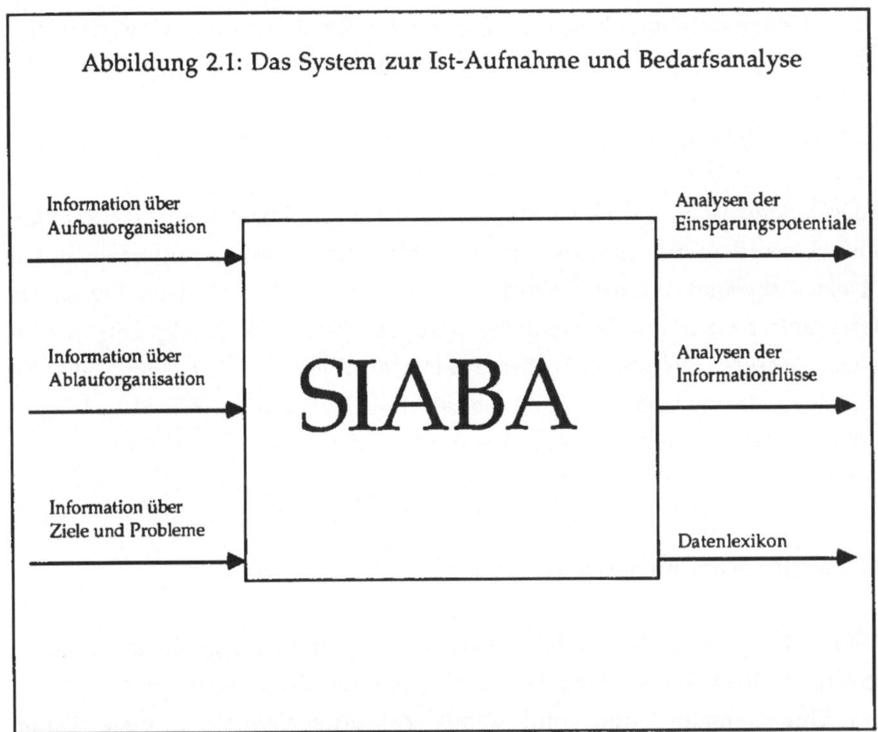

zur Korrektur der Listensammlung der Ist-Aufnahme. Werden die
Interviewpartner sorgfältig auf diese Diskussionen vorbereitet und die Interviews von einem erfahrenen Systemdesigner geleitet, dann sollte jede
Diskussion nicht mehr als einen halben Tag in Anspruch nehmen. Nach
jedem Interview benötigt der Systemdesigner einen halben Tag, um die
Interviewergebnisse zu ordnen und in der SIABA-Datenbank zu speichern.
Dieser Datenbestand stellt eine Ist-Aufnahme in elektronischer Form dar, die
dann maschinell ausgewertet werden kann. Anhand dieser Auswertungen
entwirft der Systemdesigner einen Prototyp für ein Informationssystem, dessen
Hauptmerkmale ebenfalls in einer SIABA-Datenbank gespeichert werden.
Diese Tätigkeit nimmt in etwa die Hälfte der Zeit in Anspruch, die für die
Interviews notwendig sind. Daraus ergibt sich, daß der Aufwand für den
Systemdesigner für die Phase 1 in Tagen wie folgt geschätzt werden kann:

Gesamtaufwand Phase 1 in Tagen = 1.5 (2 x Anzahl Interviewpartner)
                                = 3 x Anzahl Interviewpartner

2.1.3 Modellbildung

Jedes Modell ist in gewissem Sinne eine verkürzte Darstellung der Realität, d.h. es werden nur die wesentlichen Merkmale des zu untersuchenden Objektes abgebildet. Darin liegt die Stärke eines solchen Modells. Durch die Beschränkung auf das Wesentliche wird ein Überblick ermöglicht, der zu einem besseren Verständnis des Erkenntnisobjektes führt. Beim SIABA-Modell ist das zu untersuchende Objekt eine Organisation. Mit SIABA ist es möglich, die wesentlichen Aspekte einer Organisation so abzubilden, daß Verbesserungsmaßnahmen erkannt werden können.

2.1.4 Strategische und operative Daten

Beim Aufbau des SIABA-Modells geht es sowohl um strategische als auch um operative Daten. Die strategischen Daten betreffen die langfristige Zielsetzung des Unternehmens und sind somit zukunftsorientiert. Solche Daten beschreiben die Art und Weise, wie die Unternehmensführung ihre langfristigen Ziele bezüglich Wachstum, Wettbewerbsfähigkeit, Marktanteile, Gewinn usw. zu erreichen gedenkt. Die Strategien zur Erreichung der langfristigen Ziele werden mittel- und kurzfristig durch taktische Maßnahmen in die Realität umgesetzt. Ein bislang nur im Inland tätiges Mittelstandsunternehmen könnte sich z.B. das strategische Ziel setzen, den gesamten EWG-Markt für seine Produkte zu erschließen. Daraus ließen sich als taktische Maßnahmen das Ausfindigmachen ausländischer Vertriebskanäle, die Übersetzung der Produktdokumentation in Fremdsprachen und die Erhöhung des Fertigungsvolumens ableiten. Der Erfolg der taktischen Maßnahmen hängt eng mit den operativen Gegebenheiten des Unternehmens zusammen. Diese operativen Daten sind zum größten Teil gegenwartsbezogen und bilden die Grundbedingungen, die bei der Durchführung der taktischen Maßnahmen berücksichtigt werden müssen. Im o.a. Fall könnte es sich herausstellen, daß die gegenwärtigen Kapazitätsgrenzen die notwendige Erhöhung des Fertigungsvolumens nicht zulassen. Das SIABA-Modell hat also deduktive Aspekte, die mit den strategischen Daten zusammenhängen, und induktive Aspekte, die mit den operativen Daten verbunden sind.

2.1.5 Top-Down und Bottom-Up

Eine erfolgreiche Unternehmensführung kommt zustande, wenn die Strategien in Taktiken umgesetzt werden, die die erwünschten operativen Abläufe herbeiführen. Das bedeutet, daß das "Soll" der Strategien mit dem "Ist" der operativen Abläufe in Einklang gebracht werden muß. Die Beziehungen zwischen Soll- und Ist-Zuständen müssen zunächst einmal im Modell bündig abgebildet werden. Dabei besteht die Gefahr, daß die Vielfalt der operativen Daten die Modellbildung erschwert. Selbst in einer relativ kleinen Organisation gibt es eine fast unvorstellbar große Menge an operativen Details. Sie alle zu erfassen, bedeutete, daß ein Ende der Ist-Erhebung nicht abzusehen wäre. Darüber hinaus wird es um so schwieriger das Wesentliche im Modell abzubilden, je mehr Daten erfaßt werden. Aus diesem Grund muß zunächst deduktiv nach der sogenannten Top-Down-Methode, also von oben nach unten, vorgegangen werden. Globale Ziele der Organisation werden ermittelt (oder gesetzt) und dann sukzessiv in untergeordnete, abgeleitete Detailziele unterteilt. Dadurch entsteht eine hierarchische Übersicht der Zielsetzungen, aus der die Zukunftsvorstellungen der Unternehmensleitung hervorgehen. Genauso wird mit den Funktionen verfahren. Jedes Unternehmen hat bestimmte Hauptfunktionen wie z.B. Einkauf, Fertigung, Vertrieb usw., die der Erreichung der Unternehmenszwecke dienen. Diese Hauptfunktionen werden in ihre Komponenten zerlegt, diese wiederum werden weiter unterteilt, bis eine hierarchische Übersicht (auch funktionale Dekomposition genannt) des Unternehmens erreicht wird, die die gegenwärtige Arbeitsweise des Unternehmens widerspiegelt. Dadurch entsteht recht schnell ein grober Überblick über die Beziehungen zwischen Strategien und Abläufen. Dort, wo Strategien und Abläufe nicht zu harmonisieren scheinen, werden Projekte angesetzt, die die betreffenden Abläufe rationalisieren. Die operativen Daten solcher Abläufe müssen nach der Bottom-Up-Methode (von unten nach oben) detailliert erfaßt werden, um den Rationalisierungserfolg garantieren zu können. Ein gutes Modell muß die Diskrepanzen zwischen Strategien und

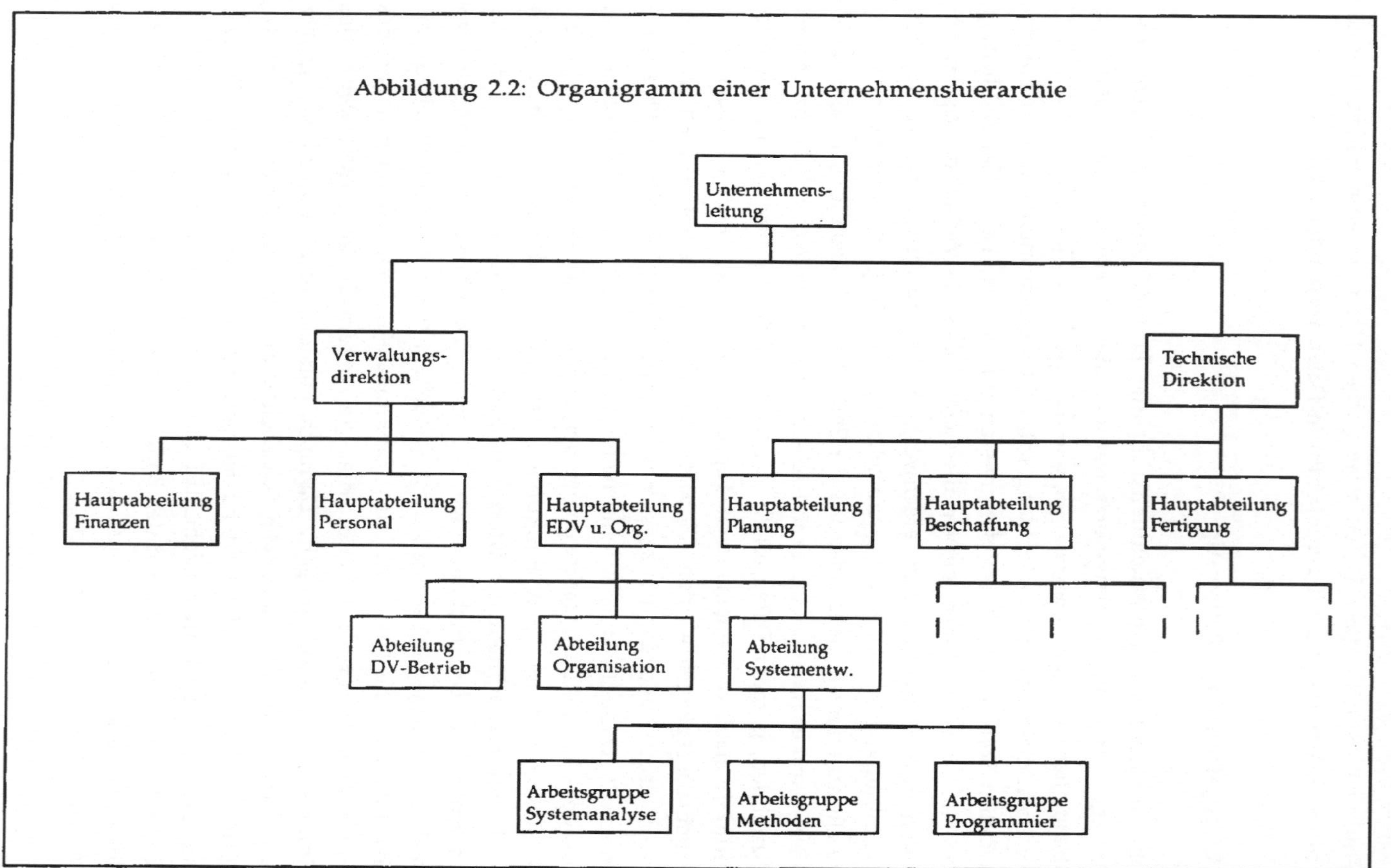

Abbildung 2.2: Organigramm einer Unternehmenshierarchie

Abläufen so aufzeigen, daß das detaillierte Erfassen der operativen Daten nur dort erfolgt, wo es wirklich notwendig ist.

2.2 Die Entstehung des Unternehmenmodells

2.2.1 Die strukturierte Interviewtechnik

Die Daten für das Unternehmensmodell werden durch Interviews erhoben. Um die Kosten der Erhebung möglichst klein zu halten, werden die Interviews nach einem ganz bestimmten Schema durchgeführt. Die Art von Daten, die in jedem Interview erhoben werden muß, steht schon vor dem Interview fest. Die Teilnehmer sind auch entsprechend vorzubereiten, indem sie über Zweck und Inhalt der Interviews unterrichtet werden. Jedes Interview sollte eine bestimmte Struktur haben, die dem Interviewpartner vorher bekannt ist und vom interviewenden Systemdesigner eingehalten wird. Die Struktur bezieht sich sowohl auf die Fragen, die beantwortet werden sollen, als auch auf die Reihenfolge, in der die Fragen gestellt werden. Die Struktur der einzelnen Interviews ist unterschiedlich, je nachdem, ob strategische oder operative Daten erhoben werden. Bei der Erhebung der strategischen Daten sind die Interviews zukunftsorientiert. Es wird versucht, die Kreativität der Interviewpartner anzuregen. Bei der Erhebung der operativen Daten sind die Interviews gegenwartsbezogen. In diesem Fall liegt die Betonung auf Präzision und Vollständigkeit.

2.2.2 Erfassung der Aufbauorganisation und der strategischen Daten

Da strategische Überlegungen den Prozeß des Modellbaus steuern, sollen die Interviews mit der Erhebung der strategischen Daten beginnen. Eine gute Ausgangsbasis hierfür bietet das herkömmliche hierarchische Modell der Aufbauorganisation, auch Organigramm genannt. Ein typisches Organigramm ist in Abbildung 2.2 gezeigt. Dieses Organigramm bildet eine 5stufige Hierarchie ab. Das Unternehmen ist in Direktionen unterteilt. Jede Direktion ist in Hauptabteilungen, jede Hauptabteilung in Abteilungen, jede Abteilung in Arbeitsgruppen untergliedert. Jede Arbeitsgruppe besteht aus einer bestimmten Anzahl Mitarbeiter. Das 5stufige Modell der Unternehmens-

Abbildung 2.3: Beispiel für Fragen zur strategischen Informationsplanung

- Wie sieht Ihr Markt in 10 Jahren aus?

- Welche Möglichkeiten wird Ihr Unternehmen dann haben?

- Welche Techniken werden dann von Bedeutung sein?

- Welche Probleme werden sich auftun?

- Welche Entscheidungen müssen getroffen werden?

- Welche Informationsressourcen könnten helfen,
  diese Probleme zu bewältigen bzw. erfolgreiche
  Entscheidungen zu treffen?

hierarchie ist nur ein mögliches Beispiel. Verschiedene Organisationen haben unterschiedliche Hierarchiestufen; es gibt relativ flache Hierarchien mit wenigen Stufen und relativ tiefe Hierarchien mit vielen Stufen. Alle haben gemeinsam, daß der Grundbaustein eine Arbeitsgruppe ist, die aus einer bestimmten Anzahl Personen besteht. Es obliegt dem Systemdesigner zu ermitteln, wie die Arbeitsgruppen in der zu untersuchenden Organisation zusammengestellt sind. Der Systemdesigner sollte deswegen zuerst den Initiator des Projektes über die Merkmale der Aufbauorganisation befragen und versuchen, ein entsprechendes Organigramm zu skizzieren. Ein solches Organigramm ist bereits eine Art Top-Down-Analyse der Unternehmens- struktur und bildet ein gutes Gerüst für den Rest des Modells. Selbst wenn nur ein Teil der Organisation untersucht werden soll, ist es vorteilhaft, einen Gesamtüberblick zu haben.

Der nächste Schritt der Modellbildung besteht in der Ermittlung der strategischen Ziele. Das Organigramm kann der Leitfaden für diese Überlegungen sein. Jede Organisation unterliegt einem bestimmten übergeordneten Zweck, der von den Eigentümern oder vom Gesetzgeber festgelegt worden ist. Jede Komponente der Unternehmenshierarchie hat langfristige Ziele, die von diesem übergeordneten Zweck abgeleitet worden

---

Abbildung 2.4: Liste der Global- und Detailziele

Unternehmen...: XYZ-Softwarehaus GmbH

Arbeitsgruppe: Unternehmensplanung

Globalziele	Detailziele
1) Vermarktung eines CASE-Softwareproduktes	1) Festlegung der Spezifikationen bis 1.3.89 2) Programmierung der Software bis 1.10.89 3) Erstellung eines Handbuches bis 1.10.89 4) Erstellung einer Werbebroschüre bis 1.8.89
2) Verdreifachung des Beratungsgeschäftes	1) Schalten von Anzeigen für zusätzliche Programmierer bis 1.3.89 2) Interview und Auswahl der Programmierer bis 1.4.89 3) Direktmail-Aktion an Stammkunden bis 1.4.89

---

sind. Es gibt meistens eine Hierarchie der langfristigen Zielsetzungen, die in etwa der Hierarchie der Aufbauorganisation entspricht. Die Daten des Organigramms sollen um diese langfristigen Zielsetzungen ergänzt werden. Dazu sind meistens Interviews mit den Leitern der verschiedenen Hierarchiestufen notwendig. In diesen Interviews soll der Schwerpunkt auf den zukünftigen Bedürfnissen der Organisation liegen. Die in Abbildung 2.3 gestellten Fragen sollen in den Interviews beantwortet werden. Den Inter-

Abbildung 2.5: Liste der Schwachstellen und Lösungsvorschläge

Unternehmen...: XYZ-Softwarehaus GmbH

Arbeitsgruppe: Qualitätskontrolle

Schwachstellen	Lösungsvorschläge
1) Programme weisen übermäßig viele Fehler auf	1) Zusätzliche Ausbildung für Programmierer 2) Verstärkter Einsatz von wiederbenutzbarem Code 3) Anschaffung von Testwerkzeugen 4) Umorganisation des Abnahmeverfahrens
2) Mangelnde Qualität der Dokumentation	1) Einstellung eines Dokumentationspezialisten 2) Beauftragung einer Spezialisten-Firma 3) Schulung des jetzigen Personals

viewpartnern jeder Hierarchiestufe sollten die Antworten auf diese Fragen der höheren Hierarchiestufen zur Verfügung stehen. Im Rahmen der Diskussionen über die strategische Informationsplanung können dann vernünftige langfristige globale Ziele festgelegt werden. Von diesen wiederum müssen kurz- und mittelfristige Detailziele abgeleitet werden. Im Zusammenhang mit diesen Zielen können eventuell Probleme oder Schwachstellen sichtbar werden, die dann auch gleichzeitig festzuhalten sind. Auf diese Weise gelangt man von den strategischen zu den taktischen Informationen. Diese Informationssammlung gibt Aufschluß darüber, welche

Abbildung 2.6: Arbeitsplatz-Aufgaben-Dokumente-Matrix

	Arbeitsplatz 1			Arbeitsplatz 2			Arbeitsplatz 3			Arbeitsplatz 4		
Aufgaben	A1	A2	A3	A1	A2	A3	A1	A2	A3	A1	A2	A3
1. Aufgabe-1	50			80			20			10		
2. Aufgabe-2		25			10			40			10	
3. Aufgabe-3			25			10			40			80
Dokumente												
1. Dokument-A	•						•	•	•			•
2. Dokument-B	•										•	
3. Dokument-C		•	•		•	•				•		
4. Dokument-D				•								

Arbeitsgruppen im Unternehmen kritische Rollen hinsichtlich der Erreichung
der strategischen Ziele bzw. der Lösung der wichstigsten Probleme spielen. Es
sind die operativen Daten dieser Arbeitsgruppen, die näher untersucht werden
müssen. An dieser Stelle obliegt es dem Initiator des Projektes, die
Arbeitsgruppen festzulegen, die anhand der Analyse der strategischen Daten
detailliert untersucht werden sollen. Als Entscheidungshilfe hierfür dienen die
Listen der Global- und Detailziele und der Probleme. Arbeitsgruppen sind
immer dann untersuchungsbedürftig, wenn Probleme mit der Realisierung
der vorgegebenen Ziele erkannt werden oder wenn die Zielsetzung der
Arbeitsgruppe von der der höheren Hierarchiestufen abweicht. Nach der Festlegung der zu untersuchenden Arbeitsgruppen soll eine ausführliche Liste der
einzelnen Interviewpartner erstellt werden. Diese Interviewliste bildet die
Basis für die Modellierung der Ablauforganisation und die Ermittlung der
operativen Daten.

Abbildung 2.7: Liste der Aufgaben und Arbeitschritte

Unternehmen...: XYZ-Softwarehaus GmbH
Arbeitsgruppe: Rechnungswesen
Mitarbeiter.....: 1234 Mustermann, Gabriele

Aufgaben	Arbeitsschritte
1) Rechnungen erstellen	1) Arbeitsnachweise sammeln und überprüfen
	2) Aufträge kontrollieren
	3) Rechnungen erstellen und verschicken
	4) Nach Zahlungsziel Geldeingang kontrollieren bzw. abmahnen
2) Gewinnvorschau erstellen	1) Ermittlung der bisherigen Gemeinkosten
	2) Ermittlung der bisherigen projektbezogenen Kosten
	3) Ermittlung der noch offenen Aufträge
	4) Hochrechnen der Kosten und Erlöse für den Rest des Jahres

---

2.2.3 Erfassung der Ablauforganisation und der operativen Daten

Die Ablauforganisation wird in Form einer informationsbezogenen Arbeitsplatzanalyse erfaßt. Jeder Arbeitsplatz der zu untersuchenden Arbeitsgruppe soll einer solchen Analyse unterzogen werden. Der Leitfaden für diese Untersuchung ist die Arbeitsplatz-Aufgaben-Dokumente-Matrix, die

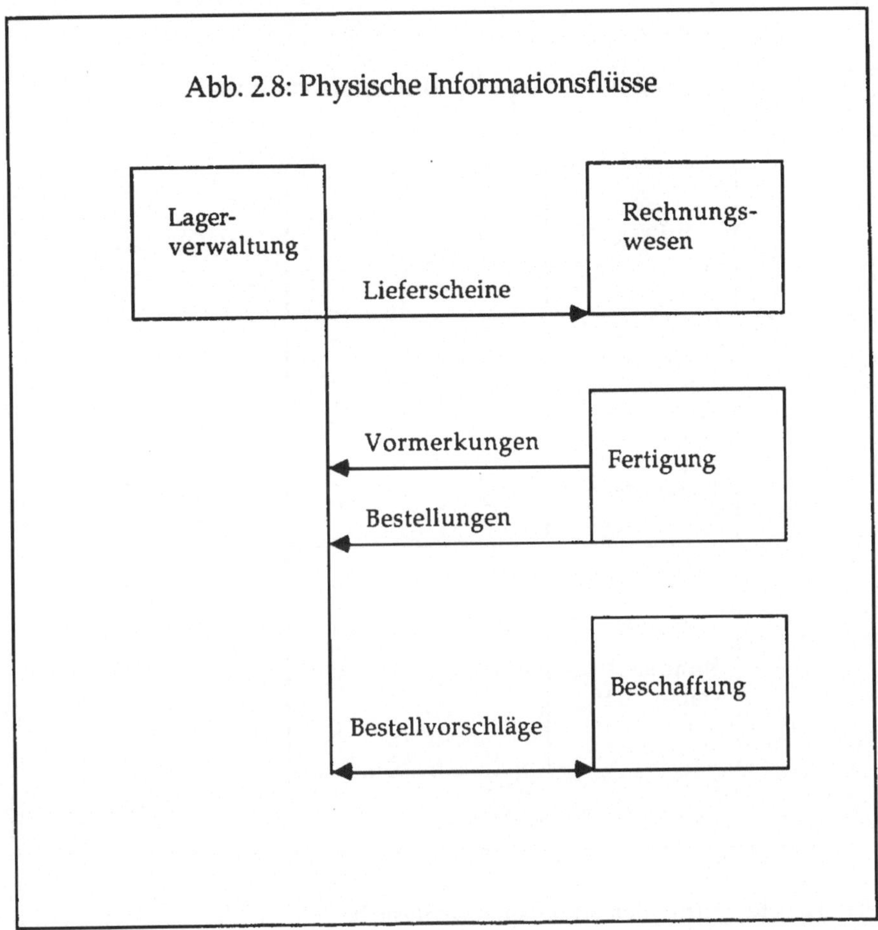

in Abbildung 2.6 gezeigt wird. Diese Matrix bildet die Beziehungen zwischen den Mitarbeitern, ihren Aufgaben und den dafür notwendigen Informationen auf bündige Art und Weise ab. Ein Dokument im Sinne dieser Matrix ist ein beliebiger Informationsträger wie z.B. ein Beleg, eine Liste, eine Bildschirmanzeige oder ein Formular. Die in der Abbildung gezeigte Matrix sagt u.a. aus, daß Arbeitsplatz-1 50% der Arbeitszeit mit Aufgabe-1 verbringt und hierfür die Dokumente A und B benutzt. Arbeitsplatz-2 verbringt 80% der Arbeitszeit mit Aufgabe-1 und benutzt hierfür Dokument D. Diese Matrix läßt sich relativ schnell zusammenstellen und bietet einen guten Überblick über die wichtigsten informationellen Beziehungen der Arbeitsgruppe.

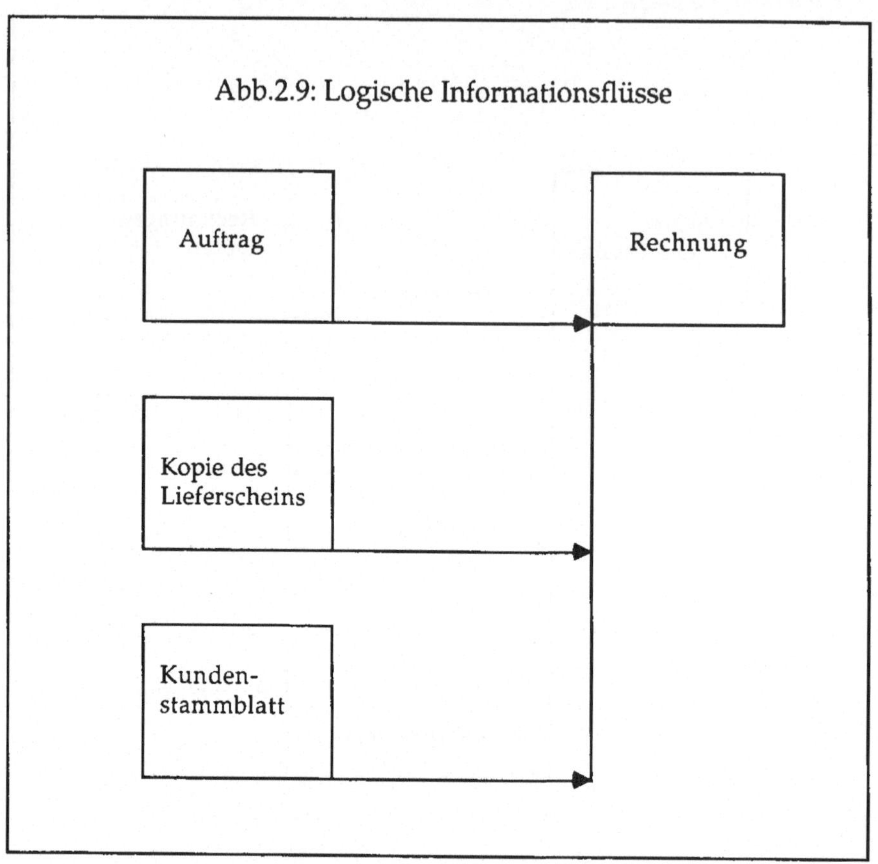

Der nächste Schritt der Arbeitsplatzanalyse besteht in der Untergliederung jeder Aufgabe in ihre Komponenten. Jede Aufgabe wird durch eine gewisse Prozedur erledigt, die wiederum aus einer bestimmten Anzahl von Arbeitsschritten besteht. Diese Arbeitsschritte sind zu erfassen. Es empfiehlt sich, die Arbeitsschritte in Form von Pseudocode festzuhalten, da Pseudocode allgemein verständlich und dennoch sehr präzise geschrieben werden kann. Bei manchen Arbeitsschritten gibt es bestimmte Regeln oder Algorithmen, die für die Durchführung des jeweiligen Schrittes notwendig sind. Auch diese sollen erfaßt werden. Die Regeln können in Form von Gleichungen, Entscheidungstabellen oder Pseudocode[1] erfaßt werden.

---

[1] Mit Pseudocode werden die Grundstrukturen der strukturierten Programmierung in einfachem Deutsch abgebildet. Logische Bedingungen und

Einen weiteren Schritt der Arbeitsplatzanalyse bildet die genauere Untersuchung der Dokumente. Dabei gilt es, die physischen und logischen Informationsflüsse festzustellen. Der **physische Informationsfluß** wird in Abbildung 2.8 veranschaulicht und gibt Aufschluß über die Herkunft und/ oder die Zielgruppe des Dokumentes. Der **logische Informationfluß** bildet die Beziehungen zwischen einem bestimmten Dokument und dessen Quellendokumenten ab und wird in Abbildung 2.9 gezeigt. Diese beiden Informationsarten sollten für jedes Dokument erhoben werden.

Der letzte Schritt zur Erhebung der operativen Daten gleicht der Erhebung der strategischen Daten. Hier werden die Probleme und die möglichen Lösungen sowie die Globalziele und die Detailziele der einzelnen Mitarbeiter erfaßt. Im Gegensatz zu der Erhebung der strategischen Daten müssen diese Informationen nicht immer vorhanden sein. Sachbearbeiter, die relativ schemenhafte Arbeitsabläufe erledigen, haben nicht unbedingt langfristige arbeitsbezogene Zielsetzungen, können aber durchaus Probleme haben, die für die Systementwicklung relevant sind. Gerade die Lösungsvorstellungen der Sachbearbeiterebene sind häufig kreativ und praxisnahe. Solche Informationen auf dieser Ebene werden meistens kurzfristiger und konkreter sein als auf der Managementebene; trotzdem können sie gelegentlich von großer Bedeutung sein und problematische Situationen andeuten, die dem Management nicht bekannt sind.

2.2.4 Die Interviewdatenbank

Die obigen Daten bilden die empirische Basis für alle weiteren Systemüberlegungen. In ihnen stecken viele implizite Erkenntnisse, die zunächst explizit gemacht werden müssen. Dazu dienen quantitative Analysen. Um diese Analysen zu vereinfachen, ist es vorteilhaft, die erhobenen Daten in Form einer Datenbank zu speichern. Die notwendigen Analysen können dann durch Computerprogramme vorgenommen werden. Eine solche Datenbank bietet darüber hinaus zusätzliche Vorteile. Am Ende einer Ist-Erhebung ist es z.B. meistens notwendig, die Daten in Form einer

---

Wiederholungen werden durch bestimmte Schlüsselwörter wie WENN oder SOLANGE angedeutet.

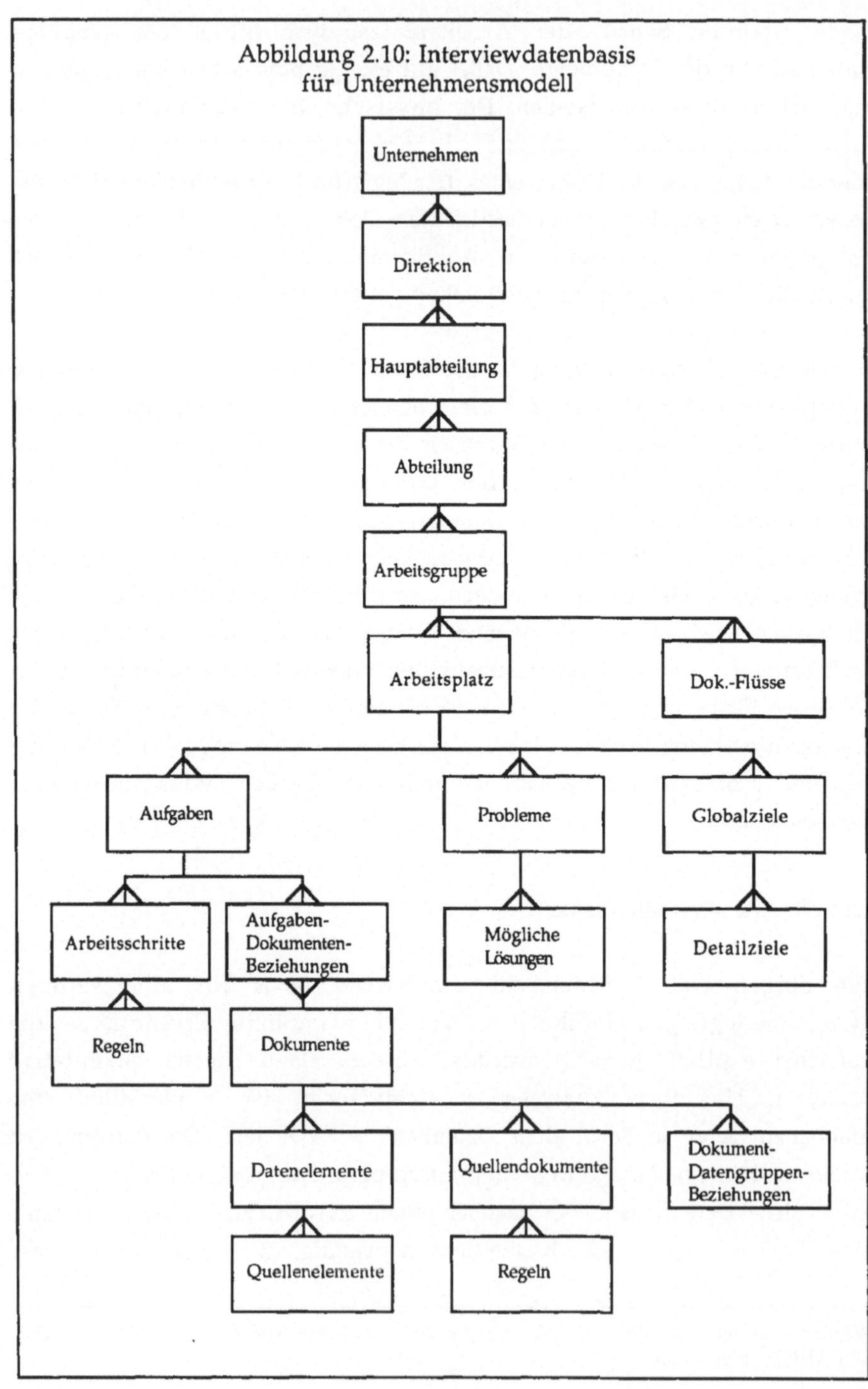

Abbildung 2.10: Interviewdatenbasis
für Unternehmensmodell

Abb. 2.11: Bildschirmmasken zur Erfassung der Aufbauorganisation

```
SIABA - INTERVIEWDATENBASIS
    - UNTERNEHMENSDATEI -

UNTERNEHMENSCODE..........: (     )

UNTERNEHMENSNAME.........: (        )

UNTERNEHMENSLEITER........: (        )

ANZAHL MITARBEITER IM
UNTERNEHMEN..................: (    )
```

```
SIABA - INTERVIEWDATENBASIS
    - DIREKTIONSDATEI -

DIREKTIONSCODE...............: (     )

DIREKTIONSNAME..............: (        )

DIREKTOR.........................: (        )

ANZAHL MITARBEITER IN
DIREKTION........................: (    )
```

```
SIABA - INTERVIEWDATENBASIS
  - HAUPTABTEILUNGSDATEI -

HAUPTABTEILUNGSCODE.....: (    )

HAUPTABTEILUNGSNAME...: (        )

HAUPTABTEILUNGSLEITER..: (        )

ANZAHL MITARBEITER IN
DER HAUPTABTEILUNG........: (    )
```

```
SIABA - INTERVIEWDATENBASIS
    - ABTEILUNGSDATEI -

ABTEILUNGSCODE.........: (    )

ABTEILUNGSNAME.......: (        )

ABTEILUNGSLEITER.......: (        )

ANZAHL MITARBEITER
IN DER ABTEILUNG......: (    )
```

```
SIABA - INTERVIEWDATENBASIS
   - ARBEITSGRUPPENDATEI -

ARBEITSGRUPPENCODE: (     )

ARBEITSGRUPPENNAME......: (        )

ARBEITSGRUPPENLEITER....: (        )

ANZAHL MITARBEITER
IN DER ARBEITSGRUPPE.....: (    )
```

```
SIABA - INTERVIEWDATENBASIS
    -ARBEITSPLATZDATEI -

ARBEITSGRUPPENCODE: (    )

ARBEITSPLATZNUMMER: (    )

INHABER.....................: (            )

JÄHRLICHE KOSTEN.......: (    )

ANZAHL GLEICHARTIGER
ARBEITSPLÄTZE  IN
ARBEITSGRUPPE.............: (     )
```

Abb. 2.12: Bildschirmmaske zur Erfassung
der physischen Informationsflüsse

SIABA - INTERVIEWDATENBASIS

- PHYSISCHE INFORMATIONSFLÜSSE -

ARBEITSGRUPPENCODE 1: (   )

ARBEITSGRUPPENCODE 2: (   )

DOKUMENTENNUMMER.: (   )

RICHTUNG...................:   ( )

RICHTUNGSCODES: "1" = 1 -> 2
                "2" = 2 -> 1
                "3" = 1 <-> 2

Studie zu veröffentlichen. Sind die Daten in einer Datenbank gespeichert, so kann die Studie auch durch ein Computerprogramm ausgedruckt werden. Studien, die auf die herkömmliche manuelle Art erstellt werden, leiden oft unter dem Problem, daß sie bereits kurz nach der Veröffentlichung veraltet sind, weil ein lebender Betrieb ständig im Wandel ist. Sind die Erhebungsdaten in einer Datenbank gespeichert, so können sie leicht aktualisiert werden. Die Studie kann dann jeder Zeit mit wenig Aufwand neu gedruckt werden. Eine Interviewdatenbank ermöglicht also, daß die Ist-Aufnahme zu einem dynamischen Prozeß wird. Das Unternehmensmodell bleibt aktuell, kann schrittweise ausgebaut werden und wird deswegen ständig aussagefähiger.

Eine Interviewdatenbank für das SIABA-Modell ist in Abbildung 2.10 gezeigt. Die Datenbank besteht aus einer Reihe einfacher Dateien, die bestimmte Beziehungen zueinander haben. In der Abbildung wird jede Datei durch einen Kasten dargestellt. Das Krähenfuß-Symbol bedeutet eine 1-zu-n-Beziehung. Ein Unternehmen besteht z.B. aus mehreren Direktionen, eine Direktion aus mehreren Hauptabteilungen usw. Das Datenbankschema ist dem Organi-

---

Abb. 2.13: Bildschirmmaske zur Erfassung
der Hauptaufgaben

```
              SIABA - INTERVIEWDATENBASIS

                     - AUFGABEN -


   ARBEITSGRUPPENCODE....: (   )
   ARBEITSPLATZNUMMER..........: (   )


   AUFGABENCODE...............: (   )
   AUFGABENBESCHREIBUNG: (          )
   AUFWAND.....................: ( )
                                    SOLL  IST
   MÖGLICHE ZEITERSPARNIS.....: ( )  ( )

   MÖGLICHER VORTEIL DURCH
   VERBESSERUNG DER PLANUNG SOLL  IST
   UND STEUERUNG.................: (   ) (   )

   PRODUKTIVITÄTSMASS....: (            )
```

---

gramm, von dem es abgeleitet worden ist, sehr ähnlich. Die Daten für das SIABA-Modell werden in den Dateien dieser Datenbank gespeichert. So entspricht z.B. jede Direktion einem Satz in der Direktionsdatei, jede Hauptabteilung einem Satz in der Hauptabteilungsdatei usw. Die Datenbank wird durch ein Softwaresystem gepflegt, das aus mehreren Programmen besteht. Jede Datei wird durch ein einfaches Program gepflegt, das Daten einfügen, ändern, löschen und anzeigen kann; weitere Programme dienen zur Auswertung und zum Drucken der Daten. Die ersten sechs Dateien in Abbildung 2.10 (von oben gesehen) speichern die Daten über die Komponenten der Unternehmenshierarchie. In diesem Beispiel handelt es sich um eine Unternehmensdatei, eine Direktionsdatei, eine Hauptabteilungsdatei, eine Abteilungsdatei, eine Arbeitsgruppendatei und eine Arbeitsplatzdatei. Jede Datei wird mittels einer Bildschirmmaske erfaßt. Die Bildschirmmasken sowie die einzelnen Datenelemente gehen aus Abbildung 2.11 hervor.

**Abb. 2.14: Bildschirmmasken zur Erfassung der Arbeitsschritte
und der Arbeitsschrittregeln**

SIABA - INTERVIEWDATENBASIS	SIABA - INTERVIEWDATENBASIS
-ARBEITSSCHRITTE -	- ARBEITSSCHRITTREGELN -

ARBEITSGRUPPENCODE...........: ( )	ARBEITSGRUPPENCODE................: ( )
ARBEITSPLATZNUMMER................: ( )	ARBEITSPLATZNUMMER................: ( )
AUFGABENCODE....................: ( )	AUFGABENCODE...........................: ( )
ARBEITSSCHRITTNUMMER.......: ( )	ARBEITSSCHRITTNUMMER.............: ( )
ARBEITSCHRITTBESCHREIBUNG: ( )	ARBEITSSCHRITTREGELNUMMER....: ( )
( )	ARBEITSSCHRITTREGELBESCHREIBUNG:
( )	( )
( )	( )
( )	

Die physischen Informationsflüsse werden in der Dokumentenflußdatei
festgehalten. Dabei wird davon ausgegangen, daß die wichtigsten
Informationsflüsse diejenigen sind, die von einer Arbeitsgruppe in eine
andere fließen. Die entsprechende Erfassungsmaske wird in Abbildung 2.12
veranschaulicht. Ein Informationsfluß zwischen zwei Arbeitsgruppen kann in
unterschiedlichen Richtungen verlaufen: Er kann von der ersten
Arbeitsgruppe in die zweite, von der zweiten in die erste oder in beiden Richtungen verlaufen. Deshalb wird eine Richtungsinformation in Form eines
Richtungscodes festgehalten.

Jeder in der Arbeitsplatzdatei gespeicherte Mitarbeiter wird bei der Ist-Erhebung
darum gebeten, seine Arbeiten in eine kleine Anzahl Hauptaufgaben zu
unterteilen. Bei Sachbearbeitern entsprechen diese Angaben meistens den
täglichen Arbeitsabläufen. Bei Leitungspersonen hingegen handelt es sich um
Entscheidungsprozesse, die zur Planung und Steuerung der Arbeitsabläufe
notwendig sind. Diese Informationen werden in der Aufgabendatei
gespeichert, deren Erfassungsmaske in Abbildung 2.13 gezeigt ist. Neben der

Abb. 2.15: Bildschirmmasken zur Erfassung der Dokumente
und der Aufgaben-Dokumenten-Beziehungen

```
SIABA - INTERVIEWDATENBASIS          SIABA - INTERVIEWDATENBASIS

        - DOKUMENTE -                 - AUFGABEN-DOK.-BEZIEHUNGEN -

                                   ARBEITSGRUPPENCODE..: (     )
DOKUMENTENNUMMER: (     )          ARBEITSPLATZNUMMER.: (     )
DOKUMENTENNAME.....: (        )    BEZEICHNUNG.................: (            )
ANZAHL.........................: (   )
PRO                                AUFGABENCODE.................: (     )
PERIODE.........................: (     )  AUFGABENBESCHREIBUNG: (         )
KDK..............................: ( )     ZEITAUFWAND.....................: (   )
SYSTEMNAME.................: (          )   ZEITERSPARNIS....................: ( )
PROGRAMMNAME..........: (          )       EFFEKTIVITÄTSMASS............: (   )
PROGRAMMTYP...............: ( )
PROGRAMMKOSTEN........: (     )     DOKUMENTENNUMMER.....: (     )
ZUSATZKOSTEN.............: (     )  DOKUMENTENNAME...........: (           )
PROGRAMMIERER...........: (         )  ANZAHL............................: (   )
NAME DER TEXTDATEI...: (        )   PRO
DATENTRÄGERART........: ( )         PERIODE...........................: (         )
REIHENFOLGE.................: ( )   EIN-/AUSGABECODE...........: ( )
```

Beschreibung der Aufgabe wird auch der Zeitaufwand als Prozentsatz der durchschnittlichen Gesamtarbeitszeit an diesem Arbeitsplatz gespeichert. Die Prozentsätze für alle Aufgaben eines Mitarbeiters müssen zusammenaddiert 100 % ergeben. Eine mögliche Zeitersparnis wird ebenfalls als Prozentsatz angegeben und bedeutet die erreichbare prozentuale Reduzierung des Aufwandes. Meistens handelt es sich bei diesen Angaben um eine Schätzung des Systemdesigners aufgrund der Arbeitsplatzanalyse. Diese Art von Ersparnis trifft in erster Linie bei Sachbearbeitern zu. Bei Führungskräften ist das nächste Feld, der möglicher Vorteil durch Verbesserung von Planung und Steuerung, relevant. Dieses Feld drückt die quantifizierbaren Vorteile einer verbesserten Entscheidungsgrundlage aus. Im Stadium der Ist-Aufnahme handelt es sich bei beiden Ersparnisangaben um Plangrößen, die deswegen in das jeweilige SOLL-Feld eingegeben werden; nach der Implementierung werden die tatsächlichen Werte in den IST-Feldern erfaßt. Als letztes Datenelement wird das Effektivitätsmaß dieser Aufgabe gespeichert. Das ist eine kurze verbale Angabe, wie die Leistung in Bezug auf diese Aufgabe

Abb. 2.16: Bildschirmmasken zur Erfassung der Datenelemente,
der Quellenelemente, der Datenelementregeln und
der Quellendokumente

SIABA - INTERVIEWDATENBASIS

- DATENELEMENTE -

```
DOKUMENTENNUMMER...............: (     )

DATENELEMENTNAME................: (     )

DATENELEMENTBESCHREIBUNG..: (     )
(                                            )
SCHLÜSSELFELD (=X).......................: (   )
GRUPPENEBENE..............................: (   )
WIEDERHOLUNGSZAHL..................: (   )
DATENELEMENT-COBOL-PICTURE: (     )
VALIDIERUNGSREGELN: (                  )
(                                            )
```

SIABA - INTERVIEWDATENBASIS

- QUELLENDATENELEMENTE -

```
DOKUMENTENNUMMER...............: (     )

DATENELEMENTNAME................: (     )

QUELLENDATENELEMENTNAM..: (     )

QUELLENELEMENTBESCHREIBUNG:
(                                            )

QUELLENELEMENT-COBOL-PICTURE: (    )
```

SIABA - INTERVIEWDATENBASIS

- DATENELEMENTREGELN -

```
DOKUMENTENNUMMER.............: (     )

DATENELEMENTNAME..............: (     )

DATENELEMENTREGEL............. : (          )
(                     )
(                     )
```

SIABA - INTERVIEWDATENBASIS

- QUELLENDOKUMENTE -

```
DOKUMENTENNUMMER....: (        )

QUELLENDOK.-NUMMER....: (        )

QUELLENDOKUMENT-BEZ.: (              )
```

Abb. 2.17: Bildschirmmasken zur Erfassung der Globalziele,
der Detailziele, der Probleme und
der Lösungsvorschläge

SIABA - INTERVIEWDATENBASIS

- GLOBALZIELE -

ARBEITSGRUPPENCODE...................: (   )

ARBEITSPLATZNUMMER.................: (   )

GLOBALZIELNUMMER.....................: (   )

BESCHREIBUNG...........................: (   )
(   )
(   )
(   )
(   )

SIABA - INTERVIEWDATENBASIS

- DETAILZIELE -

ARBEITSGRUPPENCODE.................: (   )

ARBEITSPLATZNUMMER.................: (   )

GLOBALZIELNUMMER.....................: (   )

DETAILZIELNUMMER.....................: (   )

BESCHREIBUNG...........................: (   )
(   )
(   )
(   )
(   )

SIABA - INTERVIEWDATENBASIS

- PROBLEME -

ARBEITSGRUPPENCODE.........: (   )

ARBEITSPLATZNUMMER........: (   )

PROBLEMNUMMER.................: (   )

PROBLEMBESCHREIBUNG: (   )
(   )
(   )
(   )
(   )

SIABA - INTERVIEWDATENBASIS

- LÖSUNGSVORSCHLÄGE -

ARBEITSGRUPPENCODE..........: (   )

ARBEITSPLATZNUMMER........: (   )

PROBLEMNUMMER...................: (   )

LÖSUNGSVORSCHLAGS-NR...: (   )

LÖSUNGSBESCHREIBUNG.: (   )
(   )
(   )
(   )
(   )

gemessen werden kann. Ein Beispiel könnte sein: "verarbeitete Belege pro Woche".

Jede Aufgabe läßt sich in eine bestimmte Anzahl von Arbeitsschritten unterteilen. Diese werden in der Arbeitsschrittedatei gespeichert. Jeder Arbeitsschritt kann eine oder mehrere Regeln haben, die in der Arbeitsschrittregeldatei erfaßt werden. Die Bildschirmmasken zur Erfassung dieser Informationen werden in Abbildung 2.14 veranschaulicht. Mit diesen Masken können bis zu 99 Arbeitsschritte pro Aufgabe und bis zu 99 Regeln pro Arbeitsschritt erfaßt und somit auch sehr komplexe und umfangreiche Aufgaben bzw. Arbeitsschritte beschrieben werden.

Jede Aufgabe ist mit bestimmten Informationen verbunden. Das ist der zentrale Aspekt von SIABA, dessen Hauptzweck ja die Unterstützung des Informationsmanagements ist. Um das Informationswesen methodisch abzusichern, müssen die Aufgaben in Verbindung mit den für die Erledigung der Aufgaben notwendigen Informationen gebracht werden. Das bedeutet, daß alle wichtigen Dokumente (genauer: Informationsträger) in der Dokumentendatei gespeichert werden müssen und die Beziehungen dieser Dokumente zu den betreffenden Aufgaben über Angaben in der Datei der Aufgaben-Dokumenten-Beziehungen hergestellt werden müssen. Das erfolgt durch die Bildschirmmasken, die in Abbildung 2.15 gezeigt werden. Beim Speichern der Dokumenteninformationen wird für jedes Dokument die Anzahl pro Zeitperiode erfaßt, damit das Volumen des Informationsflusses erkennbar wird. Die weiteren Datenelemente (ab KDK) dieser Maske dienen der Aufstellung und Entwicklung von Sollkonzeptionen und werden in einem späteren Kapitel erklärt. In der Bildschirmmaske zur Pflege der Aufgaben-Dokumenten-Beziehungen ist es auch möglich, die Dokumentendatei und die Aufgabendatei gleichzeitig mit der Datei der Aufgaben-Dokumenten-Beziehungen zu pflegen, da diese Informationen in der Regel alle zur gleichen Zeit erfaßt werden.

Jedes Dokument besteht aus einem oder mehreren Informationsfeldern, auch Datenelementen genannt. Wenn sich ein Dokument durch die Arbeitsplatzanalysen als wichtig herausstellt, dann sollen alle Datenelemente des Dokuments erfaßt und in der Datenelementedatei gespeichert werden. Dabei kann es sein, daß einige Datenelemente aus anderen Datenelementen abgeleitet sind. Ein Beispiel hierfür ist ein Betragsfeld, das durch die Multiplikation von Menge und Preis gebildet wird. In diesem Fall sind die Felder "Menge" und "Preis" Quellenelemente für das Feld "Betrag". Solche Quellenelemente sollen in der Quellenelementedatei gespeichert werden. Da das abgeleitete Feld meistens durch arithmetische Umformung der Quellenelemente entsteht, kann die Beziehung eines Datenelementes zu seinen Quellenelementen oft in Form einer Gleichung ausgedrückt werden, wie z.B. Betrag = Menge x Preis. Diese Ableitungsregeln sollen in der Datenelementregeldatei erfaßt werden. Es ist auch möglich, daß ganze Dokumente aus anderen Dokumenten entwickelt werden. Ein Beispiel hierfür ist eine Rechnung, die anhand einer Bestellung und der Kopie eines Lieferscheins geschrieben wird. Die Bestellung und die Kopie des Lieferscheins sind die Quellendokumente für die Rechnung. Diese sollen in der Quellendokumentendatei gespeichert werden und bilden die Basis für die Erstellung der logischen Informationsflüsse. Diese vier Dateien beschreiben alle wichtigen Charakteristiken der betroffenen Informationsflüsse und werden durch die in Abbildung 2.16 gezeigten Bildschirmmasken gepflegt.

Während der Ist-Aufnahme wird jeder interviewte Mitarbeiter darum gebeten, Probleme oder Schwachstellen zu nennen. Diese werden in der Problemdatei erfaßt. Die dazugehörigen Lösungs- oder Verbesserungsvorschläge werden in der Lösungsdatei gespeichert. Die Lösungsvorschläge können vom Mitarbeiter oder vom Systemdesigner stammen, sie können aber auch das Resultat einer Brainstorming-Übung mit mehreren Teilnehmern sein. Auf jeden Fall sollen alle Lösungsvorschläge in der Lösungsdatei mit Bezug auf das entsprechende Problem aufgenommen werden. Alle Interviewpartner werden auch über ihre Globalziele sowie die daraus abgeleiteten Detailziele befragt. Diese Informationen werden in der Globalzieldatei bzw. in der Detailzieldatei gespeichert. Die Problemdatei, die Lösungsdatei, die Globalzieldatei und die Detailzieldatei werden durch die in Abbildung 2.17 gezeigten Bildschirm-masken gepflegt.

Die o.a. Dateien bilden die Basis für das SIABA-Modell. Wenn diese Daten einmal erfaßt worden sind, ist ein Systemdesigner in der Lage, die wichtigsten Informationsflüsse zu identifizieren und das entsprechende Informations-system zu definieren. Dazu ist es allerdings nicht notwendig und auch nicht

Abbildung 2.18: Die Schritte der strukturierten Ist-Aufnahme	
Schritte	**Zu pflegende Dateien**
• Feststellung der Aufbauorganisation und der strategischen Daten	Unternehmensdatei, Direktionsdatei, Hauptabteilungsdatei, Abteilungsdatei, Arbeitsgruppendatei, Arbeitsplatzdatei, Problemdatei, Lösungsdatei, Globalzieldatei, Detailzieldatei
• Festlegung der kritischen Arbeitsgruppen	
• Erstellung der Interviewliste für die Erhebung der Ablauforganisation	
• Vorbereitung der Interviewpartner	
• Durchführung der Interviews	Aufgabendatei,Arbeitsschrittedatei, Arbeitsschrittregeldatei, Dokumentendatei, Aufgaben-Dokumenten-Beziehungen-Datei, Problemdatei, Lösungsdatei, Globalzieldatei, Detailzieldatei, Dokumentenflußdatei, Quellendokumentendatei
• Ausdruck der vorläufigen IST-Aufnahme und Besprechung bzw. Korrektur der Erhebungsdaten	Aufgabendatei, Arbeitsschrittedatei, Arbeitsschrittregeldatei, Dokumentendatei, Aufgaben-Dokumenten-Beziehungen-Datei, Problemdatei, Lösungsdatei,Globalzieldatei, Detailzieldatei, Dokumentenflußdatei, Quellendokumentendatei
• Schätzung der Einsparungspotentiale	Aufgabendatei
• Auswahl der kritischen Dokumente aufgrund der ABC-Analyse der Informationsflüsse und der ABC-Analyse der Einsparungspotentiale	Dokumentendatei
• Analyse bzw. Dekomposition der kritischen Dokumente	Datenelementedatei, Quellenelementedatei, Datenelementregeldatei
• Ausdruck der endgültigen IST-Aufnahme	

wünschenswert, alle operativen Details zu erfassen. Die Dateien der Interviewdatenbank sollen in einer ganz bestimmten Reihenfolge gefüllt werden, wobei die Auswahl der detailliert zu erfassenden Arbeitsgruppen von den Ergebnissen der ersten Interviews abhängt.

2.2.5 Die Schritte der strukturierten Ist-Aufnahme

Bei der strukturierten Ist-Aufnahme werden die strategischen und die operativen Daten schrittweise erhoben. Die Ergebnisse jedes einzelnen Schrittes steuern die nachfolgenden Schritte. In Abbildung 2.18 sind die 10 Schritte der strukturierten Ist-Aufnahme sowie die jeweils entsprechenden Teile der Interviewdatenbank veranschaulicht; in den restlichen Abschnitten dieses Kapitels werden sie noch näher erläutert.

2.2.5.1 *Feststellung der Aufbauorganisation und der strategischen Daten*

Der erste Schritt einer strukturierten Ist-Aufnahme, das Feststellen der Aufbauorganisation und der strategischen Ziele, ist der wichtigste, da die weitere Verfahrenweise von ihm abhängt. Während die Ermittlung der Aufbauorganisation eine relativ triviale Aufgabe ist, kann die Ermittlung der Global- und Detailziele sehr viel Aufwand bedeuten. Bei großen Organisationen ist dieser Aufwand oft bereits im Rahmen einer Unternehmesplanung erbracht worden. In solchen Fällen braucht der Systemdesigner diese Informationen nur zu übernehmen, anderenfalls muß er einen Prozeß zur Ermittlung der Zielsetzungshierarchie in Gang setzen. Das kann nur mit Unterstützung der Geschäftsleitung erfolgreich durchgeführt werden.

Die klassische Vorgehensweise zur Definition der Zielsetzungshierarchie ist die MBO-Methode (*Management by Objectives*). Dabei legt die Geschäftsleitung zuerst einige langfristige, strategische globale Ziele (*Objectives*) fest. Diese werden dann durch die untergeordneten Instanzen verfeinert, indem abgeleitete Detailziele (*Subobjectives*) entwickelt werden, die der Erreichung der Globalziele dienen. Dieser Prozeß wird von zahlreichen Diskussionen begleitet, um die Ziele der verschiedenen Hierarchieebenen aufeinander abzustimmen. Es gibt eine Fülle von Methoden, den erforderlichen Konsens herbeizuführen, wie z.B. die Delphi- oder die NGT-Methode.[1] Auch die im Kapitel 7 beschriebenen Projektdesignmethoden können bei der Konsensfindung nützlich sein. Bei der Besprechung der Ziele werden Probleme ermittelt, die im Zusammenhang mit der Zielerreichung gelöst werden müssen. Um die erkannten Probleme zu lösen bzw. die Globalziele zu erreichen, werden kurz- und mittelfristige, konkrete Detailziele ins Auge gefaßt. Ein solches Detailziel soll zu einem bestimmten Stichtag erreicht werden, und sein Erreichen muß durch greifbare, meßbare Ergebnisse überprüfbar sein. Nehmen wir einmal an, daß ein Mittelstandsunternehmen sich das Globalziel der Verdoppelung seines Marktanteils innerhalb von fünf Jahren gesetzt hat. Daraus könnte die Produktionsabteilung z.B. als Detailziel die Verdopplung des Fertigungvolumens ableiten. Das setzt wiederum voraus, daß ein Produktionsplanungs- und -steuerungssystem installiert werden muß, um den gestiegenen Anforderungen gerecht zu werden. Die Installation des PPS-Systems muß bis Jahresende erfolgen, wenn das Fertigungsvolumen rechtzeitig erhöht werden soll. In diesem Fall ist die Installation des PPS-Systems ein konkretes Detailziel mit einem klar meßbaren Ergebnis, das zu einem bestimmten Stichtag erreicht sein muß. Dieses Beispiel macht deutlich, wie die MBO-Methode dafür sorgt, daß eine gut abgestimmte Planung auf allen Hierarchieebenen erfolgt. Darüber hinaus steigert MBO die Mitarbeitermotivation durch die Einbeziehung der verschiedenen Hierarchiestufen in den Planungsprozeß und liefert eine konsequente Grundlage für die Beurteilung und Steuerung der Mitarbeiter und Gruppen des Unternehmens.

Die Ergebnisse des MBO-Prozesses werden im SIABA-Modell in der Globalzieldatei, der Detailzieldatei, der Problemdatei und in der Lösungsdatei gespeichert. Diese Informationen beziehen sich immer auf einen bestimmten Mitarbeiter, in der Regel einen Abteilungs- oder Hauptabteilungsleiter. Die Inhalte der vier Dateien werden meist sehr vielschichtige Beziehungen zueinander haben. Im o.a. Beispiel entspricht die Installation eines PPS-

---

[1] Die Delphi- und die NGT-Methode (NGT = Nominal Group Technique) sind Vorhersagemethoden, die auf der Befragung von Experten beruhen. Bei der Delphi-Methode werden die Experten getrennt voneinander durch schriftliche Fragebögen befragt, während bei der NGT-Methode die Befragung in einer gemeinsamen Sitzung stattfindet. In beiden Fällen haben die Experten die Möglichkeit, ihre Prognosen anhand der Rückkopplung von den anderen Experten zu revidieren.

Systems einem Satz in der Detailzieldatei. Dieses Ziel bis zum Jahresende zu erreichen, würde jedoch sicherlich viele Probleme aufwerfen, wie z.B. die Auswahl des PPS-Systems, die Ausbildung der betreffenden Mitarbeiter usw. Somit käme es zu den entsprechenden Eintragungen in der Problemdatei. Die in Frage kommenden PPS-Softwarepakete könnten dann Eintragungen in der Lösungsdatei sein. Auf diese Weise führt ein Eintrag in einer der vier Dateien zu Eintragungen in den anderen Dateien.

2.2.5.2 Festlegung der kritischen Arbeitsgruppen

Die in den vier Dateien gespeicherten Informationen bilden die Grundlage für den zweiten Schritt der strukturierten Ist-Aufnahme, die Festlegung der kritischen Arbeitsgruppen. Es sind unterschiedliche Fälle denkbar, die zu entsprechenden Vorgehensweisen für die Ermittlung der kritischen Arbeitsgruppen führen. Der einfachste Fall tritt ein, wenn wie im o.a. Beispiel jemand die Installation eines bestimmten Informationssystems als konkretes Detailziel angibt. In diesem Falle sind alle durch den Betrieb des anvisierten Informationssystems betroffenen Arbeitsgruppen zu untersuchen. Der Entscheidungsprozeß wird etwas komplexer, wenn die Vorgehensweise zur Ermittlung der kritischen Arbeitsgruppen aus den Problemen abgeleitet werden muß. In diesem Fall müssen zunächst die Probleme eruiert werden, die durch die Bereitstellung von Informationen zu lösen sind. Anschließend müssen die Arbeitsgruppen ermittelt werden, die mit diesen Informationen zu tun haben. Das sind dann die zu untersuchenden Arbeitsgruppen. Ein ganz anderer Weg zur Auffindung der kritischen Arbeitsgruppen besteht darin, diejenigen auszuwählen, die besonders arbeitsintensive Vorgänge bearbeiten. Der arbeitsintensive Charakter dieser Vorgänge wird sich auch sehr wahrscheinlich in den erkannten Problemen widerspiegeln. Auch solche Arbeitsgruppen sollen auf die Liste der zu untersuchenden Arbeitsgruppen gesetzt werden.

2.2.5.3 Erstellung der Interviewliste für die Erhebung der Ablauforganisation

Steht die Liste der kritischen Arbeitsgruppen fest, so kann der dritte Schritt der strukturierten Ist-Aufnahme, die Erstellung der Interviewliste für die

Erhebung der Ablauforganisation, vorgenommen werden. Diese Liste enthält die Namen der einzelnen Mitarbeiter, deren Arbeitsplätze untersucht werden sollen. Dabei ist zu gewährleisten, daß ein repräsentativer Querschnitt der Mitarbeiter jeder zu untersuchenden Arbeitsgruppe ausgewählt wird. Es ist nicht unbedingt notwendig, daß jeder Mitarbeiter interviewt wird. Wenn mehrere Mitarbeiter genau die gleichen Aufgaben erledigen, so kann einer stellvertretend für die restlichen Mitarbeiter ausgewählt werden. Das ist allerdings nur dann zu vertreten, wenn die Arbeitsplätze wirklich identisch sind. Andernfalls besteht die Gefahr, daß das aus den Analyseergebnissen entstandene Informationssystem nicht alle vorhandenen Probleme abdeckt.

2.2.5.4 Vorbereitung der Interviewpartner

Der vierte Schritt der strukturierten Ist-Aufnahme besteht in der Vorbereitung der Interviewpartner. Dies geschieht am besten durch eine kurze Unterhaltung mit dem Systemdesigner, der später die Interviews durchführen wird. Es gilt hierbei, den Interviewpartnern ein klares Bild über die erwünschten Informationen zu vermitteln, damit das Interview möglichst effizient verläuft. Als Hilfsmittel sollte der Systemdesigner Beispiele der Arbeitsplatz-Aufgaben-Dokumente-Matrix, der Listen der Arbeitsschritte pro Aufgabe, der physischen und logischen Informationsflüsse, der Listen der Probleme und der möglichen Lösungen sowie der Listen der Global- und Detailziele zu den Interviews mitbringen. Der Sinn jeder dieser Unterlagen sollte dem Interviewpartner erklärt werden. Darüber hinaus ist der Interviewpartner darum zu bitten, Beispiele von allen mit seinen Aufgaben zusammenhängenden Dokumenten bereitzustellen. Dabei ist es wichtig, daß die Dokumente mit realen Daten ausgefüllt sind, da leere Formulare selten aussagekräftig genug sind. Gibt es verschiedene Varianten eines bestimmten Dokumentes, so soll von jeder ein Beispiel mitgebracht werden. Dem Interviewpartner muß klargemacht werden, daß der Systemdesigner einen umfassenden Überblick über die Datenvielfalt des Arbeitsplatzes erlangen muß. Das ist von ausschlaggebender Wichtigkeit, da die meisten Fehler im Systemdesign aus der mangelnden Kenntnis der Datenbeziehungen resultieren.

Abb.2.19: Vorläufige Version der IST-Aufnahme

- Arbeitsplatz-Aufgaben-Dokumente-Matrix

- Liste der Arbeitsschritte pro Aufgabe

- Liste der Arbeitsschrittregeln

- Die physischen Informationsflüsse

- Die logischen Informationsflüsse

- Liste der lang- und mittelfristigen Ziele

- Liste der Schwachstellen mit Lösungsvorschlägen

Die Vorbereitung der Interviewpartner sollte ausschließlich sachbezogen sein und in einem Gesprächsklima erfolgen, das kein Gefühl einer persönlichen Bedrohung aufkommen läßt. Der Interviewpartner darf auf keinen Fall den Eindruck gewinnen, daß er in irgendeiner Weise beurteilt werden soll; vielmehr sollte ihm das Gefühl vermittelt werden, daß seine aktive Mitarbeit erwünscht ist, um den Arbeitsplatz im Sinne der Mitbestimmung optimal zu gestalten. Kritische Äußerungen von seiten des Interviewers sind zu unterlassen. Der erfolgreiche Systemdesigner strahlt Sympathie und Mitgefühl aus, er zeigt ein echtes Interesse an den Problemen des Arbeitsplatzes. Der Interviewpartner darf unter keinen Umständen den Verdacht entwickeln, daß der Arbeitsplatz "wegrationalisiert" werden soll oder sich in irgendeiner Form negativ verändern wird.

2.2.5.5 Durchführung der Interviews

Die besprochenen Verhaltensregeln sind auch für den fünften Schritt der strukturierten Ist-Aufnahme, die Durchführung der Interviews, wichtig. Auch hier sind Geduld und Einfühlungsvermögen Voraussetzungen für den Erfolg.

Als Leitlinie für das Gespräch dienen die für die Pflege der Interviewdatenbank gezeigten Bildschirmmasken. Es ist allerdings zu vermeiden, daß die Bildschirmmasken zu schemenhaft angewendet werden, so als ob ein Fragebogen ausgefüllt würde. Es ist ebensowenig wünschenswert, daß der Systemdesigner die Gesprächsergebnisse während des Interviews etwa mit einem tragbaren PC maschinell erfaßt. Solche Verhaltensweisen können vom Interviewpartner als bedrohlich oder oberflächlich empfunden werden. Der Systemdesigner muß ein echtes Gespräch anstreben, indem er gut zuhört und sich mit der Materie geistig auseinandersetzt. Er sollte handschriftliche Aufzeichnungen machen, die anschließend überdacht, geordnet und maschinell erfaßt werden. Die vom Interviewpartner bereitgestellten Dokumentenbeispiele sollten sorgfältig geordnet und zusammen mit den Interviewergebnissen abgelegt werden.

2.2.5.6 Besprechung der Erhebungsdaten

Möglichst umgehend nach Durchführung eines Interviews sind die Ergebnisse in der Interviewdatenbank zu erfassen. Anschließend ist eine vorläufige Version der Ist-Aufnahme des betreffenden Arbeitsplatzes auszudrucken. Die Komponenten der vorläufigen Version der Ist-Aufnahme sind in Abbildung 2.19 veranschaulicht. Diese Unterlagen müssen dann in einem zweiten Interview noch einmal mit dem Interviewpartner besprochen werden, um Vollständigkeit und Genauigkeit zu gewährleisten. Eventuelle Korrekturen und Ergänzungen sind anschließend in der Interviewdatenbank zu erfassen.

2.2.5.7 Schätzung der Einsparungspotentiale

Nachdem die Daten aller Interviewpartner in der gezeigten Weise erfaßt und überprüft worden sind, ist es möglich, über Einsparungspotentiale nachzudenken. Das darf erst nach der Gesamterfassung erfolgen, um die Insellösungen aus einer nicht integrierten Betrachtung zu vermeiden. Es ist wichtig, Arbeitsplätze nicht isoliert zu sehen, sondern als Komponenten eines integrierten Gesamtkonzeptes. Aufgrund seiner gewonnenen Einsichten in die Systemzusammenhänge und unter Berücksichtigung der Interviewergebnisse schätzt der Systemdesigner das Einsparungspotential für jede Aufgabe und

Abbildung 2.20A: Häufigkeitsverteilung

Nachfrage nach Fachkräften	Anzahl Monate, in denen Nachfrage zutrifft	Häufigkeitsverteilung
10	6	10 %
11	18	30 %
12	30	50 %
13	6	10 %

Abbildung 2.20B: Geldmäßige Ergebnisse der verschiedenen Entscheidungsmöglichkeiten

Tatsächlich eintretende Nachfrage	Anzahl der engagierten Mitarbeiter			
	10	11	12	13
10	DM 28.400	DM 14.200	0	- DM 14.200
11	DM 28.400	DM 31.240	DM 17.040	DM 2.840
12	DM 28.400	DM 31.240	DM 34.080	DM 19.880
13	DM 28.400	DM 31.240	DM 34.080	DM 36.920

Abbildung 2.20C: Erwartungswerte

Tatsächlich eintretende Nachfrage	Wahrscheinlichkeit	Anzahl der engagierten Mitarbeiter			
		10	11	12	13
10	10 %	DM 2.840	DM 1.420	0	- DM 1.420
11	30 %	DM 8.520	DM 9.372	DM 5.112	DM 852
12	50 %	DM 14.200	DM 15.620	DM 17.040	DM 9.940
13	10 %	DM 2.840	DM 3.124	DM 3.408	DM 3.692
		DM 28.400	DM 29.536	DM 25.560	DM 13.064

Durchschnitt = DM 24.140   ⬑ optimale Entscheidung

Abbildung 2.20D: Erwartungswerte bei vollständiger Information

Tatsächlich eintretende Nachfrage	Wahrscheinlichkeit	Ergebnis bei perfekter Vorhersage	Erwartungswert
10	10 %	DM 28.400	DM 2.840
11	30 %	DM 31.240	DM 9.372
12	50 %	DM 34.080	DM 17.040
13	10 %	DM 36.920	DM 3.692

Erwartungswert der Nettoerlöse =   DM 32.944

Erwartungswert der vollständigen Information = DM 3.408

erfaßt diese Informationen in der Aufgabendatei. Es gibt zwei Rationalisierungsquellen: Die Reduzierung des Aufwandes bei Sachbearbeitertätigkeiten und die Verbesserung der Planung und Steuerung.

Das Einsparungspotential bei Sachbearbeitertätigkeiten wird als prozentuale Reduzierung des Aufwands pro Aufgabe ausgedruckt. Dabei muß sich der Systemdesigner überlegen, wieviel der Aufwand für jede Aufgabe unter optimalem Einsatz der Mittel der elektronischen Datenverarbeitung gemindert werden könnte. Als Hilfsmittel für diese Überlegung dienen die Listen der Arbeitsschritte pro Aufgabe. Das Einsparungspotential resultiert häufig aus dem Wegfallen bestimmter Arbeitsschritte. Es ist aber durchaus möglich, daß das neue System auch neue Arbeitsschritte erforderlich macht. Deswegen muß die Anzahl der Arbeitsschritte des alten und des neuen Systems verglichen werden. Das Einsparungspotential kann dann anhand der folgenden Formel grob geschätzt werden:

$$\text{Einsparungspotential als \%} = \frac{\text{Anzahl Arbeitsschritte im neuen System}}{\text{Anzahl Arbeitsschritte im alten System}}$$

Dieser Prozentsatz wird in der Aufgabenmaske in das Feld "Mögliche Zeitersparnis" eingegeben.

Eine zweite Möglichkeit, betriebliche Vorteile zu erzielen, liegt in der Verbesserung der Planung und Steuerung. Diese ist in den meisten Fällen weitaus ergiebiger als die Rationalisierungvon Sachbearbeitertätigkeiten. Die durch Planung und Steuerung zu erreichenden Vorteile resultieren aus der Verbesserung von Entscheidungsgrundlagen. Durch die Verbesserung wird die Wahrscheinlichkeit erhöht, daß eine Entscheidung richtig getroffen wird. Um solche Vorteile quantifizieren zu können, müssen einige Techniken aus der statistischen Entscheidungstheorie herangezogen werden. Die wichtigste hängt mit dem Begriff des Erwartungswertes zusammen, der am besten an einem vereinfachten Beispiel erklärt werden kann.

Eine Beratungsfirma überläßt EDV-Fachkräfte großen Unternehmen. Hierfür engagiert die Firma freiberufliche Mitarbeiter, die DM 14.200 im Monat kosten und einen monatlichen Erlös von DM 17.040 ermöglichen. Die Beratungsfirma muß allerdings den freiberuflichen Kräften eine Beschäftigungszusicherung geben, bevor die Kundenunternehmen feste Aufträge vergeben haben, d.h. eine Fehlprognose bezüglich der Nachfrage kostet die Beratungsfirma DM 14.200 pro Monat für jede engagierte aber nicht eingesetzte Fachkraft. Der Einfachheit halber wird angenommen, daß die Beratungsfirma immer nur 10, 11, 12 oder 13 freiberufliche Mitarbeiter einsetzt. Eine Analyse der Nachfrage der letzten 60 Monate ergibt die in Abbildung 2.20A gezeigte Häufigkeitsverteilung der verschieden Nachfragemöglichkeiten. Die Häufigkeiten können als Wahrscheinlichkeiten für die künftige Nachfrage benutzt werden. In Abbildung 2.20B werden alle geldmäßigen Resultate (Nettoerlös pro Monat) der verschiedenen Kombinationen möglicher Entscheidungen und tatsächlich eintretender Nachfragen dargestellt. Werden zum Beispiel 12 Mitarbeiter engagiert in einem Monat, in dem sich die Nachfrage als 11 herausstellt, so ist der monatliche Nettoerlös DM 17.040 ((11 x DM 17.040) - (12 x DM 14.200)). Jede Entscheidungsmöglichkeit hat einen bestimmten Erwartungswert, der durch die Multiplikation jedes geldmäßigen Resultats mit der entsprechenden Wahrscheinlichkeit und die anschließende Aufsummierung dieser Produkte errechnet wird. Der Erwartungswert drückt den langfristigen durchschnittlichen Nettoerlös bei der ständigen Auswahl einer bestimmten Entscheidungsmöglichkeit aus. Die Erwartungswerte dieses Beispiels sind in Abbildung 2.20C aufgeführt und beweisen eindeutig, daß bei der gegebenen Wahrscheinlichkeitsverteilung die Entscheidung für 11 Mitarbeiter die optimale Entscheidung ist, da diese den höchsten Erwartungswert hat.

Ein weiterer wichtiger Begriff aus der statistischen Entscheidungstheorie ist der Erwartungswert der Nettoerlöse bei vollständiger Information. Dieser Wert drückt den durchschnittlichen langfristigen Nettoerlös beim Vorhandensein eines Instrumentariums zur perfekten Vorhersage der Nachfrage aus. Dieser Wert abzüglich des Erwartungswertes der optimalen Entscheidung ergibt den Erwartungswert der vollständigen Information, wie in Abbildung 2.20D veranschaulicht. Diese Erwartungswerte zeigen die Grenzen für die Verbesserung der Planung und Steuerung in einer gegebenen Entscheidungssituation. In dem Beispiel kann der durchschnittliche Erwartungswert von DM 24.140 im Monat (Entscheidungsfindung durch Zufall) durch den Einsatz

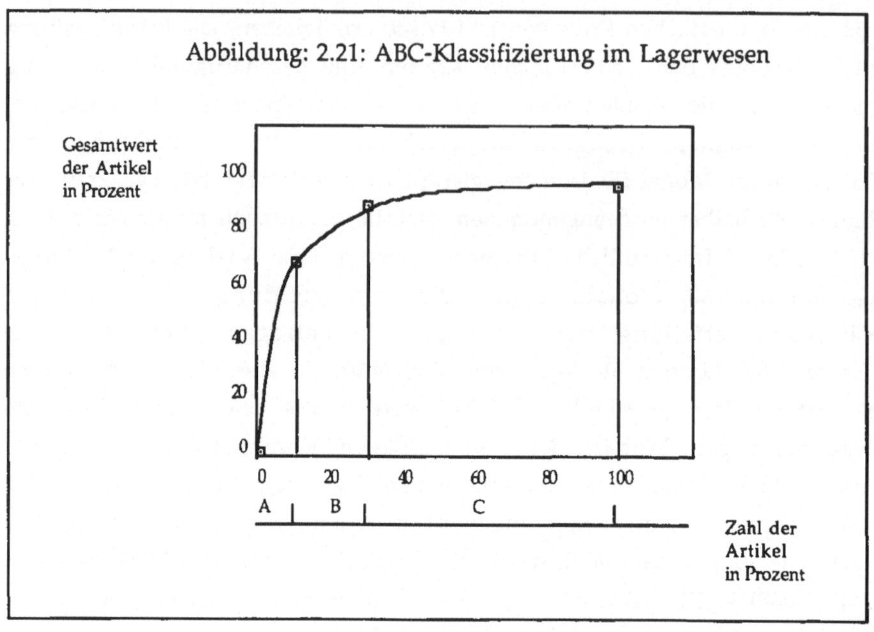

des statistischen Entscheidungsmodells auf DM 29.536 verbessert werden, durch vollständige Information auf DM 32.944. Der Rationalisierungsspielraum ist auf die möglichen Veränderungen der Nettoerlöse (hier maximal DM 32.944 - DM 24.140 oder DM 8.804) beschränkt. Der Wert einer Information ist also niemals grenzenlos, sondern bewegt sich in einem Rahmen, der durch die geldmäßigen Resultate der möglichen Entscheidungen und die Wahrscheinlichkeiten dieser Resultate bestimmt ist. Bei der Schätzung des Rationalisierungspotentials, das durch die Verbesserung der Planung und Steuerung entsteht, sollte deswegen immer von den oben beschriebenen Erwartungswerten ausgegangen werden.

Empirische Studien haben gezeigt, daß es in der Industrie drei Bereiche gibt, die die wichtigsten Rationalisierungsmöglichkeiten bieten:[1]

1. Planung und Steuerung der Verteilung von Fertigprodukten

---

[1] Robert G. Murdick, Joel E. Ross, *Information Systems for Modern Management*, Engelwood Cliffs, N.J.: Prentice Hall, 1975,S.253

Abb.2.22: ABC-Analyse der Einsparungspotentiale

Aufgabe/ Arbeitsplatz	Einsparungs- potential	Kumulatives Potential	Kum. % des Gesamtpot.	% der Aufgaben
1/2	12.000	12.000	51%	25%
1/1	5.000	17.000	72%	50%
1/3	4.000	21.000	89%	75%
1/4	2.500	23.500	100%	100%

2. Planung und Steuerung des Material-, Maschinen- und Arbeitseinsatzes in der Fertigung

3. Planung und Steuerung der Materialbeschaffung

Die erzielbaren Vorteile resultieren aus der Verkürzung von Zeitabläufen, der Reduzierung des Aufwandes für einen gegebenen Ertrag, der Erhöhung des Ertrags bei einem gegebenen Aufwand und der verbesserten Koordinierung von Abläufen. Es gibt auch eine Reihe sehr leistungsfähiger Techniken wie z.B. die lineare Programmierung, die Warteschlangetheorie, mathematische Lagerhaltungsmodelle usw., die in Verbindung mit Informationssystemen bedeutende Effizienzsteigerungen herbeiführen können. Um diese Verbesserungen zu quantifizieren, müssen zunächst die bisherigen Entscheidungsgrundlagen überprüft und die wichtigsten Eckdaten wie z.B. der Wert der Lagerbestände, Leistungsparameter der Maschinen, Material- und Arbeitsaufwand pro Produkteinheit usw. ermittelt werden. Anschließend wird je nach Problemstellung eine neue Strategie zur Entscheidungsfindung aufgestellt. Dabei sollte der Entscheidungsprozeß als quantitatives Modell abgebildet werden. Anhand dieses Modells und der Leistungsstatistiken der Vergangenheit kann meistens ein quantitativer Nutzen für die neue Strategie errechnet werden. Dieser wird dann als Geldbetrag in der Aufgabenmaske in das Feld MÖGLICHER VORTEIL DURCH VERBESSERUNG DER PLANUNG UND STEUERUNG eingegeben.

2.2.5.8 Auswahl der kritischen Informationsflüsse

Nachdem alle Einsparungspotentiale gespeichert worden sind, werden die kritischen Informationsflüsse anhand von zwei quantitativen Analysen ermittelt. Beide Analysen bedienen sich der Technik der ABC-Klassifizierung. Die ABC-Klassifizierung ist eine bewährte Methode, unter vielen Gegenständen, Funktionen, Geschäftsvorfällen usw. die wichtigsten herauszufinden. Sie stammt aus der Lagerwirtschaft, wo sie zur Kategorisierung von Lagerartikeln angewendet wird. Dabei ermittelt man den Wert des Jahresumsatzes jedes Artikels, der im Lager geführt wird. Alle Artikel werden dann in absteigender Reihenfolge dieses Wertes sortiert und aufgelistet. In jeder Zeile dieser Liste wird der kumulative Jahresumsatz aller bisherigen Artikel sowie die kumulative Anzahl Artikel errechnet. Die zwei kumulativen Werte werden als Prozentsatz des Gesamtjahresumsatzes und als Prozentsatz der Gesamtanzahl Artikel ausgewiesen. Es stellt sich in fast allen Lagern heraus, daß die wichtigsten 10% der Artikel (die sogenannten A-Artikel) etwa 70% des Gesamtjahresumsatzes ausmachen. Die wichtigsten 30% der Artikel entsprechen circa 90% des Gesamtjahresumsatzes und 70% der Artikel machen nur 10% des Gesamtjahresumsatzes aus. Diese Beziehungen sind in Abbildung 2.21 veranschaulicht. Als Konsequenz daraus wird sich eine erfolgreiche Lagerverwaltung vor allem auf die A-Artikel konzentrieren. Überträgt man diese Denkweise auf die Bewertung von Informationsflüssen und Einsparungspotentialen, so lassen sich aussagekräftige Analysen gewinnen. Eine ABC-Analyse der Einsparungspotentiale ist in Abbildung 2.22 gezeigt. Statt Lagerartikel werden hier Aufgaben analysiert. Dazu ist zuerst notwendig, das Einsparungspotential pro Aufgabe in Geld zu errechnen. Das geschieht durch die folgende Formel:

Abb.2.23: ABC-Analyse der Informationsflüsse

Dok.	Gewichtung nach Arbeitsplatzkosten	Kumulative Gewichtung	Kum. % der Arbeitsplatzkosten	% der Dokumente
A	85.000	85.000	61%	25%
B	24.000	109.000	79%	50%
C	21.000	130.000	93%	75%
D	10.000	140.000	100%	100%

((prozentualer Aufwand pro Aufgabe) x (jährliche Kosten des Arbeitsplatzes)   x (prozentuales Einsparungspotential))
+ (Ersparnis durch Verbesserung der Planung und Steuerung)
= (Einsparungspotential in Geld)

Danach werden die Aufgaben in absteigender Reihenfolge der Einsparungspotentiale sortiert und die kumulativen Prozentsätze gebildet. Im Beispiel gibt es vier Aufgaben, die jeweils 25% von der Gesamtanzahl der Aufgaben darstellen. Diese Analyse ergibt z.B., daß 25% der Aufgaben bereits 51% des Gesamteinsparungspotentials ausmachen, 50% der Aufgaben 72% des Gesamteinsparungspotentials usw. Die typisch schiefe Verteilung gibt Aufschluß darüber, welche Aufgaben vorrangig im geplanten Informationssystem zu berücksichtigen sind. Bei dem einfachen Beispiel wäre das auch ohne ABC-Analyse klar. In der Praxis gibt es jedoch oft Hunderte von Aufgaben, und ohne leistungsfähige Instrumentarien zur Analyse dieser Aufgaben wäre das Setzen von Prioritäten zwangsläufig willkürlich.

Eine zweite Anwendung der ABC-Klassifizierung bezieht sich auf die Informationsflüsse und ist in Abbildung 2.23 veranschaulicht. Jeder Informationsfluß bzw. jedes Dokument wird mit dem damit verbundenen Arbeitsaufwand gewichtet. Die Gewichtung eines Dokuments erfolgt durch die anteilige Umlegung der jährlichen Kosten aller Arbeitsplätze, die mit dem Dokument arbeiten. Die gezeigte ABC-Analyse der Informationsflüsse ergibt sich aus der in Abbildung 2.6 aufgeführten Arbeitsplatz-Aufgaben-Dokumente-Matrix, wenn die jährlichen Kosten von Arbeitsplatz-1 DM 20.000, Arbeitsplatz-2 DM 30.000, Arbeitsplatz-3 DM 40.000 und Arbeitsplatz-4 DM 50.000 betragen. Es werden bei jedem Arbeitsplatz zunächst die jährlichen Kosten gemäß den prozentualen Anteilen auf die Aufgaben verteilt und anschließend auf die betreffenden Dokumente. Für jedes Dokument werden dann alle Kostenanteile aufsummiert, um die Gewichtung des Dokuments zu ermitteln. Danach werden alle Dokumente in absteigender Reihenfolge der Gewichtung sortiert und die ABC-Klassifizierung vorgenommen. Diese Form der ABC-Analyse ist ein Maß für die Nutzungsbreite von Informationsflüssen in einer Organisation. Informationsflüsse, an denen viele Mitarbeiter beteiligt sind, erhalten eine relative hohe Gewichtung. Diese Informationsflüsse sind wichtig im Hinblick auf die Integration von betrieblichen Abläufen, und sie eignen sich besonders für die Verwaltung in zentralen Datenbanken. Solche Informationsflüsse verbinden die weitverzweigten Funktionen einer Organisation und bieten daher die beste Grundlage für die synergetischen Vorteile eines integrierten Informationssystems.

Anhand der ABC-Analyse der Einsparungspotentiale und der ABC-Analyse der Informationsflüsse können die kritischen Informationsflüsse ausgewählt werden. Kritisch sind diejenigen Informationsflüsse, die mit den einsparungsträchtigen Aufgaben bzw. Entscheidungsprozessen zusammenhängen, aber auch solche, die von vielen Mitarbeitern benutzt werden. Bei diesen zwei Informationsmengen wird es meistens viele Überlappungen geben. Die wichtigsten 20% der Fälle in beiden ABC-Klassifizierungen sind mit ziemlicher Sicherheit kritisch. Ob noch weitere Informationsflüsse berücksichtigt werden sollen, hängt von den geschätzten Kosten des anvisierten Informationssystems ab. In der Regel wird ein Informationssystem um so teurer, je mehr Informationsflüsse verwaltet werden müssen. Die Grenzkosten des Informationssystems dürfen den Grenznutzen durch die Rationalisierungseffekte nicht übersteigen. In diesem Stadium kann das Verhältnis zwischen Grenzkosten und Grenznutzen nur grob geschätzt werden. Eine grobe Schätzung reicht jedoch aus, um die Prioritäten zu erkennen.

Es ist nützlich, die Sätze der Dokumentendatei, die den kritischen Dokumenten entsprechen, mit einer besonderen Kennung zu versehen. Das wird durch das Feld "kritische Dokumentenkennung" (KDK) erreicht. Ist ein Dokument kritisch, so enthält dieses Feld ein "X", andernfalls eine Leerstelle. Die kritische Dokumentenkennung kann entweder manuell oder maschinell gesetzt werden. Das manuelle Setzen der kritischen Dokumentenkennung wird durch die Pflegefunktion für die Dokumentendatei erledigt. Das maschinelle Setzen der KDK wird in Verbindung mit den ABC-Analysen durchgeführt.

Die oben beschriebenen Funktionen zur Erstellung der ABC-Analysen können leicht erweitert werden, um das automatische Setzen der KDK zu erreichen. Die Prozesse zur Erstellung der ABC-Analyse der Informationsflüsse und der ABC-Analyse der Einsparungspotentiale können am Ende der Listenerstellung die Dokumentendatei entsprechend einem eingebbaren Parameter verändern. Der Parameter wird als Prozentsatz eingegeben. Der Prozeß zur Erstellung der ABC-Analyse liest nach der Listenerstellung die Aufgaben, deren Einsparungs-potentiale insgesamt dem eingegebenen Prozentsatz des Gesamteinsparungs-potentials entsprechen, und setzt die KDK in den mit diesen Aufgaben zusammenhängenden Dokumenten. Analog kann man mit der ABC-Analyse der Informationsflüsse verfahren. Am Ende dieses Prozesses ist es möglich, eine Liste der kritischen Dokumente anhand der KDK automatisch erstellen zu lassen.

2.2.5.9 Analyse der kritischen Dokumente

Anhand der ABC-Analysen sowie der groben Schätzungen der Kosten-Nutzen-Verhältnisse erstellt der Systemdesigner eine Liste der kritischen Dokumente. Diese Dokumente und die entsprechenden Quellendokumente stellen das "Rohmaterial" des Informationssystems dar und müssen dann weiter analysiert werden. Jedes Dokument besteht aus einer Anzahl Datenelemente.

Jedes Datenelement hat bestimmte Charakteristiken wie z.B Länge und Typ (numerisch oder alphanumerisch). Die Datenelemente weisen auch eine bestimmte Struktur auf. Alle diese Informationen müssen ermittelt und in den entsprechenden Dateien der Interviewdatenbank abgespeichert werden. Um die Charakteristiken der Datenelemente zu erfassen müssen, bestimmte Konventionen festgelegt werden. Die SIABA-Konventionen sind aus der COBOL-Programmiersprache entliehen. Ein 5stelliges alphanumerisches Feld hat z.B. die COBOL-Datenbeschreibung "XXXXX", ein 6stelliges Betragsfeld mit 2 Kommastellen sieht so aus: "999,99". Es gibt oft Datenelemente, die in andere Datenelemente unterteilt sind. Dies wird durch die Zahlenangabe einer Gruppenebene zum Ausdruck gebracht; eine Gruppenebene mit einer niedrigen Zahl schließt nachfolgende Gruppenebenen mit höheren Zahlen ein. Die folgenden Angaben definieren die Datenelemente zum Speichern eines Namens:

                    Datenelementname: Name
                    Gruppenebene.........:   01

                    Datenelementname: Nachname
                    Gruppenebene.........:   02
                    Cobol-Picture...........:   X(30)

                    Datenelementname: Vorname
                    Gruppenebene.........:   02
                    Cobol-Picture...........:   X(20)

Diese Angaben bedeuten, daß es ein Datenelement "Name" gibt, das in zwei Datenelemente unterteilt ist: "Nachname" und "Vorname". Diese Informationen sind als drei Sätze in der Datenelementedatei zu speichern. Da bis zu 99 Gruppenebenen möglich sind, kann jede denkbare Datenstruktur abgebildet werden. Eine weitere aus der COBOL-Sprache entliehene Konvention ist die Wiederholungszahl (entspricht der OCCURS-Klausel). In manchen Dokumenten gibt es eine Reihe von Feldern, die identische Charakteristiken haben. Statt getrennte Sätze für jedes Element zu speichern, gibt man einfach die Wiederholungszahl an.

Abbildung 2.24: Endgültige Version der IST-Aufnahme

- Arbeitsplatz-Aufgaben-Dokumente-Matrix

- Liste der Arbeitsschritte pro Aufgabe

- Liste der Arbeitsschrittregeln

- Die physischen Informationsflüsse

- Die logischen Informationsflüsse

- Liste der lang- und mittelfristigen Ziele

- Liste der Schwachstellen mit Lösungsvorschlägen

- ABC-Analyse der Einsparungspotentiale

- ABC-Analyse der Informationsflüsse

- Liste der kritischen Dokumente

- Liste der Dokumente mit zugehörigen Elementen

- Liste der Elemente, Quellenelemente und Regeln

Eine Angabe, die nicht aus der COBOL-Sprache stammt, ist das Schlüsselfeld. Wenn ein Datenelement ein wichtiger Ordnungsbegriff für das Dokument ist, dann erhält dieses Feld ein "X". Das bedeutet, daß die anderen Datenelemente von diesem Datenelement im gewissen Sinne abhängen. Wenn der Dateninhalt des Dokuments maschinell gespeichert wird, wird das Schlüsselfeld meistens zum Suchbegriff. In diesem Stadium ist es oft noch nicht klar, welche Datenelemente die Schlüsselfelder sind. Wenn das aber schon feststeht, dann sollen die Datenelemente entsprechend gekennzeichnet werden.

Die gültigen Werte für ein Datenelement sind oft durch Validierungsregeln
eingeschränkt. Für eine 6stellige numerische Datumsangabe z.B. sind nur
solche Zahlen gültig, die ein echtes Datum darstellen. Andere Angaben
müssen den Werten einer bestimmten Validierungstabelle entsprechen.
Solche Validierungsregeln sind auch als Texte (wie z.B. "gültiges Datum" oder
"siehe Tabelle der gültigen Werte") in der Datenelementedatei zu erfassen.

Nach Ermittlung der Charakteristiken eines Datenelements muß der
Systemdesigner prüfen, ob das Datenelement von anderen Datenelementen
(Quellenelementen) abgeleitet ist. Ist das der Fall, dann sollen die
Quellenelemente in der Quellenelementedatei und die Ableitungsregeln in
der Datenelementregeldatei festgehalten werden. Dabei kann es sein, daß die
Quellenelemente im gleichen Dokument oder in anderen Dokumenten
(Quellendokumenten) zu finden sind.

Die oben angegebenen Konventionen ermöglichen die genaue Beschreibung
aller Datenelemente. Diese Beschreibungen sind sowohl für das Datenbankdesign als auch für die Programmgestaltung von ausschlaggebender Wichtigkeit.
Sehr viele Fehler im Systemdesign entstehen durch mangelnde Kenntnis der
Datenelemente. Man soll daher diesen Teil der Ist-Aufnahme mit besonders
penibler Sorgfalt durchführen.

2.2.5.10 Ausdruck der endgültigen Ist-Aufnahme

Zuletzt wird die Ist-Aufnahme, die aus den in Abbildung 2.24
veranschaulichten Komponenten besteht, ausgedruckt. Diese Informationssammlung liefert einem erfahrenen Systemdesigner alle für die Definition
eines Prototypinformationssystems notwendigen Informationen. Die strukturierte Vorgehensweise bei der Ist-Aufnahme sorgt auch dafür, daß der Prototyp die wichtigsten Informationsflüsse abdeckt. Darüber hinaus stellt die in
diesem Prozeß entstandene Datenbank ein ergiebiges Modell für zahlreiche
weitere Analysen dar. Sie ermöglicht auch, verschiedene andere nützliche
graphische Darstellungen wie z.B. Organigramme und hierarchische Über-
sichten über Ziele oder Funktionen aus diesen Daten zu gewinnen. Diese
Kommunikationsmittel machen den Beteiligten deutlich, wie der Betrieb

funktioniert und wie er verbessert werden könnte. Ist ein Unternehmensmodell in Form einer SIABA-Datenbank erst einmal vorhanden, so kann ein dynamischer Rückkopplungsprozeß in Gang gesetzt werden, der zu stetiger Erhöhung der betrieblichen Effizienz führt.

2.3 Kontrollfragen bzw. -übungen

1. Warum ist der Aufbau eines Unternehmensmodells sinnvoll?

2. Welche Arten von Information werden im Unternehmensmodell abgebildet?

3. Welche strategischen Informationen sollten im Unternehmensmodell abgebildet werden?

4. Welche operativen Informationen sollten im Unternehmensmodell abgebildet werden?

5. Nennen Sie die wichtigsten Merkmale der strukturierten Interviewtechnik beim Aufbau des Unternehmensmodells.

6. Welche Vorteile entstehen durch die Speicherung des Unternehmensmodells in Form einer Datenbank?

7. Nennen Sie die zwei Arten von Rationalisierung und geben Sie an, wie die entsprechenden Verbesserungenpotentiale geschätzt werden. Welche ist normalerweise wichtiger?

8. Welches sind die kritischen Dokumente einer Organisation ?

3 Standardbausteine von DV-Systemen

3.1 Hauptfunktionen von DV-Systemen

Alle Systeme der kommerziellen Datenverarbeitung haben zwei Hauptfunktionen, die Speicherung und Aufbereitung von Daten. Diese Hauptfunktionen werden durch Computerprogramme ausgeführt. Sie speichern Daten in Form von zweckmäßig organisierten Datenbeständen und zeigen diese Daten in einer nützlichen Form wieder an. Für diese Prozesse werden viele verschiedene Techniken wie z.B. Datenbankverwaltungssysteme, verschiedene Programmiersprachen usw. eingesetzt. Diese Techniken lassen sich jedoch auf wenige funktional verschiedene Grundmuster zurückführen. Alle DV-Systeme verwalten drei Kategorien von Dateien und benutzen hierfür drei Kategorien von Programmen.

Die drei Programmkategorien lassen sich praktisch in beliebig vielen Spielarten realisieren; diese Vielfalt trägt aber kaum zu dem betrieblichen Nutzen eines DV-Systems bei. Standardisiert man hingegen diese Bausteine, so können dadurch erhebliche Rationalisierungseffekte bei der Systementwicklung erzielt werden. Standardisierte Programme sind leichter zu handhaben und zu pflegen. Deswegen hängt Softwareproduktivität in entscheidender Weise von der Standardisierung auf der Programmebene ab. Im folgenden Abschnitt werden die drei Dateikategorien und die drei Programmkategorien beschrieben.

3.1.1 Die drei Kategorien von Dateien

In der Systementwicklung spielt die Gestaltung von Dateien und Datenbanken eine sehr große Rolle, da das Dateien- und Datenbankdesign einen ausschlaggebenden Einfluß auf die Zugriffsgeschwindigkeit eines Softwaresystems hat. Bei modernen Softwaresystemen ist es deswegen notwendig, Informationen nach einem oder mehreren Ordnungsbegriffen direkt auffinden zu können. Der Zugriff nach solchen logischen Schlüsseln erfordert jedoch das Speichern von zusätzlichen Daten (sogenannten Strukturdaten), um das Auffinden der Benutzerdaten zu unterstützen. Mit zunehmender Anzahl von Schlüsselfeldern müssen aber immer mehr Strukturdaten gespeichert werden, deren Pflege die Zugriffsgeschwindigkeit des Dateienverwaltungssystems wiederum reduziert. Der Systemdesigner muß deswegen einen vernünftigen Kompromiß zwischen der Anzahl logischer Schlüssel und der Zugriffsgeschwindigkeit finden.

Eine Methode, einen ökonomischen Umgang mit Strukturdaten bei gleichzeitigem hohem Zugriffskomfort zu erreichen, sieht die Unterteilung der Dateien eines Anwendungssystems in drei Kategorien vor:

1. Anwendungsdateien

Das sind die eigentlich wichtigen Dateien, die Hauptdateien des Benutzers wie z.B. die Stammdateien eines Buchhaltungssystems.

2. Tabellendatei

Das sind Listen gültiger Schlüsselwerte wie z.B. Listen gültiger Buchungsschlüssel, Listen gültiger Projektcodes usw.
Tabellendaten werden verwendet, um Anwendungsdaten zu prüfen oder zu ergänzen bzw. um Abläufe zu steuern.

3. Aktivitätendatei

Die Aktivitätendaten werden benutzt, um die Arbeit des DV-Systems zu erleichtern. Eine Aktivitätendatei dient dazu, Nachrichten zwischen Programmen auszutauschen, die zu unterschiedlichen Zeitpunkten laufen. Sie wird auch zur Aufbereitung von Anwendungsdaten verwendet, die in eine andere Form oder Reihenfolge gebracht werden müssen. Dadurch kommen die Anwendungsdateien mit weniger Schlüsselfeldern aus. Aktivitätendaten sind temporärer Natur.

Es können viele verschiedene Datenstrukturen benutzt werden, um die o.a. drei Kategorien von Benutzerdaten zu speichern. Wichtig ist dabei nur, daß der Zugriff nach einem oder mehreren Ordnungsbegriffen gegeben ist. Die

---

Abbildung 3.1: Tabellenbeispiele

Tabellenbeispiel A
Konten in Abhängigkeit von Buchungsschlüsseln

Argument	------------Funktion------------	
Buchungsschlüssel	Sollkonto	Habenkonto
01	01504712	01507712
02	01504711	01507711
03	01504710	01507710
04	01504709	01507709
05	01504708	01507708

Tabellenbeispiel B

Rabattprozentsätze in Abhängigkeit von Kundennummern

Argument	Funktion
Kundennummer	Rabattprozentsatz
50001234	2,5
50004545	0,0
50001007	5,0
50001605	4,3

Anwendungsdateien werden normalerweise nach Sachgebieten organisiert. Es gibt z.B. Materialstammdateien, Personalstammdateien, Lieferantendateien usw. In der Regel besteht ein Anwendungssystem aus zahlreichen Anwendungsdateien, die untereinander vielschichtige Relationen haben können. Es sollte jedoch in einem System nicht mehr als **eine Tabellendatei** und **eine Aktivitätendatei** geben. Jede dieser Dateien benötigt nur einen Schlüssel. Diese einfache Struktur wird dadurch ermöglicht, daß jede Datei eine generelle Satzstruktur hat, die aus einem Schlüssel- und einem Datenteil besteht, wobei sich beide innerhalb der gegebenen Längen beliebig in Felder unterteilen lassen. Dadurch können viele verschiedene Satzarten leicht in derselben Datei abspeichert werden.

Wie nützlich diese dreiteilige Dateienorganisation sein kann, wird am Beispiel einer zentralen Tabellendatei veranschaulicht. Eine typische Tabelle für ein Anwendungssystem hat immer einen Suchbegriff (auch Argument genannt) und meistens auch einen Datenteil (manchmal auch Funktion genannt). In Abbildung 3.1 werden zwei Beispiele von Tabellen gezeigt. Die erste ist eine Tabelle der Buchungsschlüssel eines Buchhaltungssystems. Den Suchbegriff bildet der 2stellige Buchungsschlüssel, die Funktion enthält die Konten, die beim Vorhandensein des jeweiligen Buchungsschlüssels für Soll- und Habenbuchungen benutzt werden. Diese Tabelle könnte z.B. dazu verwendet werden, um aus Geschäftsbewegungen die notwendigen Kontierungen zu generieren. Dabei würde jede Geschäftsbewegung einen Buchungsschlüssel enthalten. Ein Programm würde die Geschäftsbewegungen lesen und für jeden gelesenen Satz den in ihm enthaltenen Buchungsschlüssel benutzen, um die jeweils entsprechende Eintragung in der Tabelle zu finden. Anschließend könnten diese Informationen zur Erstellung der Kontierungen dienen. Das zweite Tabellenbeispiel zeigt Rabattstufen in Abhängigkeit von 8stelligen Kundencodes. In diesem Beispiel hat jeder Kunde einen eigenen Rabattprozentsatz. Ein Fakturierungsprogramm könnte diese Tabelle lesen, um den Rabatt für die Rechnungserstellung zu ermitteln.

Solche Tabellen lassen sich leicht in einer zentralen Tabellendatei abbilden. Jeder Satz der Datei muß das in Abb. 3.2 gezeigte Layout haben. Jede Tabelle wird eindeutig durch einen 3stelligen alphanumerischen Begriff (Tabellenidentifikation) gekennzeichnet, der im ersten Feld des Schlüssels in allen Sätzen der Datei gespeichert wird. Das zweite Feld des Schlüssels enthält den Suchbegriff der Tabelle. Nicht benötigter Platz in diesem Teil des Schlüssels wird rechts mit Leerstellen ausgefüllt. Das dritte Feld (Spalte 25 bis Spalte 28) enthält das Datum, ab dem die Tabelleneintragung gültig ist. Durch die Anordnung der Tabellenidentifikation, des Suchbegriffs und des Gültigkeitsdatums im Schlüssel ist gewährleistet, daß Tabelleninformationen in der logisch zusammenhängenden Reihenfolge problemlos direkt aus der Datei gelesen werden können. Auf diese Weise lassen sich alle Tabellen eines Unternehmens in einer physischen Datei abspeichern. Die in Abbildung 3.2

Abbildlung 3.2: Beispiel einer zentralen Tabellendatei

Gesamtschlüssel

Tab.ID Sp.1 -3	Anwenderschlüssel Spalte 4 - 24	Gültig ab Datum Spalte 25 - 28	Funktionsfelder Spalte 29 - 500
BSC	01	890703	0150471201507712
BSC	02	890703	0150471101507711
BSC	03	890703	0150471001507710
BSC	04	890703	0150470901507709
BSC	05	890703	0150470801507708
KRB	50001234	890703	25
KRB	50004545	890703	00
KRB	50001007	890703	50
KRB	50001605	890703	43

gezeigten Feldlängen sind nicht zwingend erforderlich, haben sich aber in der Praxis als zweckmäßig herausgestellt.

Eine ähnliche Strategie kann bei der Aktivitätendatei angewandt werden. Die Aktivitätendatei wird in erster Linie für zwei Zwecke benutzt:

- Nachrichtenaustausch - Um Nachrichten zwischen zwei Programmen auszutauschen, die zu unterschiedlichen Zeitpunkten laufen, werden Sätze in der Aktivitätendatei vom ersten Programm abgespeichert und vom zweiten Programm gelesen. Diese Einrichtung wird am häufigsten benutzt, um im Onlinebetrieb Anforderungen für Stapelverarbeitungen abzusetzen, die für die interaktive Verarbeitung zu umfangreich sind.

- Sortierung - Um ausgewählte Sätze aus einer oder mehreren Anwendungsdateien zu sortieren, werden sie in die Aktivitätendatei geschrieben und wieder herausgelesen. Mit dieser Technik kann man Datenreihenfolgen erzielen, die nicht durch Schlüsselfelder in den Hauptdateien abgedeckt sind. Dadurch ist es nicht notwendig, jede

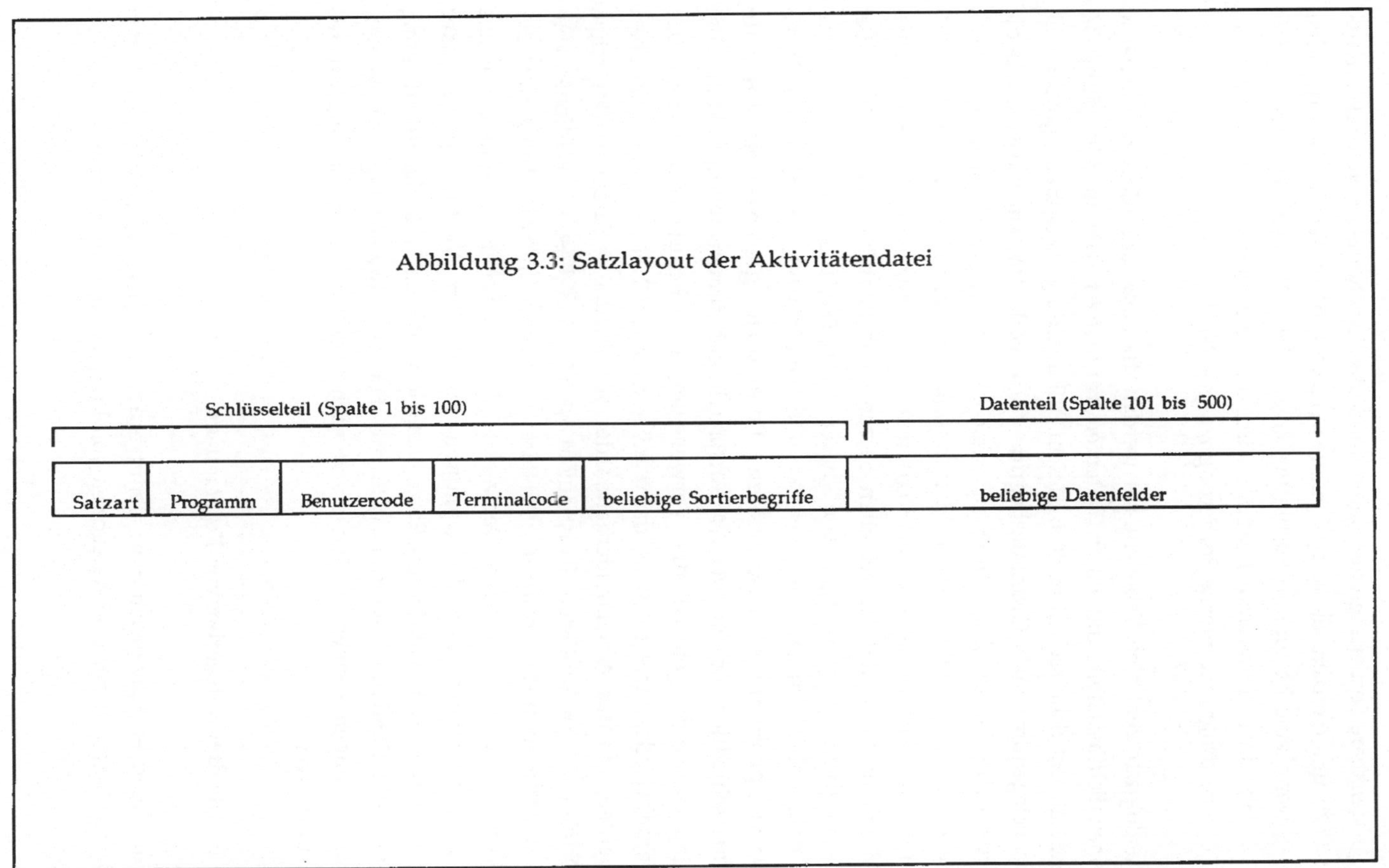

Abbildung 3.3: Satzlayout der Aktivitätendatei
Schlüsselteil (Spalte 1 bis 100)
Datenteil (Spalte 101 bis 500)
Satzart
Programm
Benutzercode
Terminalcode
beliebige Sortierbegriffe
beliebige Datenfelder

denkbare Sortierfolge der Daten durch die Speicherung von Strukturdaten zu unterstützen. Es ist z.B. empfehlenswert, diese Technik anzuwenden, wenn eine bestimmte Sortierung einer relativ kleinen Datenmenge von nur einem Programm benötigt wird, aber die Datenmenge dennoch für eine programminterne Sortierung zu groß ist.

Analog zur zentralen Tabellendatei werden die Sätze der Aktivitätendatei in einen Schlüsselteil und einen Datenteil zergliedert, wie in Abbildung 3.3 gezeigt. Der Schlüsselteil muß in diesem Fall allerdings bedeutend größer sein, da gelegentlich viele Ordnungsbegriffe darin verkettet sein müssen, um die erwünschte Datenaufbereitung zu erreichen. Der Schlüssel hat immer zwei Teile, die sich aus mehreren Feldern zusammensetzen können. Der erste Teil dient der Bestimmung einer logischen Datei innerhalb der physischen Aktivitätendatei und ist bei allen Sätzen einer logischen Datei gleich. Bei interaktiven Anwendungen soll dieser erste Teil des Schlüssels Satzart, Programmbezeichnung, Benutzercode und Terminalcode enthalten, damit die Datei problemlos von vielen Benutzern gleichzeitig für die unterschiedlichsten Zwecke in Anspruch genommen werden kann. Bei Stapelanwendungen ist die Verwendung des Benutzercodes und des Terminalcodes nicht relevant, dafür müssen andere Konventionen vereinbart werden, um das Auseinanderhalten der verschiedenen Satzarten (logischen Dateien) zu gewährleisten. Es ist äußert wichtig, daß diese Konventionen vom Datenadministrator zentral verwaltet werden, um die Integrität der Aktivitätendatei zu sichern. Der zweite Teil des Schlüssels und der ganze Datenteil stehen den Programmen zur freien Verfügung. Bei der Datenaufbereitung werden die Sätze normalerweise am Ende der Verarbeitung vom erstellenden Programm gelöscht. Bei der Anwendung von Stapel-anforderungen können die Sätze erst nach Beendigung des Stapelprozesses gelöscht werden.

3.1.2 Die drei Kategorien von Programmen

Für die drei Kategorien von Benutzerdateien lassen sich alle Arten der Bearbeitung mit nur drei Kategorien von Programmen bewältigen:

1. Datenbankpflegeprogramme

Diese Programme werden eingesetzt, um Daten aus einem Datenbestand
am Bildschirm anzuzeigen oder zu pflegen (Speichern, Ändern oder
Löschen).

2. Listengeneratoren

Diese Programme dienen dazu, Daten aus einem Datenbestand auf einem
Drucker oder Bildschirm aufzulisten.

3. Transformationsprogramme

Diese Programme kopieren die Daten von einem oder mehreren Beständen
in einen anderen Datenbestand oder in mehrere Datenbestände und
verändern dabei die Daten in einer bestimmten Weise. Ein Programm zur
Fortschreibung einer Stammdatei ist ein alltägliches Beispiel für solch ein
Transformationsprogramm.

Im folgenden werden die Grundmuster dieser drei Programmkategorien
beschrieben. Unter Berücksichtigung einiger weiterer, später zu besprechender
Faktoren entstehen daraus zwölf Programmgrundmuster, die für die
Konstruktion eines modernen, interaktiven, integrierten Informationssystems
benötigt werden.

3.2 Die 12 Grundmuster

3.2.1 Allgemeine Merkmale der Datenbankpflegeprogramme

Interaktive Datenbankpflegeprogramme lesen, speichern und löschen Daten.
Darüber hinaus sollten sie auch vorwärts und rückwärts in der Reihenfolge
eines Schlüsselbegriffes durch die zu pflegende Datei blättern können. Zur
Unterstützung dieser Hauptfunktionen sind zusätzliche Einrichtungen
hilfreich. Alle interaktiven Datenbankpflegeprogramme bestehen deshalb
sinnvollerweise aus folgenden Funktionen:

- Einlesen - Ein Schlüsselbegriff wird am Bildschirm eingegeben, anschließend wird der entsprechende Satz gelesen und eingeblendet.

- Vorwärtsblättern - Der nächste Satz oder die nächsten Sätze in der Reihenfolge des Ordnungsbegriffes werden eingelesen und am Bildschirm angezeigt.

- Rückwärtsblättern - Der vorangegangene Satz oder die vorangegangenen Sätze bezüglich des Ordnungsbegriffes werden eingelesen und am Bildschirm angezeigt.

- Einfügen - Ein neuer Satz wird am Bildschirm eingegeben und in die Datei eingefügt.

- Ändern - Ein bestehender Satz wird eingelesen, am Bildschirm abgeändert und in die Datei zurückgeschrieben.

- Löschen - Ein bestehender Satz wird aus der Datei gelöscht.

- Bildschirm aufbereiten - Alle Arbeitsschritte, die mit der Aufbereitung und Prüfung der am Bildschirm gezeigten Daten zusammenhängen, werden durchgeführt.

- Hilfsmaske abrufen (Help-Funktion) - Eine Funktionsbeschreibung des interaktiven Programmes wird am Bildschirm eingeblendet.

- Vorschläge aus Tabellen einblenden - Bei Bildschirmfeldern, für die es Tabellen der gültigen Werte gibt, sollte es möglich sein, Auszüge aus der jeweiligen Tabelle am Bildschirm einblenden zu lassen.

- Programm beenden - Hiermit wird das Programm beendet.

Diese 10 Programmfunktionen werden durch die Eingabe von Steuerungsdaten ausgelöst. Dabei sind drei Methoden üblich:

1. Für jede Funktion gibt es einen Code, der an einer bestimmten Stelle auf
   dem Bildschirm eingegeben wird. Dies in Kombination mit dem Betätigen
   der Datenfreigabetaste löst die jeweilige Handlung aus.

2. Jede Funktion ist einer Programmfunktionstaste (PF-Taste) zugeordnet,
   deren Betätigung die entsprechende Handlung auslöst.

3. Für die verschiedenen Funktionen bestehen Auswahllisten. Durch
   Positionieren des Lichtpfeils (Cursor) in der Liste wählt man die
   gewünschte Funktion aus. Bei dieser Methode erscheinen die Listen
   normalerweise nur dann, wenn der Lichtpfeil auf eine ganz bestimmte
   Stelle des Bildschirms bewegt wird. Solche Auswahllisten werden auch als
   Pulldown-Menüs bezeichnet.

Die ersten zwei Methoden, getrennt oder in Kombination, werden bei den
meisten Computersystemen eingesetzt. Die dritte Möglichkeit findet man fast
ausschließlich bei PC-Softwaresystemen, da die dafür notwendigen
Interaktionen zwischen Prozessor und Bildschirm für Mehrplatzsysteme zu
aufwendig sind. In den unten gezeigten Beispielen werden die erste und zweite
Methode verwendet. Dabei entsprechen die Funktionstastenbezeichnungen
den oben angeführten zehn Funktionen.

3.2.2 Datenbankpflegeprogramm - 1 Maske = 1 Satz

Das erste Grundmuster wird in Abb. 3.4 veranschaulicht.

In diesem Beispiel wird eine Datei satzweise durch ein interaktives Programm
gepflegt. Das Layout eines Satzes ist in der Bildschirmmaske abgebildet. Um
einen Satz aus der Datei zu lesen, gibt man den Schlüsselbegriff, in diesem Fall
die Personalnummer, in das dafür vorgesehene Feld ein und drückt auf die
PF1-Taste (Einlesen). Das Programm liest dann den Satz aus der Datei ein und
blendet den Inhalt in der Bildschirmmaske ein. Der Benutzer kann dann die
anderen Felder durch Übertippen verändern und den Satz durch Drücken der
PF5-Taste (Ändern) wieder speichern. Ist der Satz mit dem eingegebenen
Schlüsselbegriff in der Datei nicht vorhanden, so kann der Benutzer den

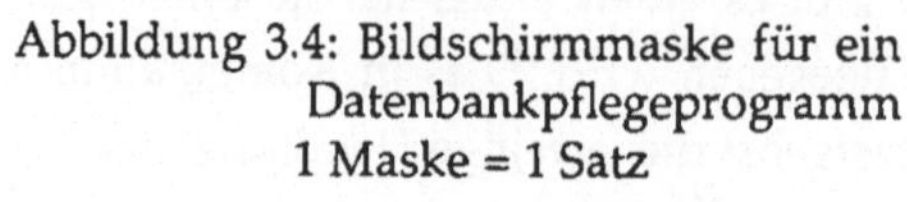

Abbildung 3.4: Bildschirmmaske für ein
Datenbankpflegeprogramm
1 Maske = 1 Satz

PERSONALNUMMER:	7777
NAME:	MUSTERMANN, GABRIELE
ARBEITSGRUPPENCODE:	1212
ARBEITSGRUPPENNAME:	DV-ENTWICKLUNG
POSITION:	ORGANISATIONSPROGRAMMIERERIN
JAHRESGEHALT:	70.000

PF1	PF2	PF3	PF4	PF5	PF6	PF7	PF8	PF9	PF10
Einlesen	Vorwärts blättern	Rückwärts blättern	Einfügen	Ändern	Löschen	Aufbe- reiten	Hilfe	Vorschlag	Ende

kompletten Inhalt eingeben und dann durch Drücken der PF4-Taste (Einfügen)
das Speichen des neuen Satzes auslösen. Beim Löschen geht der Benutzer wie
beim Ändern vor. Der Schlüsselbegriff wird eingegeben und die PF1-Taste
(Einlesen) gedrückt. Der Satz erscheint am Bildschirm. Der Löschvorgang wird
dann durch Drücken der PF6-Taste ausgelöst. Es ist ratsam, das Programm so
zu gestalten, daß der Löschvorgang durch ein zweites Drücken der PF6-Taste
bestätigt werden muß. Durch diese vier PF-Tasten sind die
Elementarfunktionen der Datenbankpflege abgedeckt.

Es gibt allerdings weitere Funktionen, die die Nützlichkeit des Grundmusters
erheblich steigern. So ist es z.B. oft notwendig, durch eine Datei in der Reihenfolge des Schlüsselbegriffs zu blättern. Das wird durch die PF2- und PF3-Tasten
ermöglicht. Durch Drücken der PF2-Taste (Vorwärtsblättern) wird der Satz mit

dem nächsthöheren Schlüsselbegriff eingeblendet. Durch die Betätigung der PF3-Taste (Rückwärtsblättern) wird der Satz mit dem nächstniedrigeren Schlüsselbegriff gezeigt. Durch wiederholtes Drücken dieser Tasten kann man beliebig durch die Datei vor- und zurückblättern. Eine weitere Funktion, die in der Praxis fast immer notwendig ist, ist das Prüfen der Eingabefelder. In Abb.3.4 z.B. muß das Feld "Arbeitsgruppencode" anhand einer Tabelle geprüft werden. Die gleiche Tabelle liefert auch die Bezeichnung zu dem eingegebenen Arbeitsgruppencode. Sowohl das Prüfen als auch das Heranholen des Textes wird durch die PF7-Taste (Bildschirm aufbereiten) ausgelöst. Diese PF-Taste wird in der Regel vor dem Einfügen oder Ändern betätigt und löst generell alle Prüfungen aus, die das Programm durchführen muß, auch solche, die nicht im Zusammenhang mit Tabellen stehen. Diese Prüfungen werden natürlich auch durch die PF4- (Einfügen) und PF5-Tasten (Ändern) ausgelöst. Es ist aber oft vorteilhaft, sich die Resultate dieser Prüfungen vor dem Speichern noch anzusehen, besonders wenn die am Bildschirm angezeigten Daten durch Tabellendaten erheblich ergänzt werden. Der Benutzer erhält auf diese Weise durch die PF7-Taste eine zweckmäßige Rückkopplung vor der permanenten Änderung der betreffenden Dateien.

Eine weitere Funktion, die bei guten Systemen nicht fehlen sollte, ist die Hilfsfunktion. Diese wird durch die PF8-Taste ausgelöst und bewirkt, daß eine Textbeschreibung des Programms am Bildschirm eingeblendet wird. Diese wird wahlweise durch den Benutzer abgerufen, um sein Gedächtnis über die Handhabung des Programms aufzufrischen. Eine andere Variante der Hilfsfunktion ist bei Feldern nützlich, die einer tabellenbezogenen Prüfung unterliegen. Vergißt man die gültigen Codes für ein solches Feld, so kann man ein Fragezeichen in das Feld eingeben und auf PF9 drücken. Eine blätterbare Bildschirmmaske mit einem Auszug aus der jeweiligen Tabelle wird dann eingeblendet. Der Benutzer kann eine der angebotenen Möglichkeiten auswählen und zum ursprünglichen Programm zurückkehren.

Der Benutzer muß natürlich auch eine Möglichkeit haben, den Programmlauf zu beenden. Dies geschieht durch die PF10-Taste.

In diesem eben beschriebenen Musterprogramm sind alle Programmfunktionen enthalten, die zu einer modernen, ergonomischen Benutzer-

Abbildung 3.5: Bildschirmmaske für ein
Datenbankpflegeprogramm
1 Maske = mehrere Sätze

EINLESEN LAGERBEWEGUNGEN AB DATUM: 10.03.89

FKT	BUCHUNGSDATUM	ARTIKEL-NR.	BESCHREIBUNG	MENGE	E/A
E	10.03.89	10001211	SCHRAUBEN - 6MM	0050	E
E	10.03.89	10001203	STECKDOSEN	0003	E
E	10.03.89	10001211	SCHRAUBEN - 6MM	0100	E
E	10.03.89	10001211	SCHRAUBEN - 6MM	0120	A
E	10.03.89	10001277	FITTINGS - X42	0012	A
E	10.03.89	10001277	FITTINGS - X42	0024	E
E	11.03.89	10001542	DUEBEL - 8MM	0008	E
E	11.03.89	10001212	MESSINGFEDER	0015	E
E	11.03.89	10001212	MESSINGFEDER	0015	A
E	11.03.89	10001277	FITTINGS - X42	0012	A
E	11.03.89	10001212	MESSINGFEDER	0015	A
E	11.03.89	10001211	SCHRAUBEN - 6MM	0200	A

PF1	PF2	PF3	PF4	PF5	PF6	PF7	PF8	PF9	PF10
Einlesen	Vorwärts-blättern	Rückwärts-blättern	Einfügen	Ändern	Löschen	Aufbe-reiten	Hilfe	Vorschlag	Ende

oberfläche eines interaktiven Datenbankpflegeprogramms gehören. Selbstverständlich gibt es viele Realisationsmöglichkeiten dieser Funktionen. So kann z.B. die PF-Tastenbelegung völlig anders gestaltet werden, ohne daß die Funktionalität des Programms dadurch beeinträchtigt wird. Es ist nur wichtig, diese Details ein für allemal für die gesamte Organisation festzulegen und diesen Standard bei allen Softwareentwicklungsprojekten einzuhalten.

3.2.3 Datenbankpflegeprogramm - 1 Maske = mehrere Sätze

Das eben beschriebene Grundmuster ist für sehr viele Anwendungen ausreichend. Es ist aber oft nützlich, nicht nur einen Satz am Bildschirm zu verarbeiten, sondern mehrere. Das erfordert eine neue Variante des Grundmusters, die in Abb. 3.5 gezeigt wird.

In diesem Fall wird statt eines Satzes eine blätterbare Liste von Sätzen bearbeitet. Die Grundfunktionen sind denen des ersten Grundmusters sehr ähnlich. Auch hier wird eingelesen, gelöscht und gespeichert. Durch die Tatsache, daß mehrere Sätze angesprochen werden können, reichen die PF-Tasten nicht aus, um die erwünschten Funktionen eindeutig zu bestimmen. Deshalb benötigt man eine Funktionsspalte, damit eine Handlung für jeden einzelnen Satz angegeben werden kann. In dieser Spalte wird entweder ein E für Einfügen, ein Ä für Ändern oder ein L für Löschen eingegeben. Diese Angabe bewirkt, daß der Satz in der gleichen Zeile entweder eingefügt, geändert oder gelöscht wird.

Die Funktionstasten erhalten hierdurch eine etwas andere Bedeutung. Beim Einlesen durch PF1 wird der Schlüssel in einer Kopfzeile im Bild angegeben. In Abb. 3.5 ist das das Buchungsdatum. Der Benutzer gibt ein Buchungsdatum ein und drückt auf PF1. Danach erscheint die Liste der Lagerbewegungen ab dem angegebenen Datum. Das Blättern mit PF2 und PF3 erfolgt wie beim ersten Grundmuster, mit dem Unterschied, daß es seiten- statt satzweise durchgeführt wird. Die Funktionen der PF4-, PF5- und PF6-Tasten (Einfügen, Ändern, Löschen) entfallen, da diese Handlungen durch die Buchstabencodes ersetzt werden. Die PF7-, PF8-, PF9- und PF10-Tasten (Bildschirm aufbereiten, Hilfsmaske abrufen, Tabellenvorschläge einblenden, Programm beenden) bleiben gleich. Mit dem zweiten Grundmuster kann man also die Datenbankpflege von mehreren gleichartigen Sätzen an einem Bildschirm erreichen, dadurch erhält der Benutzer einen besseren Überblick über deren Zusammenhänge.

Die nächsten drei Grundmuster bieten durch Verwendung der sogenannten Fenstertechnik weitere ergonomische Verbesserungen; sie sind eigentlich nur Variationen der ersten zwei Grundmuster. Beim dritten Grundmuster teilt man die Bildschirmmaske in zwei Fenster, im vierten Grundmuster in drei Fenster und im fünften Grundmuster in vier Fenster. Jedes Fenster fungiert als Bildschirm für sich. In jedem Fenster kann man eine Datenbankpflege mit einem oder mehreren Sätzen aufbauen. Innerhalb eines Fensters entsprechen die Funktionen genau den Funktionen der ersten zwei Grundmuster. Es ist auch möglich, Programme mit mehr als 4 Fenstern zu entwickeln. Diese sind jedoch selten wirklich notwendig, um eine Problemstellung zufriedenstellend

Abbildung 3.6: Bildschirmmaske für ein
Datenbankpflegeprogramm
2 Fenster

AKTIVES FENSTER: 2

RECHNUNGS-NR.......: 89015

RECHNUNGSDATUM: 10.03.89

KUNDEN-NR..............: 12500
KUNDENNAME..........: XYZ GMBH
KUNDENADRESSE...: WILHELMSTR. 16
                              6200 WIESBADEN

RABATTSTUFE.........: 5,5

FKT	ARTIKEL-NR.	BESCHREIBUNG	EINHEIT	PREIS/EIN.	MENGE	GESAMTPREIS
E	50001007	DISKETTEN 3.5	STK	0010,00	10	100,00
E	50001605	FARBBAND X12	STK	0007,00	01	7,00
E	50000046	FARBBAND N47	STK	0005,00	01	5,00
E	50007777	KABEL CENT.	STK	0102,00	01	102,00

PF1	PF2	PF3	PF4	PF5	PF6	PF7	PF8	PF9	PF10
Einlesen	Vorwärts blättern	Rückwärts blättern	Einfügen	Ändern	Löschen	Aufbe- reiten	Hilfe	Vorschlag	Ende

abzudecken. Darüber hinaus sind solche Programme oft ergonomisch
bedenklich, da der Bildschirm übermäßig voll wird.

3.2.4 Datenbankpflegeprogramm- 2 Fenster

Abbildung 3.6 zeigt eine Datenbankpflegeprogramm mit zwei Fenstern. In
diesem Beispiel werden zwei Dateien eines Fakturierungssystems gepflegt. Die
erste Datei enthält die Rechnungskopfzeilen, die zweite die einzelnen Posten.
Die Kopfzeilen werden im oberen Fenster gepflegt, die Postenzeilen in der
blätterbaren Liste im unteren Fenster. Der Schlüsselbegriff beider Dateien ist
die Rechnungsnummer. Der Benutzer gibt eine Rechnungsnummer ein und
drückt auf PF1. Das Programm liest dann den Rechnungskopf aus der einen
Datei und die dazugehörigen Postenzeilen aus der anderen ein. Die weiteren

---

Abbildung 3.7: Bildschirmmaske für ein
Datenbankpflegeprogramm
3 Fenster

AKTIVES FENSTER: 2   AUFTRAGSDATEN

FKT	AUFTRAGS-NR.	KUNDEN-NR.	ARTIKEL-NR.	BESCHREIBUNG	EINH.	MENGE	FAKT.
A	544287	12500	50001007	DISKETTEN 3.5	STK	10	X
A	544287	12500	50001605	FARBBAND X12	STK	01	X
A	544287	12500	50000046	FARBBAND N47	STK	01	X
A	544287	12500	50007777	KABEL CENT.	STK	01	X

RECHNUNGSDATEN

```
RECHNUNGS-NR.......:   89015
RECHNUNGSDATUM:   10.03.89

KUNDEN-NR.............:   12500
KUNDENNAME.........:   XYZ GMBH
KUNDENADRESSE...:   WILHELMSTR. 16
                     6200 WIESBADEN

RABATTSTUFE.........:   5,5
```

FKT	ARTIKEL-NR.	BESCHREIBUNG	EINHEIT	PREIS/EIN.	MENGE	GESAMTPREIS
E	50001007	DISKETTEN 3.5	STK	0010,00	10	100,00
E	50001605	FARBBAND X12	STK	0007,00	01	7,00
E	50000046	FARBBAND N47	STK	0005,00	01	5,00
E	50007777	KABEL CENT.	STK	0102,00	01	102,00

PF1	PF2	PF3	PF4	PF5	PF6	PF7	PF8	PF9	PF10
Einlesen	Vorwärts blättern	Rückwärts blättern	Einfügen	Ändern	Löschen	Aufbe- reiten	Hilfe	Vorschlag	Ende

---

Handlungen sind mit einer Ausnahme genau wie bei den ersten zwei Grundmustern. Die Ausnahme betrifft die Fensterauswahl. Die Funktionstasten beziehen sich auf den Gesamtinhalt eines Fensters. Bei den ersten zwei Grundmustern war der Bezug eindeutig, da es nur ein Fenster gab. In diesem Grundmuster gibt es aber zwei Fenster. Dem Programm muß auf irgendeine Weise mitgeteilt werden, auf welches Fenster sich die Funktionstasten beziehen. Eine einfache Methode, dies zu erreichen, ist eine Fensterangabe wie in der oberen linken Ecke des Beispiels. Die Angabe "1" bedeutet, daß sich die Funktionstasten auf das erste Fenster beziehen, eine "2" deutet auf das zweite Fenster hin. Je nach Fensterangabe werden die durch die PF-Tasten bestimmten Handlungen in Bezug auf das erwünschte Fenster durchgeführt. Als visuelle Hilfe für den Benutzer soll sich das selektierte

Abbildung 3.8: Bildschirmmaske für ein Datenbankpflegeprogramm
4 Fenster

AKTIVES FENSTER: 2   AUFTRAGSDATEN

FKT	AUFTRAGS-NR.	KUNDEN-NR	ARTIKEL-NR.	BESCHREIBUNG	EINHEIT	MENGE	FAKT
A	544287	12500	50001007	DISKETTEN 3.5	STK	10	X
A	544287	12500	50001605	FARBBAND X12	STK	01	X
A	544287	12500	50000046	FARBBAND N47	STK	01	X
A	544287	12500	50007777	KABEL CENT.	STK	01	X

RECHNUNGSDATEN

RECHNUNGS-NR.......: 89015
RECHNUNGSDATUM: 10.03.89

KUNDEN-NR.............: 12500
KUNDENNAME.........: XYZ GMBH
KUNDENADRESSE...: WILHELMSTR. 16
                   6200 WIESBADEN
RABATTSTUFE.........: 5,5

RABATTSTUFEN

FKT	KUNDENNUMMER	RABATTSTUFE
	12500	5,5
	12600	2,5
	12700	3,0
	12750	4,0
	12770	0,0

FKT	ARTIKEL-NR.	BESCHREIBUNG	EINHEIT	PREIS/EIN.	MENGE	GESAMTPREIS
E	50001007	DISKETTEN 3.5	STK	0010,00	10	100,00
E	50001605	FARBBAND X12	STK	0007,00	01	7,00
E	50000046	FARBBAND N47	STK	0005,00	01	5,00
E	50007777	KABEL CENT.	STK	0102,00	01	102,00

PF1	PF2	PF3	PF4	PF5	PF6	PF7	PF8	PF9	PF10
Einlesen	Vorwärts blättern	Rückwärts blättern	Einfügen	Ändern	Löschen	Aufbe- reiten	Hilfe	Vorschlag	Ende

Fenster optisch entweder durch Farben oder Anzeigeintensität vom nicht-selektierten Fenster abheben.

3.2.5 Datenbankpflegeprogramm - 3 Fenster

Ein Datenbankpflegeprogramm mit drei Fenstern ist in Abbildung 3.7 veranschaulicht. Wir bleiben bei unserem Fakturierungsbeispiel und nehmen nun ein weiteres Fenster hinzu, in dem eine Auftragsdatei gepflegt werden kann. Die Funktion dient dazu, Rechnungen zu erstellen. In diesem Fall wird davon ausgegangen, daß eine Auftragsdatei existiert, die die Fakturierung steuert. Der Benutzer liest die Auftragsdatei im oberen Fenster und erstellt die entsprechenden Rechnungen in den beiden unteren Fenstern. Wenn ein

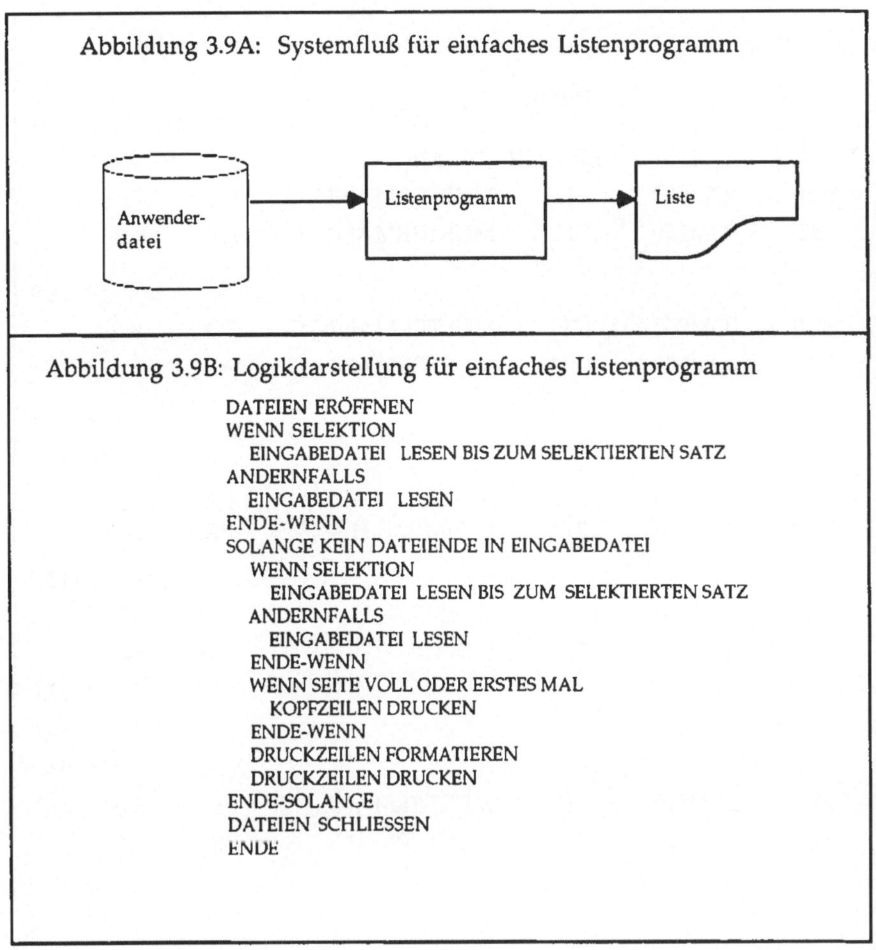

Posten von der Auftragsdatei in eine Rechnung übernommen wird, so wird der Posten entsprechend gekennzeichnet.

3.2.6 Datenbankpflegeprogramm - 4 Fenster

Abbildung 3.8 zeigt ein Datenbankpflegeprogramm mit vier Fenstern. Um unser Beispiel weiter zu verfolgen, nehmen wir an, daß der Sachbearbeiter einen ständigen Einblick in eine Tabelle der Rabattstufen pro Kunde benötigt,

---

Abbildung 3.10: Beispiel einer sortierten Liste mit Summenbildung

PROJEKTBERICHT

PROJEKT	PRODUKT	PERS.-NR.	NAME	AA	STUNDEN
5050	QMS50	4711	MUSTERMANN, G.	PR	8,0
5050	QMS50	4711	MUSTERMANN, G.	PR	8,0
					* 16,0
5050	QMS50	4711	MUSTERMANN, G.	DO	8,0
5050	QMS50	4711	MUSTERMANN, G.	DO	8,0
					* 16,0
					** 32,0
5050	QMS50	1212	SCHMIDT, H.	PR	9,0
5050	QMS50	1212	SCHMIDT, H.	PR	4,0
					* 13,0
5050	QMS50	1212	SCHMIDT, H.	DO	5,0
5050	QMS50	1212	SCHMIDT, H.	DO	7,0
					* 12,0
					** 25,0
					*** 57,0
5050	QMS75	4711	MUSTERMANN, G	PR	8,0
5050	QMS75	4711	MUSTERMANN, G	PR	8,0
					* 16,0
					** 16,0
					*** 16,0
					**** 73,0

---

um die Rechnungen effizient erstellen zu können. Das wird durch eine blätterbare Anzeige in einem vierten Fenster realisiert.

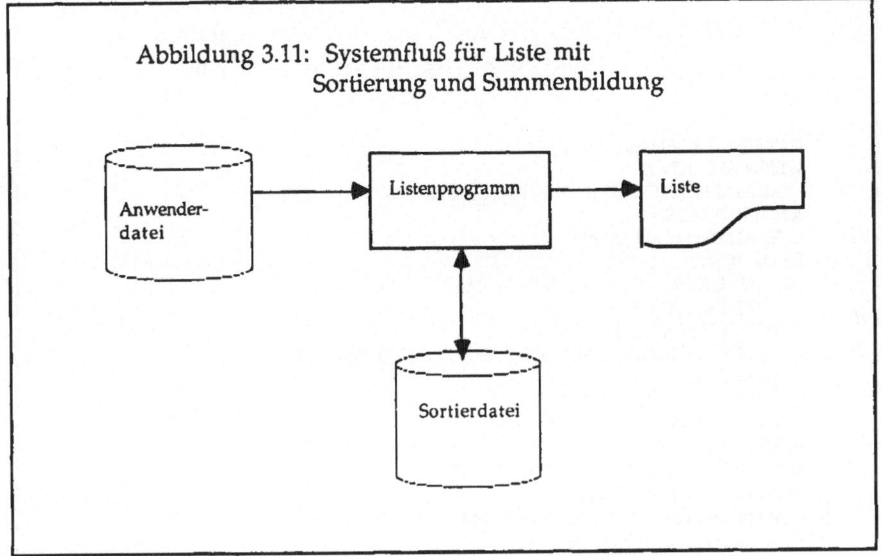

3.2.7 Einfaches Listenprogramm

Dies ist wohl das einfachste Programmgrundmuster, das es gibt; es ist unentbehrlich für jedes EDV-System. Es werden lediglich die Sätze aus einer Datei auf dem Drucker aufgelistet. Dabei werden nur wenige Änderungen der ursprünglichen Daten vorgenommen. Diese Änderungen können sein:

- Der Satzinhalt wird anders formatiert, um ein übersichtlicheres Druckbild zu erzeugen. Das kann bedeuten, daß binäre Felder in ASCII umgewandelt oder Zwischenräume zwischen die Felder eingefügt werden.

- Kopfzeilen oder andere beschreibende Texte werden hinzugefügt.

- Seitenvorschübe und Seitennumerierung werden hinzugefügt.

- Nur bestimmte Sätze oder eine bestimmte Anzahl von Sätzen werden gedruckt.

Abbildung 3.12: Logikdarstellung für Listenprogramm
mit Sortierung und Summenbildung

```
DATEIEN ERÖFFNEN
WENN SELEKTION
    EINGABEDATEI LESEN BIS ZUM SELEKTIERTEN SATZ
ANDERNFALLS
    EINGABEDATEI LESEN
ENDE-WENN
SOLANGE KEIN ENDE IN EINGABEDATEI
    SORTIERDATEI SCHREIBEN
    WENN SELEKTION
        EINGABEDATEI LESEN BIS ZUM SELEKTIERTEN SATZ
    ANDERNFALLS
        EINGABEDATEI LESEN
    ENDE-WENN
ENDE-SOLANGE
SOLANGE KEIN ENDE IN SORTIERDATEI
    SORTIERDATEI LESEN
    WENN SEITE VOLL ODER ERSTES MAL
        KOPFZEILEN DRUCKEN
    ENDE-WENN
    WENN NIEDRIGSTER GRUPPENWECHSEL
        SUMMENZEILE FÜR NIEDRIGSTEN GRUPPENWECHSELBEGRIFF DRUCKEN
        SUMMENZÄHLER AUF NULL SETZEN
        VERGLEICHSBEGRIFF PFLEGEN
    ENDE-WENN
    WENN NÄCHSTNIEDRIGER GRUPPENWECHSEL
        SUMMENZEILE FÜR NÄCHSTNIEDRIGEN GRUPPENWECHSELBEGRIFF
DRUCKEN
        SUMMENZÄHLER AUF NULL SETZEN
        VERGLEICHSBEGRIFF PFLEGEN
    ENDE-WENN
        .
        .
    USW.
        .
    DETAILZEILE DRUCKEN
    SUMMEN PFLEGEN
ENDE-SOLANGE
DATEIEN SCHLIESSEN
ENDE
```

Diese Anwendung ist so häufig, daß viele Betriebssysteme parametergesteuerte
Hilfsroutinen anbieten, um solche Aufgaben ohne Programmierung zu

erledigen. Abbildung 3.9 zeigt ein Systemflußdiagramm und eine Logikdarstellung für diese Anwendungsart.

3.2.8 Listenprogrammmit Sortierung und Summenbildung

Bei vielen Listenanforderungen reichen die Möglichkeiten des einfachen Listenprogrammes nicht aus. Es ist oft notwendig, die Sätze in einer anderen Reihenfolge zu drucken oder nach bestimmten Ordnungsbegriffen Summen zu bilden. Die Sortierung und die Summenbildung hängen fast immer mit den gleichen Ordnungsbegriffen zusammen. Der Sortierbegriff besteht meistens aus mehreren Komponenten, nach jeder Komponente ist oft eine Summe von einem oder mehreren bestimmten numerischen Feldern erwünscht. Dadurch entstehen gelegentlich mehrere Summenebenen. Das wird am Beispiel der Liste in Abbildung 3.10 veranschaulicht. Dieser als Beispiel gewählte Projektbericht hat vier Summenebenen. Die Liste ist nach Projekt, innerhalb des Projektes nach Produkt, innerhalb des Produktes nach Personalnummer und innerhalb der Personalnummer nach Arbeitsart sortiert. Nach jedem dieser Begriffe wird eine Summe der Arbeitsstunden gebildet. Die Addition der Summen auf einer bestimmten Ebene ergibt die Summen auf der nächsthöheren Ebene. Die Summenebene wird durch Sterne ("*") gekennzeichnet, die niedrigste Summenebene hat einen Stern, höhere Summenebenen entsprechend mehr Sterne. Bei solchen sortierten Listen mit Summenbildung ist es nicht ungewöhnlich, bis zu sechs Summenebenen zu haben. Abbildung 3.11 zeigt ein Systemflußdiagramm, Abbildung 3.12 eine Logikdarstellung für diese Anwendungsart.

3.2.9 Transformationsprogramm - 1 Datei => 1 Datei

Bei dieser Anwendung wird eine Datei in eine andere kopiert und dabei auf eine bestimmte Weise verändert. Die Änderungen können verschiedener Natur sein:

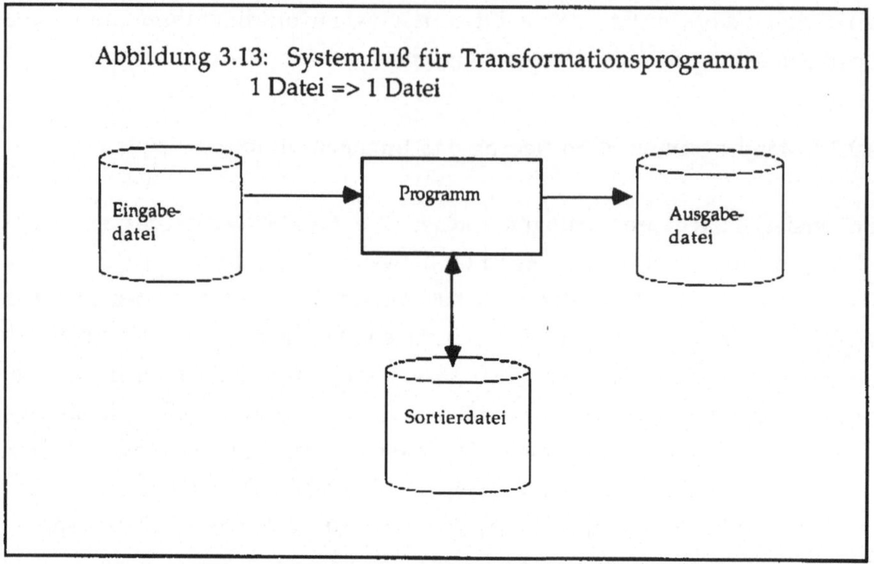

- Umformatierung - Die Sätze der Ausgabedatei haben ein anderes Format als die Sätze der Eingabedatei.

- Berechnung - Bestimmte Felder in der Ausgabedatei entstehen durch arithmetische Umwandlung der Felder der Eingabedatei.

- Sortierung - Die Sätze der Ausgabedatei haben eine andere Reihenfolge als die Sätze der Eingabedatei.

- Selektierung - Die Ausgabedatei soll nur eine Teilmenge der Sätze der Eingabedatei beinhalten.

- Verdichtung - Das Satzlayout der Eingabedatei hat einen Schlüssel und einen oder mehrere numerische Begriffe. Für jeden Schlüssel gibt es mehrere Sätze, die verdichtet werden müssen, d.h. die numerischen Werte müssen pro Schlüsselwert aufaddiert und als ein Satz ausgegeben werden. Das setzt voraus, daß die Eingabesätze in der Reihenfolge des Schlüssels sortiert sind.

Abbildung 3.14: Logikdarstellung für Transformationsprogramm
1 Datei = > 1 Datei

```
DATEIEN ERÖFFNEN
SOLANGE KEIN PROGRAMMENDE
   WENN SELEKTION
     DATEI LESEN BIS ZUM SELEKTIERTEN SATZ
   ANDERNFALLS
     DATEI LESEN
   ENDE-WENN
   WENN VERDICHTUNG
     DATEI LESEN BIS ZUM GRUPPENWECHSEL
   ENDE-WENN
   WENN SORTIERUNG
     SOLANGE KEIN DATEIENDE IN EINGABEDATEI
       SORTIERDATEI SCHREIBEN
       WENN SELEKTION
         DATEI LESEN BIS ZUM SELEKTIERTEN SATZ
       ANDERNFALLS
         DATEI LESEN
       ENDE-WENN
       WENN VERDICHTUNG
         DATEI LESEN BIS ZUM GRUPPENWECHSEL
       ENDE-WENN
     ENDE-SOLANGE
     SOLANGE KEIN DATEIENDE IN SORTIERDATEI
       LESEN SORTIERDATEI
       AUSGABESATZ FORMATIEREN UND SCHREIBEN
       WENN SORTIERDATEIENDE
         PROGRAMMENDE SETZEN
       ENDE-WENN
   ANDERNFALLS
       AUSGABESATZ FORMATIEREN UND SCHREIBEN
       WENN EINGABEDATEIENDE
         PROGRAMMENDE SETZEN
       ENDE-WENN
   ENDE-SOLANGE
   DATEIEN SCHLIESSEN
   ENDE
```

- Auflösung - Für jeden Satz in der Eingabedatei werden mehrere Sätze in der Ausgabedatei erzeugt.

- Ergänzung - Die Informationen einer Eingabedatei wird um andere Informationen (meistens aus Tabellen) ergänzt.

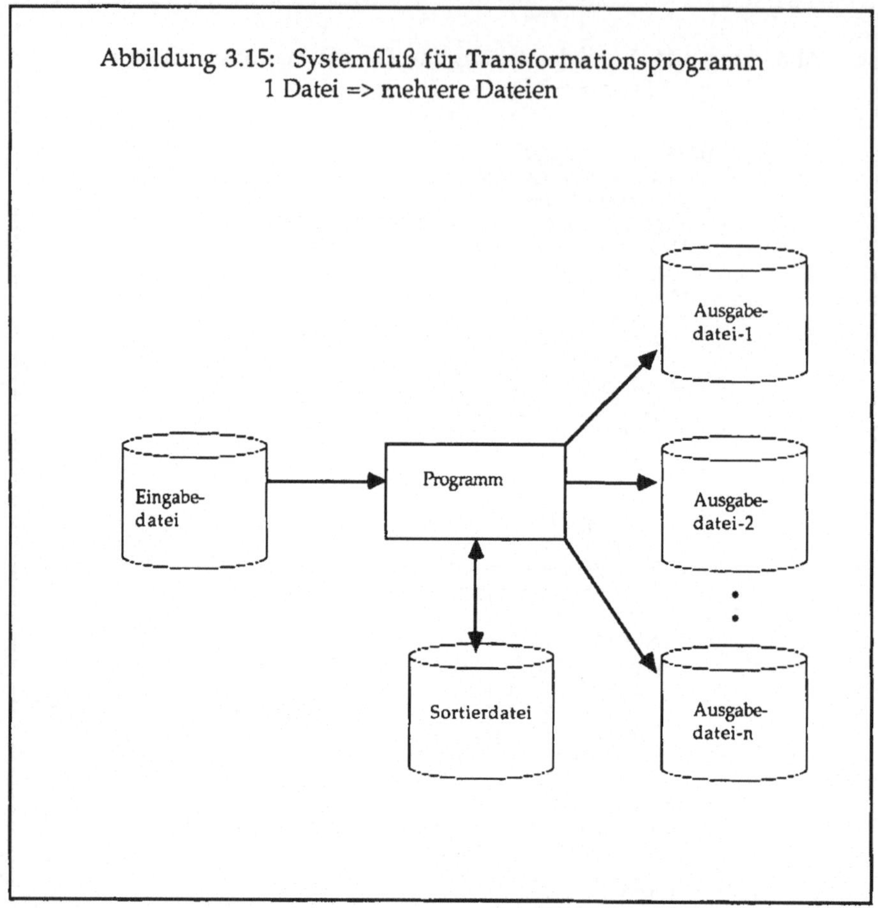

Ein Beispiel für diese Art der Verarbeitung wäre folgende Aufgabenstellung: Aus einer Datei von Arbeitsnachweisen soll eine Datei für die Fakturierung von Kunden erstellt werden. In diesem Fall wird von jedem Mitarbeiter der Firma ein Arbeitsnachweis geführt, in dem alle Arbeitszeiten festgehalten werden. Jeder Arbeitsabschnitt wird als Stundenzahl erfaßt und mit dem jeweiligen Kunden-, Projekt-, Produkt- und Arbeitsartcode versehen. Hat ein Mitarbeiter nicht für einen Kunden gearbeitet, so ist das Feld Kundencode leer. Alle Einzelposten der Arbeitsnachweise werden in einer Datei gespeichert. Das Musterprogramm liest diese Datei, wählt die Sätze aus, in denen der Kundencode nicht leer ist, sortiert sie in der Reihenfolge des Ordnungsbegriffs (Kunden-, Projekt-, Produkt-, Arbeitsartcode und Personalnummer), verdichtet

Abbildung 3.16: Logikdarstellung für Transformationsprogramm
1 Datei = > mehrere Dateien

```
DATEIEN ERÖFFNEN
SOLANGE KEIN PROGRAMMENDE
  WENN SELEKTION
    DATEI  LESEN BIS ZUM SELEKTIERTEN SATZ
  ANDERNFALLS
    DATEI LESEN
  ENDE-WENN
  WENN VERDICHTUNG
    DATEI LESEN BIS ZUM GRUPPENWECHSEL
  ENDE-WENN
  WENN SORTIERUNG
    SOLANGE KEIN DATEIENDE IN EINGABEDATEI
      SORTIERDATEI SCHREIBEN
      WENN SELEKTION
        DATEI  LESEN BIS ZUM SELEKTIERTEN SATZ
      ANDERNFALLS
        DATEI  LESEN
      ENDE-WENN
      WENN VERDICHTUNG
        DATEI LESEN BIS ZUM GRUPPENWECHSEL
      ENDE-WENN
    ENDE-SOLANGE
    SOLANGE KEIN DATEIENDE IN SORTIERDATEI
      LESEN SORTIERDATEI
      AUSGABESATZ  DATEI-1 FORMATIEREN UND SCHREIBEN
      AUSGABESATZ  DATEI-2 FORMATIEREN UND SCHREIBEN
              •
              •
      AUSGABESATZ  DATEI-N FORMATIEREN UND SCHREIBEN
      WENN SORTIERDATEIENDE
        PROGRAMMENDE SETZEN
      ENDE-WENN
    ENDE-SOLANGE
  ANDERNFALLS
    AUSGABESATZ FORMATIEREN UND SCHREIBEN
    AUSGABESATZ  DATEI-1 FORMATIEREN UND SCHREIBEN
    AUSGABESATZ  DATEI-2 FORMATIEREN UND SCHREIBEN
            •
            •
    AUSGABESATZ  DATEI-N FORMATIEREN UND SCHREIBEN
    WENN EINGABEDATEIENDE
      PROGRAMMENDE SETZEN
    ENDE-WENN
  ENDE-SOLANGE
  DATEIEN SCHLIESSEN
  ENDE
```

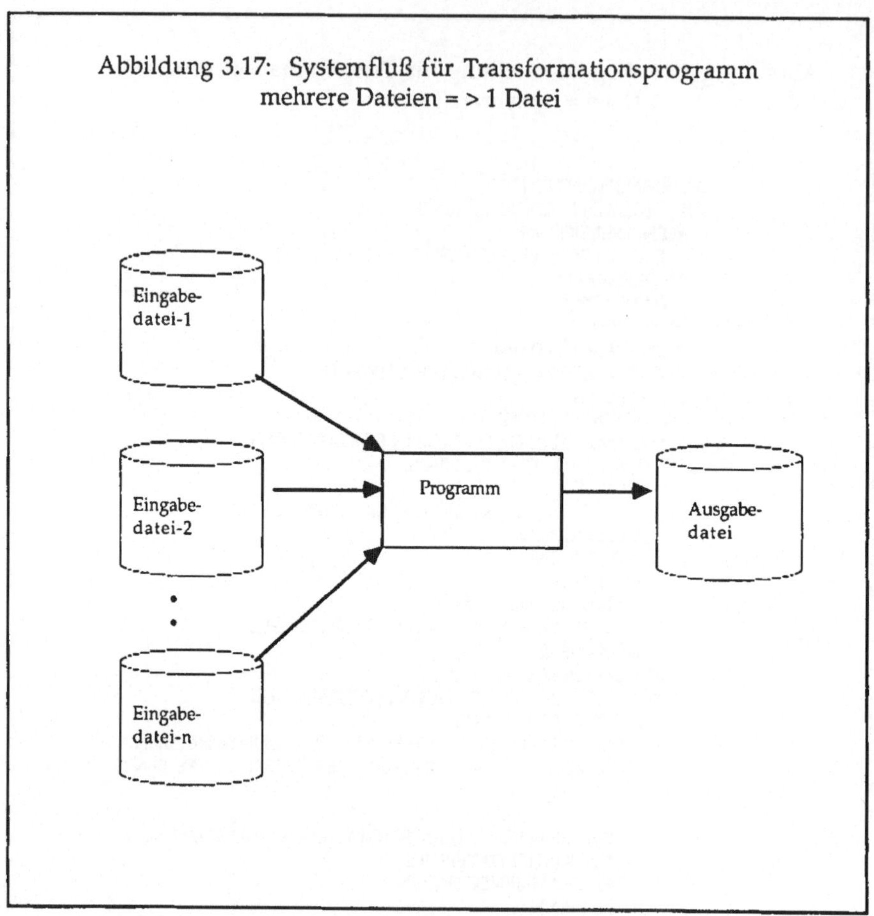

sie nach dem Ordnungsbegriff und gibt sie in einem anderen Format als Ausgabedatei aus. Ein Auflösungsverfahren läge dann vor, wenn statt eines Ausgabesatzes mehrere erzeugt werden müßten, wie z.B. Soll- und Habenbuchungssätze. Abbildung 3.13 zeigt ein Systemflußdiagramm, Abbildung 3.14 eine Logikdarstellung für diese Anwendungsart.

3.2.10 Transformationsprogramm - 1 Datei => mehrere Dateien

Dieses Verfahren ist dem vorangegangenen Fall sehr ähnlich, nur werden hier statt einer mehrere Ausgabedateien erzeugt. Das wird z.B. dann notwendig,

Abbildung 3.18: Logikdarstellung für Transformationsprogramm
mehrere Dateien - 1 Datei

```
DATEIEN ERÖFFNEN
1STE EINGABEDATEI  LESEN
WENN VERDICHTUNG
   1STE EINGABEDATEI  BIS ZUM GRUPPENWECHSEL LESEN
ENDE-WENN
SOLANGE KEIN DATEIENDE IN 1STER EINGABEDATEI
   ENTSPRECHENDEN SATZ IN 2TER EINGABEDATEI  LESEN
   ENTSPRECHENDEN SATZ IN 3TER EINGABEDATEI  LESEN
                •

                •
   ENTSPRECHENDEN SATZ IN NTER EINGABEDATEI  LESEN
   AUSGABESATZ FORMATIEREN UND SCHREIBEN
   1STE EINGABEDATEI  LESEN
   WENN VERDICHTUNG
      1STE EINGABEDATEI BIS ZUM GRUPPENWECHSEL LESEN
   ENDE-WENN
ENDE-SOLANGE
DATEIEN SCHLIEßEN
ENDE
```

wenn eine Bewegungsdatei in mehrere aufgespalten werden muß, um
verschiedene Systeme mit Daten zu versorgen. Das o.a. Beispiel kann erweitert
werden, um dieses Muster zu erläutern. Nehmen wir einmal an, daß jeder
Kunde eine Kopie der einschlägigen Arbeitsnachweise erhalten soll. Das würde
voraussetzen, daß für jeden Kunden eine getrennte Ausgabedatei erstellt
werden müßte. Abbildung 3.15 zeigt einen Systemfluß, Abbildung 3.16 eine
Logikdarstellung für ein solches Verfahren.

3.2.11 Transformationsprogramm - mehrere Dateien => 1 Datei

In diesem Fall wird eine Ausgabedatei aus mehreren Eingabedateien erzeugt.
Es gibt zwei häufige Varianten dieses Grundmusters:

- Validierungsverfahren - Eine Bewegungsdatei wird geprüft, und die
  gültigen Sätze werden als neue Datei ausgegeben. Eine oder mehrere

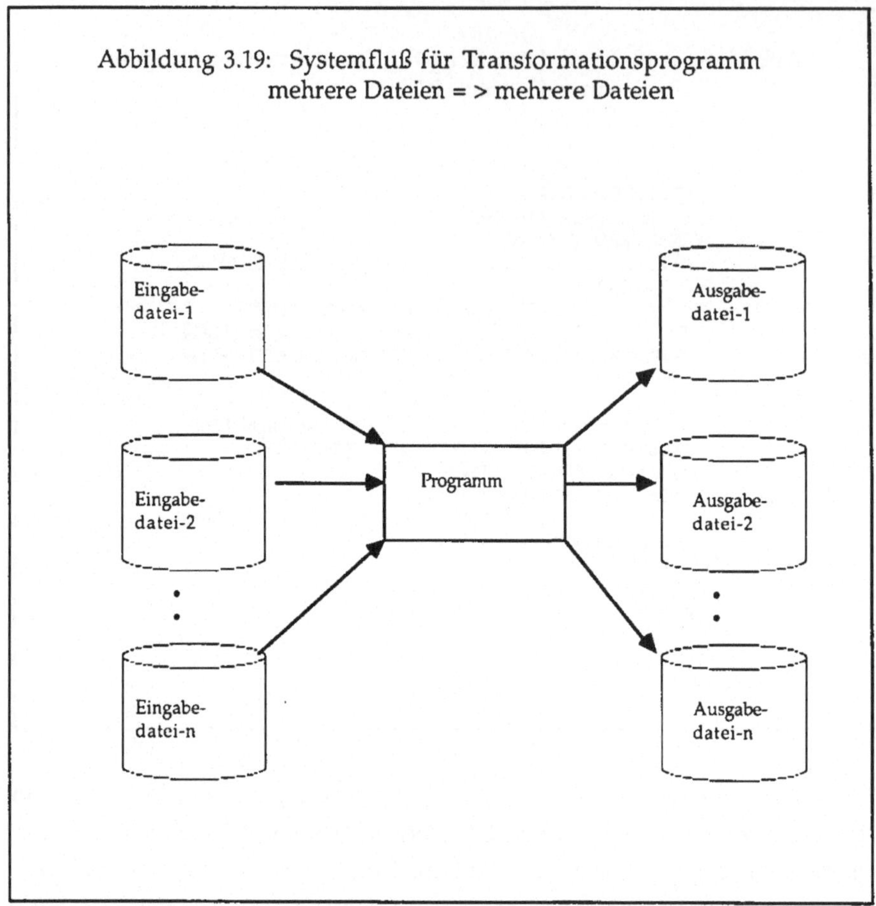

Tabellendateien werden verwendet, um die Prüfungen durchzuführen und die Sätze gegebenenfalls zu ergänzen.

- Fortschreibungsverfahren - Eine Stammdatei wird anhand einer Bewegungsdatei fortgeschrieben. Dabei ist die Stammdatei sowohl Eingabe als auch Ausgabe.

Bei beiden Varianten gibt es eine Haupteingabe- oder Bewegungsdatei, die die Verarbeitungslogik steuert. Die in den vorangegangenen Beispielen beschriebenen Veränderungen wie Umformatierung, Sortierung, Selektierung, Verdichtung, Auflösung oder Ergänzung können auch hier bei der Bear-

Abbildung 3.20: Logikdarstellung für Transformationsprogramm
mehrere Dateien => mehrere Dateien

```
DATEIEN ERÖFFNEN
1STE EINGABEDATEI LESEN
WENN VERDICHTUNG
   1STE EINGABEDATEI BIS ZUM GRUPPENWECHSEL LESEN
ENDE-WENN
SOLANGE KEIN DATEIENDE IN 1STER EINGABEDATEI
   ENTSPRECHENDEN SATZ IN 2TER EINGABEDATEI LESEN
   ENTSPRECHENDEN SATZ IN 3TER EINGABEDATEI LESEN
        .
        .
   ENTSPRECHENDEN SATZ IN N-TER EINGABEDATEI LESEN
   AUSGABESATZ DATEI-1 FORMATIEREN UND SCHREIBEN
   AUSGABESATZ DATEI-2 FORMATIEREN UND SCHREIBEN
        .
        .
   AUSGABESATZ DATEI-N FORMATIEREN UND SCHREIBEN
   1STE EINGABEDATEI LESEN
   WENN VERDICHTUNG
      1STE EINGABEDATEI BIS ZUM GRUPPENWECHSEL LESEN
   ENDE-WENN
ENDE-SOLANGE
DATEIEN SCHLIESSEN
ENDE
```

beitung der Haupteingabedatei erforderlich sein. In der Praxis würde man
jedoch die komplexeren Veränderungen wie Sortierung und Auflösung in
einem vorgelagerten Prozeß erledigen, um die Kontrolle über den
Verarbeitungsablauf zu vereinfachen. Nehmen wir an, daß die im Beispiel des
ersten Transformationsprogramms erzeugte Datei der Arbeitsnachweisdaten
als Bewegungsdatei für die Fortschreibung einer Projektdatei benutzt wird. Die
Stunden müßten anhand einer Tabelle in Geld umgerechnet und die Codes für
Kunde, Projekt, Produkt und Arbeitsart gegen Tabellen der gültigen Werte
validiert werden. Anschließend soll die Projektstammdatei fortgeschrieben
werden. Abbildung 3.17 zeigt ein Systemflußdiagramm, Abbildung 3.18 eine
Logikdarstellung für diese Anwendungsart.

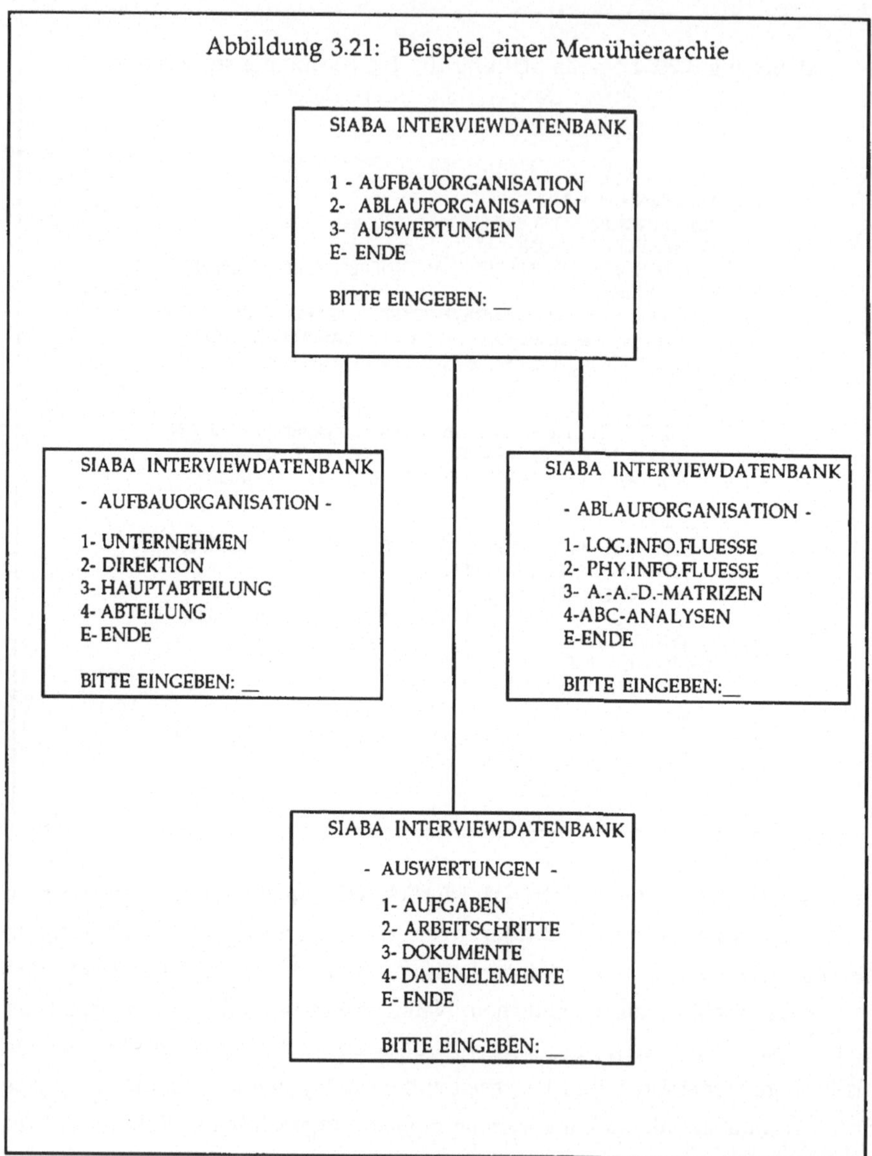

3.2.12 Transformationsprogramm - mehrere Dateien => mehrere Dateien

Dieses Muster kombiniert die Merkmale der bereits beschriebenen
Transformationsprogramme. Es findet Anwendung bei Validerungsverfahren,

bei denen Bewegungssätze für mehrere, nachgelagerte Verfahren erzeugt werden, und bei Fortschreibungsverfahren, bei denen mehrere Stammdateien zu pflegen sind. Das wäre z.B. der Fall, wenn im o.a. Beispiel nicht nur eine Projektstammdatei, sondern auch eine Kundenstammdatei fortgeschrieben werden müßten. Abbildung 3.19 zeigt einen Systemfluß, Abbildung 3.20 eine Logikdarstellung für dieses Verfahren.

3.2.13 Menüprogramm

Das letzte der zu besprechenden Grundmuster wird angewandt, um eine komfortable Möglichkeit zu schaffen, die Programme eines Softwaresystems abzurufen. Ein Menüprogramm bietet eine Liste der Programme oder Systemteile (Gruppen von Programmen) in einer Bildschirmmaske an. Der Benutzer wählt eine der angebotenen Möglichkeiten aus; anschließend ruft das Menüprogramm das selektierte Programm ab oder bietet eine neue Auswahlliste an. Wird eine neue Auswahlliste angeboten, muß der Benutzer noch einmal wählen. Diese Vorgehensweise wird so lange fortgesetzt, bis ein Anwendungsprogramm abgerufen wird. Systeme, die aus vielen hierarchisch gegliederten Systemteilen bestehen, weisen auch eine Hierarchie der Auswahlmasken auf. Abbildung 3.21 zeigt eine typische Bildschirmmasken-hierarchie.

3.3 Das Zusammenspiel der Grundmuster

3.3.1 Das zentrale Tabellensystem

Mit den drei Dateikategorien und den zwölf besprochenen Modell-programmen ist es möglich, jede Problemstellung in der kommerziellen Datenverarbeitung abzudecken. Es kann sein, daß das benötigte Softwaresystem aus Hunderten von Programmen und Dateien besteht; dennoch wird es fast immer auf ein Zusammenspiel weniger Grundmuster zurückführbar sein. Um dieses Zusammenspiel effizient zu organisieren, ist ein zentrales Tabellensystem, wie in Abbildung 3.22 gezeigt, außerordentlich nützlich. Das zentrale Tabellensystem bildet den Kern des Anwendersystems, da es

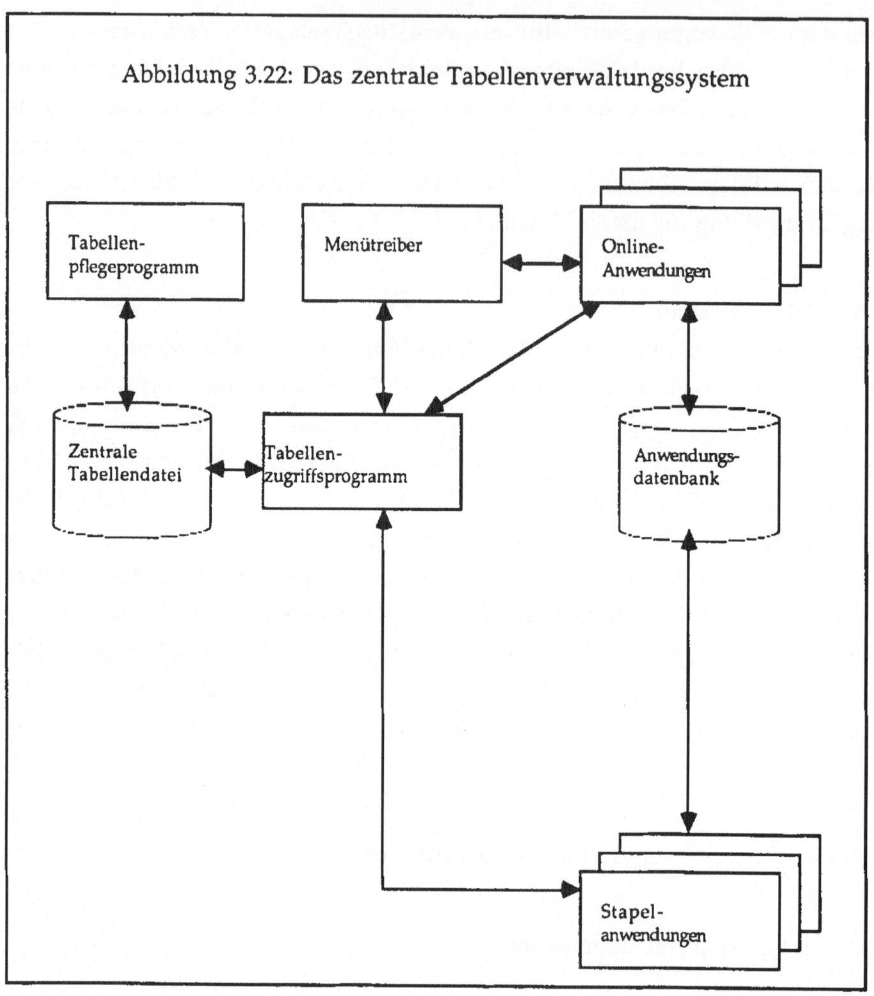

bestimmte Informationsarten verwaltet, die die Interaktionen der Systemkomponenten steuern:

- Validierungstabellen - Diese Tabellen dienen der Prüfung bzw. der Ergänzung der Informationen, die in den Dateien des Systems gespeichert sind.

- Parametertabellen - Diese Tabellen enthalten Informationen, die die Funktionsweise von bestimmten Programmen steuern. Die Art der

Steuerung hängt vom einzelnen Programm ab. Solche Tabellen werden verwendet, um Programmabläufe durch Parametrisierung variabel zu gestalten.

- Tabellen für Zugriffsberechtigungen - Solche Tabellen steuern den Zugriff der Benutzer zu den Programmen und zu den Tabellen. Die Inhalte dieser Tabellen bestimmen, welche Benutzercodes zu welchen Handlungen zugelassen sind.

- Menütabellen - Diese Tabellen speichern den Inhalt von Auswahlmenüs und die Menühierarchie. Durch diese Tabellen ist es möglich, nur ein Menüprogramm im ganzen System zu haben. Dieser eine Menütreiber erstellt alle Menülisten und ruft die ausgewählten Programme ab. Dabei kann das Menüprogrammauch die Tabellen der Zugriffsberechtigungen berücksichtigen, damit Benutzer nur solche Funktionen zur Wahl gestellt bekommen, mit denen sie auch arbeiten dürfen.

- Tabellen der Hilfsinformationen - In der Beschreibung der Datenbankpflegeprogramme ist erwähnt worden, daß jedes Programm die Möglichkeit der Einblendung einer Funktionsbeschreibung wahlweise anbieten sollte. Solche Funktionsbeschreibungen sollen in einer Tabelle gespeichert werden. Dadurch können sie bei Bedarf geändert oder ergänzt werden.

- Nachrichtentabelle - Alle Programme können Anlaß haben, bestimmte Meldungen wie z.B. Fehlermeldungen an den Benutzer weiterzugeben. Solche Nachrichten sollten möglichst standardisiert und in einer Tabelle zentral verwaltet werden.

Diese sechs Tabellenarten definieren die Grundregeln für das Zusammenspiel der Komponenten eines Softwaresystems. Durch die zentrale Verwaltung dieser Informationen ist es einfacher, das System zu überblicken und zu pflegen. Systemerweiterungen können leichter durchgeführt werden. Die Vorteile dieser Vorgehensweise wird deutlich, wenn man die Alternativen betrachtet. Ein aus 200 Programmen bestehendes Softwaresystem kann ohne weiteres ca. 100 Tabellen verschiedener Art haben. Bei einem herkömmlichen

<table>
<tr><td colspan="10" align="center">Abbildung 3.23: Beispiel einer Bildschirmmaske für die
Verwaltung von Stapelanforderungen</td></tr>
<tr><td colspan="10">

ANFORDERUNG FÜR PROJEKTBERICHT

ZEITRAUM - VON: _______   BIS: _______

PROJEKTCODE: _________

PROJEKTCODE: _________

PROJEKTCODE: _________

PROJEKTCODE: _________

PROJEKTCODE: _________

DATUM EINGEGEBEN: _______   DATUM ERLEDIGT..:_______

                                                       UHRZEIT ERLEDIGT:_______

</td></tr>
<tr>
<td>PF1
Einlesen</td>
<td>PF2
Vorwärts
blättern</td>
<td>PF3
Rückwärts
blättern</td>
<td>PF4
Einfügen</td>
<td>PF5
Ändern</td>
<td>PF6
Löschen</td>
<td>PF7
Aufbe-
reiten</td>
<td>PF8
Hilfe</td>
<td>PF9
Vorschlag</td>
<td>PF10
Ende</td>
</tr>
</table>

Systemdesign ohne zentrale Tabellenverwaltung müßten 100 zusätzliche Programme diese Tabellen pflegen. Das bedeutet, daß ohne zentrale Tabellenverwaltung die Anzahl der Programme um 50% höher wäre! Unvertretbar hohe Systemwartungskosten sind dann nicht mehr zu vermeiden. Darüber hinaus ist es ohne zentrale Tabellenverwaltung unwahrscheinlich, daß der programmtechnische Umgang mit den Tabellen hinreichend genormt wird. Bei der zentralen Tabellenverwaltung hingegen erfolgt der Zugriff auf die Tabellen immer über ein einziges Schnittstellenmodul, das von allen Programmen auf einheitliche Weise abgerufen wird.

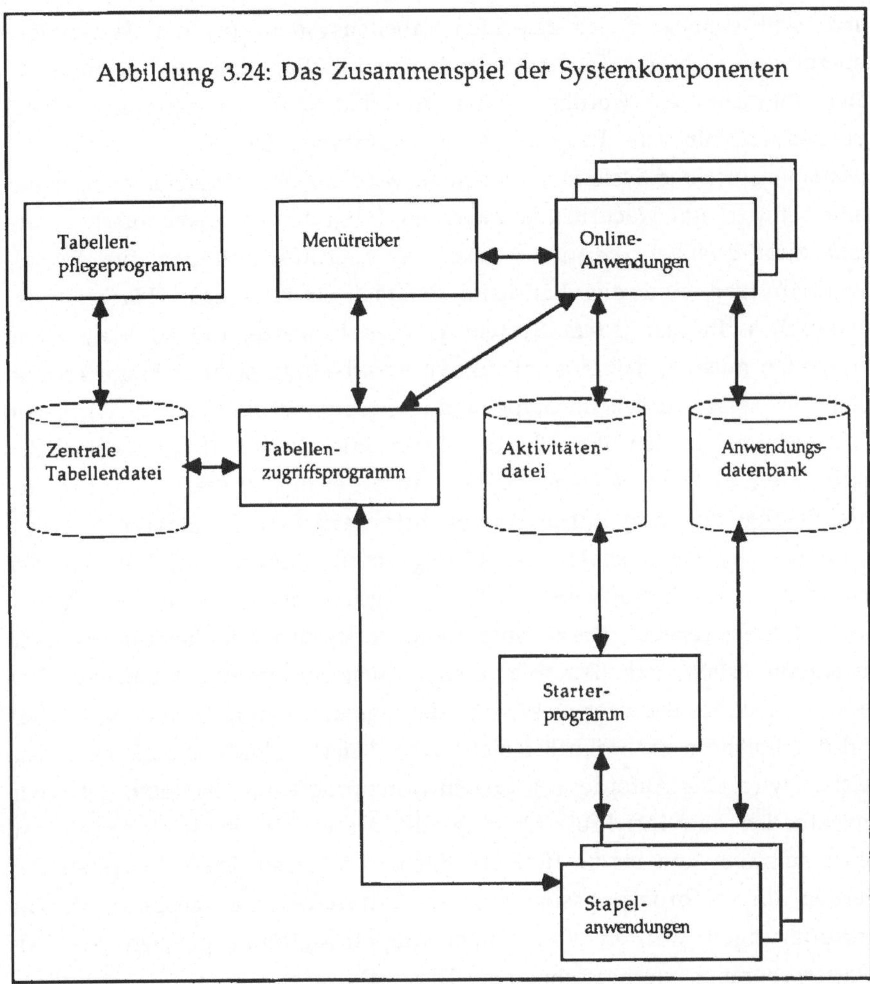

3.3.2 Die Aktivitätendatei

Das zentrale Tabellensystem regelt diejenigen Aspekte der Systemkomponenten, die sich relativ selten ändern. Es gibt aber auch kurzlebige
Informationsbeziehungen zwischen den Systemkomponenten. Es ist nicht
ratsam, solche Informationen in der zentralen Tabellendatei zu speichern, da
sich der manuelle Aufwand zur Einrichtung einer neuen Tabelle bei
temporären Informationen nicht rentiert. Darüber hinaus reicht der relativ

kurze Schlüsselbegriff des zentralen Tabellensystems für die Aktivitätensteuerung oft nicht aus. Im Abschnitt 3.1.1 ist die Funktion der Aktivitätendatei angeschnitten worden - die Aktivitätendatei fungiert als eine Art Arbeitsdatei für alle Programme des Systems. Im Hinblick auf das Zusammenspiel der Systemkomponenten wird die Aktivitätendatei in erster Linie benutzt, um Nachrichten zwischen Programmen auszutauschen, die nicht zum gleichen Zeitpunkt aktiv sind. Anforderungen für Stapelverarbeitungen sind das häufigste Beispiel eines solchen Nachrichtenaustausches. In fast jedem System gibt es Prozesse, die so viele Sätze verarbeiten müssen, daß eine interaktive Verarbeitung nicht in Frage kommt. Solche Prozesse werden im Stapelmodus erledigt. In diesem Fall wird eine Anforderung für den Prozeß von einem interaktiven Programm in der Aktivitätendatei gespeichert. Diese Anforderung enthält alle für die Ausführung des Stapelprogrammes erforderlichen Parameter wie z.B Benutzercode, erwünschtes Stapelprogramm, Datum und Uhrzeit der Anforderung sowie alle variablen Steuerungsinformationen, die den Ablauf des Verfahrens regeln. Diese Informationen werden von einem interaktiven Programm erfaßt, das dem o.a. ersten Musterprogramm entspricht. Das bedeutet, daß der Benutzer diese Anforderungssätze einfügen, ändern, löschen und durchblättern kann. Ein Beispiel hierfür liefert Abbildung 3.23. In diesem Beispiel wird eine Anforderung für ein Listenprogramm abgesetzt, das einen Projektbericht aus einer Projektdatei erstellt. Als variable Parameter kann man einen Zeitraum und bis zu fünf Projektcodes angeben. Diese Informationen werden im Anforderungssatz in der Aktivitätendatei gespeichert. Die Anforderungen werden von einem Stapelprogramm gelesen, das als "Starterprogramm" zu bezeichnen ist. Dieses Programm wird in regelmäßigen Abständen vom Betriebssystem aufgelegt, um Anforderungen in der Aktivitätendatei zu suchen und zu verarbeiten. Das Starterprogramm liest Anforderungen und ruft die entsprechenden Stapelprozesse ab. Bei Beendigung eines Prozesses wird die Steuerung an das Starterprogramm zurückgegeben. Das Starterprogramm trägt dann Datum und Uhrzeit der Beendigung des Stapelprozesses in den Anforderungssatz ein. Der Benutzer, der die Anforderung abgesetzt hat, kann so die Anforderung mit dem interaktiven Programm anschauen und erkennen, daß der Stapelprozeß durchgeführt worden ist. Auf diese Weise wird die Stapelverarbeitung direkt vom Endbenutzer gesteuert. Die ehemals notwendige manuelle Intervention eines Arbeitsvorbereiters ist nicht vonnöten. Die Stapelverarbeitung bleibt trotzdem von der Terminalbenutzung gelöst, was ja eine Voraussetzung für einen effizienten Rechenzentrumsbetrieb ist.

Die zentrale Tabellendatei und die Aktivitätendatei bilden den Kern eines gut organisierten Softwaresystems. Zusammen können Sie die Interaktionen einer beliebigen Anzahl Programme auf einheitliche Weise regeln. Die Zusammenhänge zwischen den Systemkomponenten werden in Abbildung 3.24 dargestellt. Nach diesem Schema läßt sich jedes Softwaresystem der kommerziellen Datenverarbeitung zusammenstellen.

3.4 Kontrollfragen bzw. -übungen

1. Nennen Sie die drei Kategorien von Dateien in einem Anwendungssystem.

2. Wozu dient die Aktivitätendatei?

3. Welche Informationen werden in der Tabellendatei gespeichert?

4. Geben Sie die drei Kategorien von Programmen in einem Anwendungssystem an.

5. Nennen Sie die wichtigsten Funktionen eines Datenbankpflegeprogramms.

6. Nennen Sie die wichtigsten Veränderungen, die von Transformationsprogrammen durchgeführt werden.

7. Was ist ein Starterprogramm?

8. Welche Vorteile bringt die Anwendung von standardisierten Programmen mit sich?

4 Von den Dokumenten zur Benutzeroberfläche

Nach Durchführung der im zweiten Kapitel beschriebenen Ist-Aufnahme bietet die SIABA-Datenbank eine gute Grundlage für die Definition eines Prototyps. In dieser Informationssammlung sind jedoch viele wichtige Erkenntnisse in impliziter Form enthalten, die erst durch weitere Analysen herausgearbeitet werden müssen, bevor Vorschläge zur Sollkonzeption erarbeitet werden können. In diesem Kapitel werden die erweiterte Analyse des Ist-Zustandes, die Aufstellung alternativer Sollkonzeptionen und die Durchführung von Kosten-Nutzen-Vergleichen erläutert.

4.1 Analyse des Ist-Zustandes

4.1.1 Das Netz der logischen Informationsflüsse

Im zweiten Kapitel sind die Kriterien zur Auswahl der kritischen Dokumente erklärt worden: die kritischen Dokumente sind diejenigen, die mit einsparungsträchtigen Aufgaben zusammenhängen oder eine hohe Nutzungsbreite haben. Diese Dokumente bilden die Basis für die Entwicklung der Benutzeroberfläche und müssen deswegen genauer analysiert werden. Im zweiten Kapitel ist auch das Verfahren erklärt worden, wie die kritischen Dokumente durch die ABC-Analysen ermittelt und gekennzeichnet werden. Die durch die ABC-Analysen markierten Dokumente sind allerdings nicht die einzigen wichtigen Dokumente. Jedes dieser Dokumente hat eine Entstehungsgeschichte, die durch die logischen Informationsflüsse bestimmt ist. In einem logischen Flußdiagramm werden die Quellendokumente eines Dokuments gezeigt. Diese Quellendokumente können aber selbst aus anderen Quellendokumenten hervorgehen, die wiederum von anderen Dokumenten abgeleitet sind. Auf diese Weise kann ein logischer Informationsfluß über eine lange Reihe von Dokumenten fließen. Die logischen Informationsflüsse einer Organisation bilden deswegen ein Netz, das recht komplex werden kann. Abbildung 4.1 zeigt ein vereinfachtes Beispiel eines solchen Netzes. Wenn sich ein bestimmtes Dokument als kritisch herausstellt, dann sind alle seine logischen Vorgängerdokumente auch wichtig. Ist z.B. die in Abbildung 4.1 gezeigte Liste der offenen Posten kritisch, so sind auch alle links von ihr

Abbildung 4.1: Beispiel eines Netzes der logischen Informationsflüsse

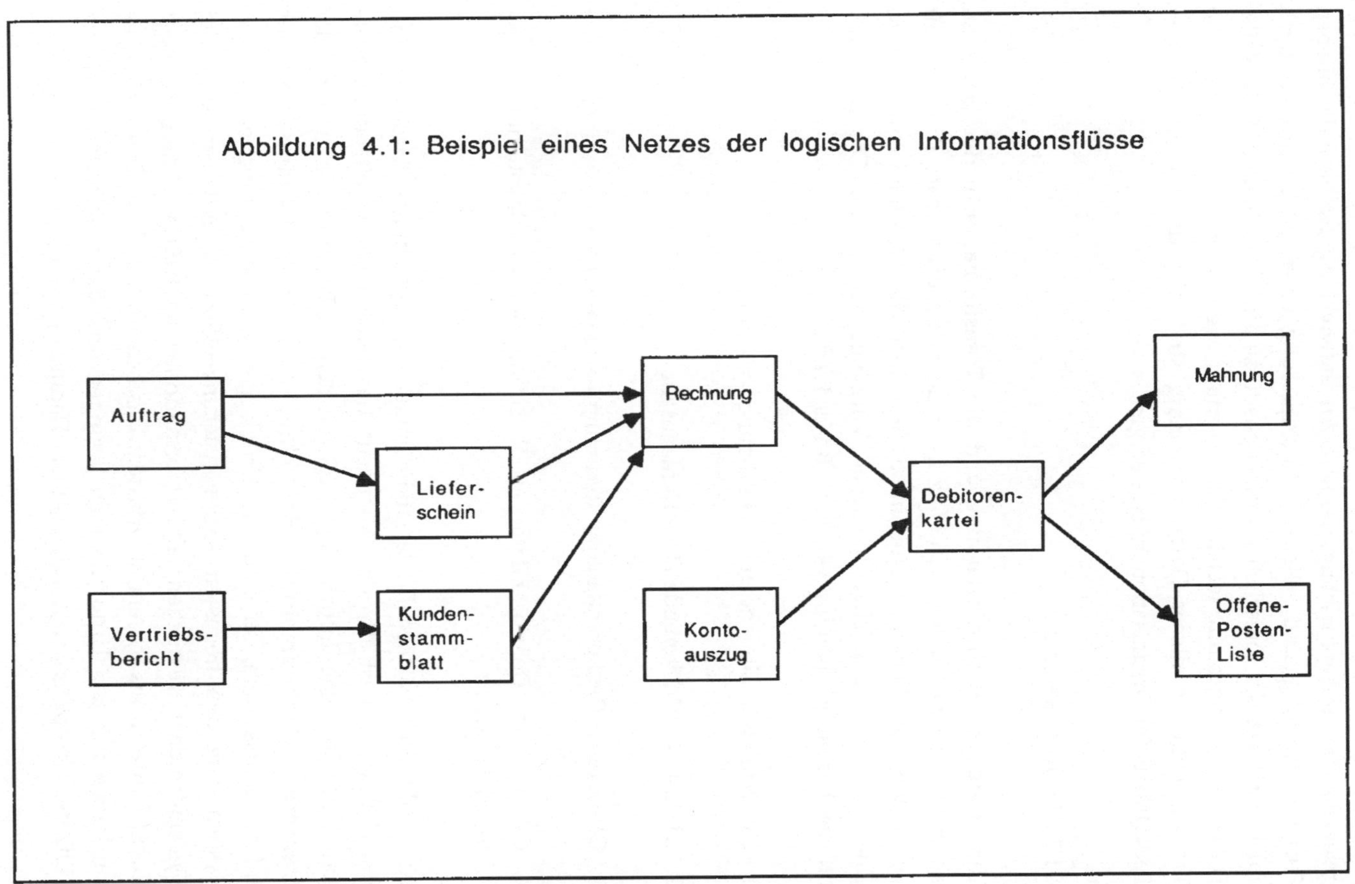

gelegenen Dokumente wichtig, da diese zur Entwicklung der Liste der offenen Posten notwendig sind. Bei der Konzipierung eines Informationssystems spielt das Netz der logischen Informationsflüsse eine ausschlaggebende Rolle. Dieses Netz bestimmt, welche Daten erfaßt werden müssen und welche Transformationen dieser Daten notwendig sind, um die informationellen Bedürfnisse der Organisation zu befriedigen.

4.1.2 Die Urdokumente

Um Strategien für die Erfassung und die Transformationen der Daten zu entwickeln, ist es nützlich, das Netz in Pfade zu zerlegen. Jeder Pfad verläuft von einem gegebenen Dokument zurück über die Quellendokumente zu einem der ursprünglichen logischen Vorgängerdokumente. Die Liste der offenen Posten in Abbildung 4.1 hat z.B vier Pfade:

1. OP-Liste => Debitorendatei => Rechnung => Auftrag

2. OP-Liste => Debitorendatei => Kontoauszug

3. OP-Liste => Debitorendatei => Rechnung => Lieferschein => Auftrag

4. OP-Liste => Debitorendatei => Rechnung => Kundenstammblatt => Vertriebsbericht

Am Ende eines solchen Pfades steht immer ein sogenanntes "Urdokument". Ein Urdokument ist also ein Dokument, das selbst keine Quellendokumente hat. Jeder logische Informationsfluß hat seinen Ursprung in einem oder mehreren Urdokumenten. Betrachtet man eine Organisation als Informationssystem, so sind die Urdokumente exogene Eingaben in das System. Um den höchsten Rationalisierungseffekt zu erzielen, sollte der Systemdesigner versuchen, alle Informationen so früh wie möglich nach ihrem Eintreten ins System zu erfassen. Das bedeutet, daß die Datenerfassung am besten mit den Urdokumenten beginnen und die Transformationen mit Hilfe des Computers stattfinden sollten. Dadurch entstehen mehrere Vorteile:

Abbildung 4.2: Analyse der logischen Vorgänger
der kritischen Dokumente

---Kritische Dokumente----------   --------------Vorgängerdokumente----------

Dok.-Nr.	Beschreibung	Benutzer-AGs	Pfad	Dok.-Nr.	Beschreibung	Entstehungs-AG
4711	OP-Liste	1005	1	4712	Debitorenkartei	1212
		1212		6001	Rechnung	1212
				5454	Auftrag	1003
			2	4712	Debitorenkartei	1212
				6001	Rechnung	1212
				6003	Lieferschein	1004
				5454	Auftrag	1003

- Die notwendigen Transformationen können mit weniger menschlichem Aufwand erledigt werden.

- Nützliche Transformationen (in erster Linie mathematische und statistische Analysen) können vorgenommen werden, die auf manueller Basis überhaupt nicht oder nicht in der erforderlichen Zeit durchführbar sind.

Einen guten Überblick über die Transformationen der betrieblichen Informationsflüsse bietet die in Abbildung 4.2 veranschaulichte Analyse der logischen Vorgänger der kritischen Dokumente. Hier sind die oben beschriebenen Pfade zu den Urdokumenten in Listenform gezeigt. Den Angaben der kritischen Dokumente sind die Codes der Arbeitsgruppen, die diese Dokumente benutzen, hinzugefügt. Zu jedem logischen Vorgängerdokument werden auch die Codes der Arbeitsgruppen, in denen die Dokumente entstehen, angezeigt. Diese Liste kann aus der SIABA-Datenbank unter Verwendung der Dateien der logischen und physischen Informationsflüsse automatisch erstellt werden. Eine solche Analyse ist ein nützlicher Leitfaden für die Recherchen des Systemdesigners. Er sieht so auf einen Blick die kritischen Dokumente, wo sie benutzt werden und wie und wo sie entstehen. Diese Aufstellung in Verbindung mit den entsprechenden Arbeitsplatz-Aufgaben-Dokumente-Matrizen und den Listen der Aufgaben und Arbeitsschritte bietet einen bündigen Überblick über den Ist-Zustand des Informationswesens der untersuchten Firma oder organisatorischen Einheit.

4.1.3 Die Erweiterung der Datenelementanalyse

Während der Ist-Aufnahme sind die kritischen Dokumente in ihre Datenelemente zerlegt worden. Diese Analyse muß nun anhand der in Abbildung 4.2 gezeigten Liste auf die Vorgängerdokumente ausgedehnt werden. Die Datenelemente von jedem Dokument in jedem Pfad müssen ermittelt und festgehalten werden. Alle Datenelemente werden entweder von Vorgängerdokumenten übernommen oder durch Transformationen anderer Datenelemente entwickelt. Die Transformationsregeln müssen in der Datenelementregeldatei erfaßt werden, falls das während der Ist-Aufnahme noch nicht geschehen ist. Nach Abschluß dieser Analyse muß es möglich sein, den Entstehungsweg jedes Datenelements in jedem kritischen Dokument bis zu den Datenelementen der Urdokumente zurückzuverfolgen. Nur dann hat der Systemdesigner einen hinreichenden Überblick über die Informationsbeziehungen des Ist-Zustandes, um einen Vorschlag für den Soll-Zustand zu entwickeln.

4.1.4 Die Erweiterung der Arbeitsplatzanalyse

Die erweiterte Datenelementanalyse deckt möglicherweise Lücken hinsichtlich der Arbeitsplatzanalyseder Ist-Aufnahme auf. So kann man nämlich beim Zurückverfolgen der Datenelemente bis zu den Urdokumenten auf Arbeitsgruppen treffen, die in der ursprünglichen Ist-Aufnahme nicht analysiert worden sind. Dies muß dann nachgeholt werden. Dabei müssen zuerst Arbeitsplatz-Aufgaben-Dokumente-Matrizen für jede dieser Arbeitsgruppen angefertigt und anschließend die Aufgaben in ihre Arbeitsschritte zerlegt werden. Diese Erweiterung der Arbeitsplatzanalyse ist deswegen notwendig, weil diese Arbeitsgruppen möglicherweise für die Erfassungs- und Transformationsstrategien der Sollkonzeption wichtig sind.

4.2 Die Entwicklung der Sollkonzeption

4.2.1 Die Rolle der SIABA-Datenbanken

Anhand der in der SIABA-Datenbank gespeicherten Informationen wird die Sollkonzeption Schritt für Schritt aufgebaut. Als Ausgangsbasis dafür benutzt man am besten eine Kopie der SIABA-Datenbank. Die Daten in der SIABA-Datenbank bilden ein Modell des Ist-Zustandes der Organisation. Der Soll-Zustand kann nach dem gleichen Modell abgebildet werden. Zwar werden die Informationsträger im Soll-Zustand normalerweise in Form von Bildschirmmasken und Computerlisten dargestellt, aber sie werden ähnliche Beziehungen zu den Aufgaben haben, wie die überwiegend manuellen Informationsträger des Ist-Zustandes. Es ist nämlich sehr wichtig, die Dokumenten-Aufgaben-Beziehungen des neuen Systems zu verstehen, um Akzeptanz und Relevanz des konzipierten Systems zu gewährleisten. Deswegen sollten diese Beziehungen gleich beim Entwurf der Masken und Listen berücksichtigt werden. Das heißt, die neuen Masken und Listen sollen, wie die Dokumente des Ist-Zustandes, den entsprechenden Aufgaben zugeteilt werden. Anschließend muß es möglich sein, Arbeitsplatz-Aufgaben-Dokumente-Matrizen für das konzipierte System zu erstellen. Das neue System wird auch stellenweise Veränderungen der Aufgaben und Arbeitsschritte unumgänglich machen. Vorschläge zur Gestaltung der neuen Arbeitsabläufe sollten deswegen als Teil des neuen Konzeptes gleichzeitig mit entwickelt werden.

Durch das Kopieren der SIABA-Datenbank erhält der Systemdesigner ein Bild der Organisation, das er nach Belieben umformen kann, bis eine geeignete Sollkonzeption erreicht wird. Es können auch mehrere Kopien der SIABA-Datenbank angefertigt werden, um mit alternativen Sollkonzeptionen experimentieren zu können. (Dabei ist es wichtig, die ursprüngliche Version der Datenbank unversehrt zu archivieren, damit der Ist-Zustand vor allen

Veränderungen dokumentiert ist.) Jede Kopie der SIABA-Datenbank definiert am Ende der Designphase einen denkbaren Zustand der Organisation und bietet deswegen eine überschaubare Entscheidungsgrundlage. Im ersten Kapitel ist die mangelnde Anpassung der Software an die betriebliche Realität als Hauptursache des Fehlschlagens von Rationalisierungsprojekten angegeben worden. Durch die Systemplanung im Rahmen eines vollständigen Unternehmensmodells kann dieses Problem weitgehend vermieden werden.

4.2.2 Die zwei Arten der Rationalisierung

Beim Entwurf des Soll-Zustandes strebt man Einsparungen durch Rationalisierung von Sachbearbeitertätigkeiten sowie Vorteile durch Verbesserung der Planung und Steuerung an. Die Rationalisierung von Sachbearbeitertätigkeiten ist normalerweise relativ einfach zu konzipieren, da es sich meistens um leicht erkennbare Verbesserungen des Ist-Zustandes handelt. Erfahrungsgemäß sind diese Verbesserungen finanziell jedoch in der Regel nicht annähernd so bedeutend wie die Verbesserung der Planungs- und Steuerungsmechanismen. Aus diesem Grund sollte man bei der Aufstellung einer Sollkonzeption diese Art der Rationalisierung immer vorrangig behandeln.

Die Rationalisierung der Planung und Steuerung stellt deshalb die komplexere Aufgabe dar, weil die betreffenden Informationsträger oftmals noch gar nicht existieren: Die kritischen Dokumente fehlen und müssen zuerst entworfen werden. Danach wird es notwendig, die logischen Vorgängerdokumente zu suchen, wobei es möglich ist, daß die erforderlichen Informationen noch nirgendwo in der Organisation vorhanden sind. Aus diesem Grund muß der Systemdesigner unter Umständen vollkommen neue Informationsflüsse entwerfen, was tiefgreifende organisatorische Anpassungen erforderlich machen kann. In der Praxis stehen jedoch die meisten benötigten Datenelemente in der Regel irgendwo in der Organisation in irgendeiner Form bereits zur Verfügung. Der Systemdesigner muß dann lediglich die erwünschte Entscheidungsgrundlage als Informationsträger entwerfen und wie die anderen kritischen Dokumente an die bestehenden Informationsflüsse anbinden.

4.2.3 Die Analyse der Probleme und Ziele

Bei der Entwicklung von Strategien zur Verbesserung der Planung und
Steuerung geht man von den während der Ist-Aufnahme ermittelten
Problemen und Zielen aus und leitet daraus die Informationsbedürfnisse der
Entscheidungstreffenden ab. Der Systemdesigner darf in diesem Prozeß nicht
allzu viele Hilfe von den betreffenden Managern erwarten, denn diese sind
selten in der Lage, ihre Informationsbedürfnisse hinreichend zu definieren.
Das liegt teilweise an den mangelnden Kenntnissen über die Möglichkeiten
der Informationstechnik, teilweise an einem fehlenden Überblick über die
Informationsressourcen des Unternehmens. Deswegen ist es ratsam, sich auf
die zur Erreichung der Ziele bzw. zur Lösung der Probleme notwendigen
Entscheidungen zu konzentrieren. Um diese Entscheidungen kompetent
treffen zu können, werden entsprechende Informationen benötigt. Der
Systemdesigner muß daher ermitteln, welche Informationen die
Entscheidungsprozesse günstig beeinflussen könnten.

Um die zur Entscheidungsfindung notwendigen Informationen zu ermitteln,
müssen die verschiedenen Entscheidungstypen analysiert werden. Manager
treffen drei Arten von Entscheidungen: strategische, taktische und
operationelle. Der Systemdesigner muß deswegen nach Informationen suchen,
die bei den folgenden Entscheidungsprozessen hilfreich sein könnten:[1]

1. Ausfindigmachen von neuen unternehmerischen Projekten (strategische
   Entscheidungsprozesse)

2. Definition von Globalzielen und Strategien für das Unternehmen
   (strategische Entscheidungsprozesse)

3. Beurteilung von Zielen und Strategien (strategische Entscheidungsprozesse)

---

[1] Robert G. Murdick, Joel E. Ross, *Information Systems for Modern Management*,
Engelcliffs, N.J.: Prentice Hall, 1975, S. 367

4. Entwicklung von Marketing-Systemen, Fertigungssteuerungssystemen, Planungs- und Dispositionssystemen, Finanzsystemen und sonstigen Systemen, die das operationelle Verhalten des Unternehmens günstig beeinflussen (operationelle Entscheidungsprozesse)

5. Entwicklung von Leistungsstandards sowie Meß- und Kontrollmethoden für sowohl langfristige als auch operationelle Tätigkeiten (taktische und operationelle Entscheidungsprozesse)

6. Steigerung von Effektivität (Erreichen von Zielen) und Effizienz (Kostenreduzierung) (taktische und operationelle Entscheidungsprozesse)

7. Vermeiden von Fehlern (strategische, taktische und operationelle Entscheidungsprozesse)

Diese Informationssuche hat bereits während der Ist-Aufnahme begonnen und muß nun fortgeführt und vertieft werden. Einen Teil der zur Unterstützung der Entscheidungsprozesse notwendigen Informationen hat der Systemdesigner schon für die Schätzung des Einsparungspotentials ermitteln müssen. Dabei hat er einen Rationalisierungsansatz ins Auge gefaßt, den er jetzt konkretisieren, ausbauen und verfeinern muß.

Der Konkretisierungsprozeß besteht hauptsächlich im Entwerfen von Bildschirmmasken und Listen, deren Inhalte die Entscheidungsprozesse beeinflussen werden. Beim Entwurf von Masken und Listen ist der Systemdesigner gezwungen, konkrete Konzepte auf Datenelementebene aufzustellen. Die in der SIABA-Datenbank gespeicherten Ist-Daten können hierbei behilflich sein. Die Entscheidungsprozesse der Manager sind als Aufgaben, die dazugehörigen Informationsträger als Dokumente aufgezeichnet. Viele für den Entwurf der neuen Informationsträger notwendigen Datenelemente können aus diesen Dokumenten abgelesen werden.

Die Datenelemente des Ist-Zustandes genügen jedoch nicht immer, um die neuen Informationsträger zu konzipieren. Manche Entscheidungsprobleme resultieren gerade aus einem Informationsmangel. In diesem Fall müssen

Abbildung 4.3: Beispiel eines Fragebogens zur Ermittlung
der Informationsbedürfnisse

Position: Marketing-Manager

1. Welche Informationen benötigen Sie zur Schätzung des
    Marktpotentials bzw. zur Vertriebsvorhersage?

2. Wären zusätzliche Informationen über den strukturellen
    Wandel unserer Branche wie z.B. über Fusionen, neue
    Konkurrenten usw. hilfreich?

3. Welche Informationen wären zur Preisfindung nützlich?

4. Brauchen Sie zusätzliche Informationen über Kunden?

5. Welche Informationen würden dem Ausfindigmachen, der
    Beurteilung und der Auswahl neuer Produkte dienen?

6. Welche zusätzlichen Informationen wären erforderlich, um
    Entscheidungen über Produktmix, Produktlinien, Gewähr-
    leistungspolitik und Preis-Qualitäts-Kombinationen
    zu treffen?

7. Welche zusätzlichen Informationen wären für die Steuerung
    des Vertriebs wünschenswert?

8. Welche Informationen wären für die Gestaltung der
    Werbungspolitik hilfreich?

9. Erhalten Sie z.Z. ausreichende Informationen über neue
    Technologien, über staatliche Maßnahmen bzw.
    Rechtsfragen?

10. Benötigen Sie zusätzliche Informationen über Verteilungs-
    kanäle, über physische Verteilung?

Datenelemente ermittelt werden, die im Ist-Zustand noch nicht vorhanden waren. Dabei gibt es drei Methoden, den zusätzlichen Informationsbedarf festzustellen:

- die Befragung der Manager mit herkömmlichen Mitteln z. B. mit Erhebungsbögen oder Interviews

- die Durchleuchtung der Entscheidungsprozesse mit Mitteln der künstlichen Intelligenz

- das Heranziehen bekannter Modelle und Techniken zur Entscheidungsfindung

4.2.3.1 Befragung der Manager

Die Ermittlung des zusätzlichen Informationsbedarfs macht oft eine nochmalige Befragung des betreffenden Managers erforderlich. Ein Beispiel eines entsprechenden Fragebogens ist in Abbildung 4.3 gezeigt.[1] Hiermit wird ein Marketing-Manager ganz gezielt nach seinen Informationsbedürfnissen befragt. Im Gegensatz zu der Ist-Aufnahme handelt es sich jedoch hier um neue Informationen, die im Ist-Zustand in dieser Form noch nicht vorhanden sind. Der Systemdesigner verwendet die Antworten dieser Befragung, um Vorschläge zur Gestaltung von Masken und Listen zu machen. Diese sollten als Beispiele mit echten Daten, am besten in einem Textverarbeitungssystem, abgefaßt werden. Für jedes Masken- und Listenbeispiel ist eine kurze verbale Anwendungsbeschreibung anzufertigen. Die Beispiele können dann gedruckt und dem betreffenden Manager mit folgender Frage vorgelegt werden: "Wenn diese Informationsträger zur Verfügung stünden, wären Sie dann in der Lage, das Entscheidungsproblem zu lösen?" Fällt die Antwort negativ aus, so müssen die Vorlagen revidiert und verfeinert werden.

---

[1] Robert G. Murdick, Joel E. Ross, *Information Systems for Modern Management*, Engelwood Cliffs, N.J.: Prentice Hall, 1975,S. 368

4.2.3.2 *Einsatz von künstlicher Intelligenz*

Ein bei der Befragungsmethode häufig auftretendes Problem sind die unzureichenden Kenntnisse des Systemdesigners über den Ablauf der Entscheidungsprozesse. Um die Befragung sinnvoll zu gestalten, muß der Systemdesigner die Parameter des Entscheidungsprozesses genau verstehen. Diese Entscheidungsabläufe sollten zwar bereits als Arbeitsschritte in der Arbeitsschrittedatei vorliegen, sind dort aber oft nicht präzise genug erfaßt. Ohne einen Entscheidungsprozeß detailliert zu überblicken, ist es aber kaum möglich, die für seine Bewältigung notwendigen Informationen zu definieren. Eine Möglichkeit, das nötige Detailwissen zu erlangen, besteht darin, künstliche Intelligenz einzusetzen. Es gibt mittlerweile preiswerte Expertensysteme, die auf PCs laufen und in kurzer Zeit erlernbar sind. Sie können für den Systemdesigner ein sehr nützliches Werkzeug sein. Solche Systeme verwalten sogenannte Wissensbasen, das sind Dateien, die Regeln, Entscheidungsfaktoren und Vorschläge beinhalten. Eine Wissensbasis wird von einer Inferenzmaschine verarbeitet, das ist ein Programm, das im interaktiven Modus Fragen stellt und anhand der eingegebenen Antworten Vorschläge unterbreitet. Die besseren Systeme können externe Informationsträger wie Texte, Graphiken oder Ausgaben eines Tabellenkalkulationsprogramms als Erläuterungen in das Frage-und-Antwort-Spiel mit einbeziehen. Der Entscheidungsprozeß eines Managers kann in dieser Form abgebildet werden. Die Vorschläge sind dann die Entscheidungen, die ein Manager unter den gegebenen Umständen fällen würde.

Diese Software kann deduktiv oder induktiv verwendet werden. Bei dem **deduktiven** Einsatz wird durch die Definition einer Logiktabelle mit Regeln, Fakten und Vorschlägen ein Expertensystem aufgestellt. Diese Vorgehensweise ist angebracht, wenn ein wirklicher Experte zur Verfügung steht. Die Logiktabelle gibt dem Systemdesigner einen klaren Überblick über den Entscheidungsablauf; die Fakten und die eventuellen externen Datenträger liefern Hinweise über die notwendigen Informationen. Anhand dieser Logiktabelle können die Daten der Arbeitsschritte-, der Datenelemente- und der Dokumentendatei präzisiert werden.

Die **induktive** Verwendung besteht in der Auswertung von Beispielen. Diese Vorgehensweise ist angebracht, wenn kein Experte zur Verfügung steht oder aus irgendeinem anderen Grund die Entscheidungslogik nicht klar ist. In diesem Fall wird der Entscheidungsprozeß in Faktoren, die unterschiedliche Werte haben können, und Resultate, die die denkbaren Entscheidungen darstellen, unterteilt. Dann wird eine möglichst vollständige Sammlung von Beispielen erfaßt. Anhand dieser Beispiele erarbeitet das KI-System automatisch die logischen Regeln. Diese Technik ist besonders nützlich, wenn die in einer Sammlung von historischen Daten impliziten Regeln ermittelt werden müssen. Anschließend sollen die Daten der Arbeitsschritte-, der Dokumenten- und der Datenelementedatei den gewonnenen Erkenntnissen angepaßt werden.

4.2.3.3 Heranziehen bekannter Modelle und Techniken

Eine weitere Methode zur Ermittlung der für die Gestaltung der neuen Informationsträger notwendigen Datenelemente besteht im Heranziehen bekannter Modelle und Techniken. Es gibt für fast jeden Aspekt eines Unternehmens gut erprobte allgemeine Lösungsansätze, die teilweise oder ganz übernommen werden können. Solche Lösungsansätze sind in Lehrbüchern, Fachveröffentlichungen und Softwarehandbüchern zu finden. Ist dem Systemdesigner kein Modell für ein bestimmtes Entscheidungs-problem aus der Erfahrung bekannt, so empfiehlt sich eine systematische Durchforschung dieser Quellen. Anhand der so gefundenen Lösungsansätze kann der Systemdesigner Vorschläge für neue Informationsträger ausarbeiten. Wie bei der Befragungsmethode sollten diese Vorschläge in Form von Masken- und Listenbeispielen mit aktuellen Daten und Anwendungs-beschreibungen verfaßt und dem betreffenden Manager zur Diskussion vorgelegt und gegebenenfalls iterativ verfeinert werden.

4.2.3.4 Speicherung der Analyseergebnisse

In der Praxis ist sowohl die Befragung der Manager als auch die Erforschung von Musterlösungen unerläßlich, um eine optimale Benutzeroberfläche für Managemententscheidungen zu gestalten. Beide Methoden werden so lange

abwechselnd angewandt, bis der betreffende Manager von der Nützlichkeit der
entworfenen Bildschirmmasken und Listen überzeugt ist. Anschließend
werden die Masken und Listen als neue Informationsträger der Soll-Version
der SIABA-Datenbank hinzugefügt und gleich als kritische Dokumente
gekennzeichnet. In der Dokumentendatei kann nun auch das Feld
"Systemname" mit der Bezeichnung des zu entwickelnden Informationssystems ausgefüllt werden. Dieses Feld kann später benutzt werden, um alle
Informationsträger des computergestützten Informationssystems unter einem
Oberbegriff zusammenzusuchen und diese von den Informationsträgern des
manuellen Informationssystems unterscheidbar zu machen. Wie bei den
Dokumenten der Ist-Aufnahme müssen die Bildschirmmasken und Listen
den betreffenden Aufgaben bzw. Entscheidungsprozessen zugeordnet werden.
Auch die Arbeitsschritte dieser Aufgaben müssen gegebenenfalls den neuen
Informationsträgern angepaßt werden. Wird z.B. eine für eine bestimmte
Aufgabe benutzte manuelle Kartei durch eine Bildschirmanzeige ersetzt, so
verändern sich auch die mit dieser Aufgabe verbundenen Arbeitsschritte.
Neue Arbeitsschritte zum Abrufen des Programms kommen z.B. hinzu,
andere Arbeitsschritte, die nun vom Computer erledigt werden können,
entfallen. Alle derartigen Veränderungen sind in der SIABA-Datenbank zu
dokumentieren, damit die organisatorischen Auswirkungen des konzipierten
Systems klar erkennbar werden.

Nach dem Entwurf der neuen Informationsträger und deren Zuordnung zu
den betreffenden Aufgaben werden die dazugehörigen Datenelemente in der
Datenelementedatei gespeichert. Hierfür müssen auch Anbindungen an die
bestehenden Informationsflüsse gesucht werden. Das bedeutet, daß
Quellendokumente, Quellendatenelemente und Datenelementregeln zu
ermitteln sind. Finden sich keine geeigneten Quellendokumente, so gibt es die
Möglichkeit, entweder neue Quellendokumente zu konzipieren oder aber
neue externe Datenquellen (wie z.B. öffentliche Datenbanken oder
Datendienste) ausfindig zu machen. Auf jeden Fall müssen entsprechende
Urdokumente festgelegt werden, die der Erfassung der notwendigen
Informationen dienen. Die Aufstellung solcher neuen Informationsflüsse
kann die Definition von neuen Aufgaben oder gar die Einrichtung von neuen
Arbeitsplätzen erforderlich machen. Auch diese Informationen müssen in der
Arbeitsplatzdatei der Aufgabendatei und der Arbeitsschrittedatei festgehalten

Abbildung 4.4:   Matrix der Informationsquellen und -ausgaben

Vor der Analyse

Informationsausgaben (Spalten) / Informationsquellen (Zeilen)

Informationsquellen	Barwertanalyse	Bedarfsanalyse	Bestandskartei	Bestandsliste	Debitorenkartei	Dispoliste	Frachtpapiere	Kommissionierliste	Kundenstammblatt	Lieferschein	Mahnung	MWST-Bericht	Offene Bestellungen	OP-Liste	Rechnung	Umsatzbericht	Verkaufsstatistik	Vormerkung
Abgabenliste												•						
Auftrag										•					•			
Bestandskartei						•												
Debitorenkartei											•			•				
Dispo-Anweisung							•											
Kontoauszug					•													
Kontenspiegel	•																	
Kundenstammblatt																•		
Lagerbericht		•																
Lagerschein													•					
Lagerspiegel			•															
Lieferanweisung									•									
Lieferschein																	•	
Rechnung					•													
Reservierungsanweisung																		•
Umsatzbericht		•																
Verkaufsstatistik																•		
Vertreterabrechnung																	•	
Vertriebsbericht								•										

Nach der Analyse

Informationsquellen	Barwertanalyse	Bedarfsanalyse	Bestandskartei	Bestandsliste	Debitorenkartei	Dispoliste	Frachtpapiere	Kommissionierliste	Kundenstammblatt	Lieferschein	Mahnung	MWST-Bericht	Offene Bestellungen	OP-Liste	Rechnung	Umsatzbericht	Verkaufsstatistik	Vormerkung
Auftrag		•	•	•		•		•		•			•		•		•	•
Debitorenkartei	•	•									•			•				
Kontoauszug	•			•														
Kundenstammblatt						•	•									•		
Lieferschein			•	•		•							•			•	•	
Rechnung	•			•								•			•			
Vertriebsbericht								•										

werden, da sie einen erheblichen Einfluß auf die Wirtschaftlichkeitsanalyse haben. Dabei müssen die Zusatzkosten, die durch diese neuen Aufgaben entstehen, als negatives Einsparungspotential in der Aufgabendatei aufgezeichnet werden.

Durch diesen Vorgang werden der Datensammlung der Ist-Aufnahme die für die Verbesserung der Planung und Steuerung notwendigen Listen und Bildschirmmasken hinzugefügt. Jetzt müssen Datenerfassungs- und -transformationsstrategien entwickelt werden, die die effiziente Aufbereitung dieser Informationsträger gewährleisten und die möglichen Einsparungen durchRationalisierung der Sachbearbeitertätigkeiten herbeiführen.

4.2.4 Der Entwurf der Datenerfassungs-, Transformations- und Anzeigestrategien

Nach Einbindung der für die Verbesserung der Planung und Steuerung notwendigen Listen und Masken in die bestehenden bzw. neuen Informationsflüsse ist die Datensammlung für die Sollkonzeption vollständig. Diese Datensammlung weist jedoch zu diesem Zeitpunkt in der Regel einen unakzeptablen Grad an Redundanz auf. Das hängt damit zusammen, daß die Daten durch viele nicht-integrierte, manuelle Subsysteme verwaltet werden, weil es in den meisten Unternehmen viele Gruppen gibt, die mehr oder weniger isoliert voneinander arbeiten. Diese Gruppen benutzen und verarbeiten oft die gleichen Daten, ohne davon zu wissen. Das führt zu einer unnötigen Vervielfältigung der gleichen oder ähnlichen Arbeitsgänge, was natürlich überflüssigen Arbeitsaufwand und mangelnde Konsistenz der Daten bedeutet. Durch Analyse und Integration ist es möglich, die Anzahl der Datenquellen zu reduzieren und dadurch eine bessere Ökonomie der Datenverarbeitung zu erlangen. Als Nebeneffekt dieser Bemühung werden auch Einsparungen durch Rationalisierung der Sachbearbeitertätigkeiten realisiert.

Die Vorgehensweise bei der Datenanalyse und Integration wird am besten durch eine Matrix der Informationsausgaben mit den dazugehörigen Informationsquellen veranschaulicht. Diese Matrix ist eine alternative

Darstellung der logischen Informationsflüsse und kann aus der SIABA-Datenbank ohne weiteres automatisch erstellt werden. Abbildung 4.4 zeigt eine vor und eine nach der Analyse erstellte Matrix der Informationsquellen und -ausgaben. Durch die Überprüfung der Informationsquellen und -ausgaben sowie deren Datenelemente und Entstehungsregeln entdeckt der Systemdesigner viele Redundanzen und kann sie eliminieren. Bestimmte Datenquellen werden wegfallen, andere von einer größeren Anzahl Mitarbeiter genutzt werden. Am Ende dieses Prozesses ist die Ausnutzung der Informationsressourcen durch Integration beträchtlich erhöht.

Ausgehend von diesen neu gewonnenen Erkenntnissen soll die in Abbildung 4.2 gezeigte Analyse der logischen Vorgänger der kritischen Dokumente noch einmal vorgenommen werden. Die Eingabe ist dieses Mal aber die Soll-Version der SIABA-Datenbank, die nun auch die neuen Informationsträger beinhaltet. Anhand der Analyse der Vorgängerdokumente können geeignete Datenerfassungsstrategien entwickelt werden, die sich an den Urdokumenten orientieren. Es ist normalerweise zweckmäßig zu versuchen, die Urdokumente gleich in den Arbeitsgruppen zu erfassen, in denen sie entstehen oder zum ersten Mal die Systemgrenze der Organisation überqueren. Hierfür müssen Datenbankpflegeprogramme entworfen werden, die die Integration der Erfassungsarbeiten in die bestehenden Abläufe der betreffenden Arbeitsgruppen ermöglichen. Die ersten fünf der im dritten Kapitel beschriebenen Grundmuster sind die Bausteine für diese Aufgabe.

Sind die Datenelemente der Urdokumente erfaßt worden, so können die Nachfolgerdokumente durch Transformationen der betreffenden Datenelemente entwickelt werden, und zwar durch Umformatierung, Berechnung, Sortierung, Selektion, Verdichtung, Auflösung oder Ergänzung. Die Datenelementregeldatei gibt Aufschluß über die notwendigen Transformationen. Der Systemdesigner muß Prozesse entwerfen, die diese Transformationen möglichst maschinell herbeiführen können. Die vier im dritten Kapitel beschriebenen Muster für Transformationsprogramme dienen beim Entwurf der Prozesse als Modelle. Die Analyse der logischen Vorgänger der kritischen Dokumente ist hierbei sehr hilfreich: die kritischen Dokumente sind die Endziele der Transformationen, die Pfade von den Urdokumenten zu den kritischen Dokumenten zeigen die Entwicklungswege. Durch geeignete Transformationsprogramme können die Entwicklungswege meistens abgekürzt und dadurch Rationalisierungseffekte erzielt werden.

Manche Transformationen können bereits durch die Erfassungsprogramme im interaktiven Modus vorgenommen werden, und zwar diejenigen, die ohne das Lesen sehr vieler Sätze durchführbar sind. Andere Transformationen machen die Verarbeitung großer Datenmengen erforderlich und sind deswegen besser für die Stapelverarbeitung geeignet. In einem Lagerverwaltungssystem z.B. kann bei der Erfassung der Lagerbewegungen ohne weiteres die Bestandsinformation der Artikelstammdatei fortgeschrieben werden. Die Erstellung einer Bestellvorschlagsliste hingegen erfordert das Durchlesen der gesamten Artikelstammdatei und sollte daher zweckmäßigerweise im Rahmen der Stapelverarbeitung durchgeführt werden.

Der Systemdesigner muß die verschiedenen Transformationen untersuchen und entscheiden, welche im interaktiven Modus und welche im Stapelmodus erledigt werden sollten. Ausschlaggebend für diese Entscheidung sind drei Faktoren:

1. die zu verarbeitende Datenmenge

2. die Leistungsfähigkeit des TP-Monitors und des Datenbankverwaltungs- systems

3. das erwünschte Antwortzeitverhalten der interaktiven Prozesse (Minimalanforderung = weniger als 3 Sekunden)

Um die Prozesse des Informationssystems zu konzipieren, fängt der Systemdesigner mit den Verfahren zur Erfassung der Urdokumente an und arbeitet sich durch die logischen Entwicklungspfade zu den kritischen Dokumenten vor. Die Zwischendokumente auf jedem Pfad stellen die Knotenpunkte des Systems dar, an denen Transformationen vorgenommen oder zusätzliche Daten erfaßt werden müssen. Um eine geeignete Systemlösung vorschlagen zu können, muß man die Aufgaben-Dokumenten- Beziehungen an jedem Knotenpunkt verstehen. Bei der Untersuchung der manuellen Transformationen stellt sich oft heraus, daß manche Zwischendokumente nur der Erstellung anderer Dokumente dienen und sonst keinen direkten Bezug zu weiteren Aufgaben haben. Ein Beispiel hierfür ist ein Fakturierbogen, der als Arbeitsunterlage zur manuellen Erstellung einer Rechnung benutzt wird. Wird die Rechnung im Rahmen eines automatisierten Fakturierungssystems erstellt, so können der Fakturierbogen und die damit verbundenen Arbeitsschritte entfallen, da die notwendigen Datentransformationen vollständig vom Computer übernommen werden. In diesem Fall verschwinden sowohl das Zwischendokument als auch der Knotenpunkt. Dadurch wird das Informationssystem im Hinblick auf den manuellen Aufwand effizienter. Andere Zwischendokumente sind als Informationsträger für die Erledigung von bestimmten Aufgaben unentbehrlich und müssen deswegen beibehalten werden, können aber möglicherweise in einem nützlicheren Format oder mit weniger Aufwand erstellt werden.

Nach Festlegung der Datenerfassungs- und Transformationsstrategien sind die Darstellungsstrategien zu erarbeiten, die sich an den kritischen Dokumenten orientieren. Die Informationen werden entweder am Bildschirm angezeigt oder in Listenform gedruckt. Für die Bildschirmanzeigen werden abgemagerte Versionen der Datenbankpflegeprogramme eingesetzt. Die Speicherfunktionen werden aus diesen Programmen entfernt. Der Benutzer kann lediglich Daten abrufen, anzeigen und durchblättern. Die Listen werden mit Programmen erstellt, die den zwei im dritten Kapitel beschriebenen Musterprogrammen entsprechen. Die Aufstellung von Anzeigestrategien ist wichtig und zeitaufwendig, aber nicht besonders schwierig, da alle erwünschten Informationsträger in diesem Stadium des Projektes bereits vorliegen. Der Systemdesigner muß lediglich die Datenelemente der kritischen Dokumente zu Bildern zusammenfassen, die den Hardwaregegebenheiten und den Abläufen am Arbeitsplatz Rechnung tragen.

4.3 Kosten-Nutzen-Vergleiche

4.3.1 Schätzung der Entwicklungskosten

Ist eine Sollkonzeption in Form einer SIABA-Datenbank definiert worden, so ist es sehr einfach, die Entwicklungskosten zu schätzen. In den vorange-

Abbildung 4.5: Modulkostenliste

Programmodul	Beschreibung	geplante Kosten	Ist-Kosten
PPMS1000	Pflege der Personaldatei	1500	
PPMS2000	Pflege der Projektdatei	1800	
PPMS3000	Pflege der Produktdatei	1700	

gangenen Abschnitten ist die Vorgehensweise erklärt worden, wie die neuen Informationsträger als Listen und Masken in die Dokumentendatei aufgenommen werden. Die Benutzeroberfläche des konzipierten Systems geht aus der Teilmenge der Dokumentendatei hervor, die durch die Angabe eines Systemnamens und eines Programmnamens gekennzeichnet ist. Da alle für die Sollkonzeption verwendeten Musterprogramme das Prinzip "1 Programm = 1 Liste oder Maske" einhalten, liefert die Dokumentendatei einen guten Überblick über die für das konzipierte System notwendigen Programmodule. Die Handhabung eines Moduls für eine bestimmte Maske oder Liste geht aus der diesem Informationsträger zugeordneten Aufgabenbeschreibung bzw. aus den dieser Aufgabe zugeordneten Arbeitsschritten hervor. Durch das Feld PROGRAMMTYP wird auf die Nummer des Programmusters Bezug genommen. Da der Einsatz der Musterprogramme auf der Verwendung von wiederbenutzbaren Komponenten basiert, ist es einfach, einen Standardkostensatz pro Musterprogramm zu ermitteln. Sind diese Sätze einmal in einer Parametertabelle vorhanden, kann ein Programm alle Modulkosten automatisch berechnen.

Um die automatische Kostenrechnung durchzuführen, muß der System-designer alle in der Dokumentendatei gespeicherten Listen und Masken

Abbildung 4.6: Arbeitsgruppen-Programm-Matrix

Arbeitsgruppen \ Programme	PPMS1000	PPMS2000	PPMS2200	PPMS2300	PPMS2400	CCMS1000	CCMS1500	CCMS2000	CCMS2700	CCMS3000	CCMS4000	CCMS5000	CCMS5500	STAT1000	STAT2000
Buchhaltung	•	•					•								
Lager			•											•	•
Fertigung				•		•		•							
Vertrieb										•	•			•	•
Konstruktion					•				•						
Personal	•						•					•	•		

analysieren und bei jedem maschinell zu erzeugenden Informationsträger die Felder SYSTEMNAME, PROGRAMMNAME und PROGRAMMTYP ausfüllen. Durch den Systemnamen können die Programme verschiedenen Teilsystemen zugeordnet werden. Es ist meistens angebracht, sich hierbei an den über die Aufgaben zugeordneten Benutzergruppen zu orientieren, um die Teilsysteme voneinander abzugrenzen. Der Programmname identifiziert den Informationsträger als Teil eines Softwaresystems. Die Angabe des Programmtyps ermöglicht die automatische Standardkostenrechnung. Sind diese Felder in den betreffenden Sätzen der Dokumentendatei ausgefüllt, so kann der Systemdesigner einen Stapelverarbeitungslauf veranlassen, der die Programmkosten für jedes Modul errechnet und in der Dokumentendatei abspeichert. Dabei wird das Feld PROGRAMMKOSTEN im Dokumentensatz gefüllt. Anschließend kann der Systemdesigner dieses Feld abändern, wenn es Grund zu der Annahme gibt, daß der Standardkostensatz bei bestimmten Anwendungen nicht zutrifft; dies wird in der Praxis jedoch nur selten vorkommen.

Nach Durchführung der Standardkostenrechnung liefert die SIABA-Datenbank einen guten Überblick über das konzipierte Programmsystem. Die

Abbildung 4.7: Nutzen pro Arbeitsgruppe				
AG-Code	Arbeitsgruppe	Aufgabe	Geplante Einsparung	Ist-Einsparung
1000	Buchhaltung	Rechnungslegung	20.000	
1000	Buchhaltung	Erstellung OP-Liste	80.000	
1200	Vertrieb	Postwurfsendung	50.000	
1200	Vertrieb	Telefonverkauf	120.000	
1500	Lager	Bestellvorschläge	250.000	

in Abbildung 4.5 gezeigte Modulkostenliste kann nun erstellt werden und definiert den Umfang des Entwicklungsprojektes. Die Verteilung der Modulbenutzer steht bereits fest, sie wird in der SIABA-Datenbank durch die Aufgaben-Dokumente-Beziehungen definiert. Anhand dieser Informationen kann die in Abbildung 4.6 veranschaulichte Arbeitsgruppen-Programm-Matrix maschinell erstellt werden. Zusammen zeigen diese zwei Auswertungen, wie groß das konzipierte System ist, wie teuer die Module sind und wer sie benutzt.

4.3.2 Schätzung des Nutzens

Während die Kosten im SIABA-System in der Dokumentendatei geführt werden, wird der quantitative Nutzen als potentielle Ersparnisse in der Aufgabendatei gespeichert. An dieser Stelle sollte der Systemdesigner die Schätzungen für die prozentuale Reduzierung der Sachbearbeitertätigkeiten und die möglichen Vorteile durch Verbesserung der Planung und Steuerung überprüfen und gegebenenfalls dem jetzigen Stand der Systemkenntnisse anpassen. Bei Projektgenehmigungsverfahren spielen die Nutzungsschätzungen eine entscheidende Rolle und werden in der Regel äußerst kritisch überprüft. Aus diesem Grund ist es oft vorteilhaft, die Nutzenschätzungen mit Hilfe der betreffenden Manager iterativ zu verbessern, um einen überzeugenden Konsens herbeizuführen. Die in Abbildung 4.7 gezeigte Analyse des Nutzens pro Arbeitsgruppe ist dabei hilfreich. Diese Analyse zusammen mit der in Abbildung 4.6 veranschaulichten Arbeitsgruppen-Programm-Matrix dient als Diskussionsgrundlage.

Abbildung 4.8: Bildschirmmaske für die Barwertanalyse

ERSTELLUNG EINER BARWERTANALYSE MIT DEN FOLGENDEN PARAMETERN:

LAUFZEIT.......................................: __

ZINSSATZ......................................: __

DESIGNKOSTEN...............................: __________

WARTUNG ALS % DER GESAMTKOSTEN: ___

PF1 Einlesen	PF2 Vorwärts- blättern	PF3 Rückwärts- blättern	PF4 Einfügen	PF5 Ändern	PF6 Löschen	PF7 Aufbe- reiten	PF8 Hilfe	PF9 Vorschlag	PF10 Ende

4.3.3 Analyse und Dokumentation der Sollkonzeption

Sind die Standardkosten errechnet und die Nutzensangaben überarbeitet worden, dann bietet die SIABA-Datenbank eine quantitative Basis für weitere Analysen. Da alternative Sollkonzeptionen als getrennte SIABA-Datenbanken festgehalten werden, können diese Analysen auch zum Vergleich verschiedener Lösungsansätze dienen. Die Alternative mit den günstigsten quantitiven Merkmalen wird in den meisten Fällen bevorzugt.

Das wichtigste quantitative Merkmal einer Sollkonzeption ist der Nettonutzen. Der Nettonutzen wird anhand einer Barwertanalyse ermittelt. Bei der Barwertanalyse werden die Kosten und der Nutzen der Sollkonzeption über die Nutzungsdauer des Systems berechnet und abgezinst, so daß gegen-

Abbildung 4.9: Barwertanalyse

Zinssatz: 8,0 %   Laufzeit: 10 Jahre   Wartung als %: 70,0%

Jahr	Kosten	Barwert	Nutzen	Barwert
1	750.000	694.444		
2	194.444	166.704	400.000	342.936
3	194.444	154.356	400.000	317.533
4	194.444	142.922	400.000	294.012
5	194.444	132.335	400.000	272.233
6	194.444	122.533	400.000	252.068
7	194.444	113.456	400.000	233.396
8	194.444	105.052	400.000	216.108
9	194.444	97.270	400.000	200.100
10	194.444	90.065	400.000	185.277
Summen:		1.819.137		2.313.663
Netto-Nutzen:				494.526

wartsbezogene Geldbeträge verglichen werden können. Die Variablen in diesem Prozeß sind die Annahmen bezüglich Zinsrate und Lebensdauer des Softwaresystems. Die Softwareentwicklungskosten werden normalerweise dem ersten Nutzungsjahr zugeordnet, die erwarteten Wartungskosten den restlichen Nutzungsjahren jeweils anteilig zugerechnet. Der Nutzen ist bereits auf Jahresbasis in der Aufgabendatei gespeichert, er muß lediglich für die Lebensdauer des Softwaresystems hochgerechnet werden. Auf diese Weise kommen zwei Zahlenreihen zustande, eine für die Kosten und eine für den Nutzen, die die erwarteten künftigen Kosten und Nutzen für jedes Jahr der Nutzungsdauer darstellen. Um den heutigen Barwert zu ermitteln, werden die Werte jeder Zahlenreihe dann nach der folgenden Formel abgezinst:

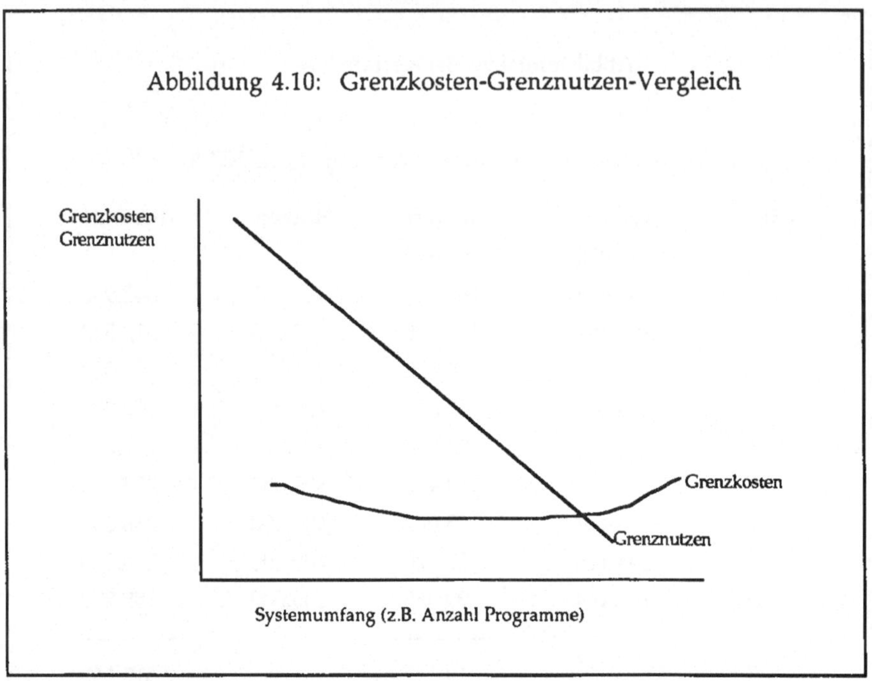

$$\sum_{i=1}^{n} \frac{V_i}{(1 + x)^i}$$

Hierbei sind die V-Werte die Werte der jeweiligen Zahlenreihe, x der Zinssatz und n die Anzahl der Perioden.

Diese Berechnungen können leicht maschinell vollzogen werden. Durch die in Abbildung 4.8 gezeigte Bildschirmmaske werden die notwendigen Parameter für einen Stapelprozeß erfaßt, der eine Barwertanalyse aus einer SIABA-Datenbank automatisch generiert. Neben Zinssatz und Lebensdauer wird auch der Prozentsatz der Gesamtkosten festgehalten, den die Wartungskosten während der Lebensdauer des Projektes vermutlich ausmachen werden (Standardannahme = 70%). Darüber hinaus können die bisherigen Designkosten erfaßt werden, falls diese in die Kosten-Nutzen-Vergleiche mit einbezogen werden sollen. Anhand dieser Parameter kann das Programm die

---

Abbildung 4.11: Kosten-Nutzen-Analyse pro Arbeitsgruppe

AG-Code	Arbeitsgruppe	anteilige Kosten Barwert	anteiliger Nutzen Barwert
1000	Buchhaltung	50.000	100.000
1200	Vertrieb	150.000	170.000
1500	Lager	100.000	250.000
Summen:		300.000	520.000

Barwertrechnung durchführen und die in Abbildung 4.9 veranschaulichte Analyse drucken. Diese Analyse ist zwar etwas vereinfacht, da manche Faktoren wie Inflation und Veränderungen der Personalkosten nicht berücksichtigt sind, reicht aber als Vergleichsbasis für die verschiedenen Alternativen aus. Diese Liste sollte für jede alternative Sollkonzeption erstellt werden; die beste Alternative ist dann diejenige mit dem größten positiven Nettonutzen.

Neben der Barwertanalyse ist auch ein Vergleich des Grenznutzens und der Grenzkosten aufschlußreich (vgl. Abschnitt 1.2.1.7). Der Grenznutzen ist die Veränderung des Gesamtnutzens, die durch die Rationaliserung einer zusätzlichen Aufgabe zustande kommt. Die Grenzkosten hingegen sind die Kosten für die Systemteile, die zusätzlich für diesen Rationalisierungsschritt notwendig sind. Diese Analyse hilft bei der Bestimmung des ökonomischen Systemumfangs. Im Abschnitt 2.2.5.7 ist die ABC-Analyse der Einsparungspotentiale erklärt worden. Diese Aufstellung zeigt die rationalisierungsfähigen Aufgaben in absteigender Reihenfolge des Einsparungspotentials. Bei der Bestimmung des Systemumfangs ist es angebracht, die Reihenfolge dieser Liste zu beachten.

Nach der Festlegung der Benutzeroberfläche entsprechen die Aufgaben in der Liste den geplanten Systemteilen, die in der Dokumentendatei aufgeführt sind. Jede Aufgabe hat ein Einsparungspotential, dem die Kosten der entsprechenden Systemteile gegenüberstehen. Es ist deswegen möglich, einen Vergleich des Grenznutzens und der Grenzkosten anzustellen, wie er in Abbildung 4.10 veranschaulicht ist.

Abbildung 4.12: Sollkonzeption

- Arbeitsplatz-Aufgaben-Dokumente-Matrix
- Liste der Arbeitsschritte pro Aufgabe
- Liste der Arbeitsschrittregeln
- Die physischen Informationsflüsse
- Die logischen Informationsflüsse
- Liste der lang- und mittelfristigen Ziele
- Liste der Schwachstellen mit Lösungsvorschläge
- ABC-Analyse der Einsparungspotentiale
- ABC-Analyse der Informationsflüsse
- Liste der kritischen Dokumente
- Liste der Dokumente mit zugehörigen Elementen
- Liste der Elemente, Quellenelemente und Regeln
- Analyse der logischen Vorgänger der kritischen Dokumente
- Matrix der Informationsquellen-/-ausgaben
- Modulkostenliste
- Arbeitsgruppen-Programm-Matrix
- Nutzen pro Arbeitsgruppe
- Barwertanalyse
- Grenzkosten-Grenznutzen-Analyse
- Kosten-Nutzen-Analyse pro Arbeitsgruppe

Diese zwei Kurven zeigen die Grenzkosten und den Grenznutzen des Systems bei unterschiedlichem Systemumfang. Da diese Betrachtung in der Reihenfolge der ABC-Analyse der Einsparungspotentiale vorgenommen wird, gibt es den höchsten Nutzen bei den zuerst rationalisierten Aufgaben. Danach sinkt der Grenznutzen gemäß dem Gesetz des abnehmenden Ertrages kontinuierlich. Die Grenzkostenkurve nimmt in der Regel einen flachen U-förmigen Verlauf. Es ist sinnvoll, den Systemumfang so lange auszudehnen, bis Grenznutzen und Grenzkosten gleich sind, d.h. bis sich die zwei Kurven kreuzen. Ist der Schnittpunkt bei einem gegebenen Systemumfang noch nicht erreicht, so gibt es wahrscheinlich ungenutzte Rationalisierungsschritte, bei denen der Grenznutzen geringer als die Grenzkosten wäre. Ist der Systemumfang bereits jenseits des Schnittpunktes, so bedeutet das, daß einige Rationalisierungsschritte unrentabel sind. Die Grenzkostenkurven sollten deshalb für jede alternative Sollkonzeption aus der jeweiligen SIABA-Datenbank generiert und zur Überprüfung des Systemumfangs eingesetzt werden.

Nachdem der Systemumfang überprüft worden ist, ist es sinnvoll, die Verteilung der Kosten und des Nutzens auf die verschiedenen Arbeitsgruppen zu untersuchen. Dazu dient die in Abbildung 4.11 gezeigte Kosten-Nutzen-Analyse pro Arbeitsgruppe. In dieser Analyse werden die in der Barwertrechnung ermittelten Kosten- und Nutzenwerte auf die betreffenden Arbeitsgruppen verteilt. Da die Kosten im SIABA-Modell den Dokumenten zugeordnet sind, besteht jedoch keine unmittelbare Beziehung zwischen den Kosten und den Arbeitsgruppen. Darüber hinaus werden Dokumente oft von mehreren Arbeitsgruppen in Anspruch genommen. Aus diesen Gründen müssen die Kosten zuerst den Arbeitsgruppen anhand der Aufgaben-Dokumenten-Beziehungen anteilig zugeordnet werden. Der Einfachheit halber wird jede Arbeitsgruppe, die einen Informationsträger verwendet, mit dem gleichen Kostenanteil belastet. Benutzen z.B. fünf Arbeitsgruppen einen bestimmten Informationsträger, so wird jeder dieser Arbeitsgruppen ein Fünftel der Kosten zugeordnet. Diese Analyse bietet einen Überblick über die Verteilung der Rationalisierungsmöglichkeiten in der Organisation und hilft deswegen bei der Prioritätensetzung in der weiteren Projektabwicklung. Die Analyse kann auch für eine ursachengemäße Verteilung der Entwicklungskosten auf die Kostenstellen verwendet werden.

Durch die oben angegebenen Analysen werden möglicherweise Aspekte der Sollkonzeptionen aufgedeckt, die verbesserungsfähig sind. Dementsprechend sind sie anschließend zu überarbeiten. Danach soll jede Sollkonzeption dadurch dokumentiert werden, daß die in Abbildung 4.12 angegebene Listensammlung aus der jeweiligen SIABA-Datenbank erstellt wird. Jede Listensammlung stellt eine mögliche Systemlösung dar. Anhand dieser Unterlagen wird die Entscheidung gefällt, welche Sollkonzeption nun tatsächlich realisiert werden soll.

4.4 Kontrollfragen bzw. -übungen

1.   Was ist ein Urdokument?

2.   Bei welchen Entscheidungsprozessen können Informationen eine ausschlaggebende Rolle spielen?

3.   Wie wird nach der Ist-Aufnahme der zusätzliche Informationsbedarf ermittelt?

4.   Nennen Sie die wichtigsten Schritte zur Entwicklung einer Sollkonzeption.

5.   Was sagt eine Barwertanalyse aus?

6.   Wie wird der optimale Systemumfang bestimmt?

5 Die Integration der Benutzersichten

Sind die alternativen Sollkonzeptionen nach den im vierten Kapitel beschriebenen Verfahren erarbeitet worden, so wird nun eine davon anhand der Wirtschaftlichkeitsdaten ausgewählt. Diese Sollkonzeption enthält zwar alle für das neue Informationssystem notwendigen Datenelemente, diese sind jedoch über die Masken und Listen des Systems verteilt. Die Masken und Listen stellen also die Benutzersichten der Daten dar; sie weisen allerdings noch ein hohes Maß an Redundanz auf, da die gleichen Datenelemente oftmals in vielen verschiedenen Listen und Masken benutzt werden. Um ein effizientes Informationssystem zu erstellen, muß ein Datenmodell entwickelt werden, das die verschiedenen Benutzersichten integriert. In diesem Datenmodell sind alle Datenelementredundanzen zu eliminieren, soweit sie nicht aus anderen Gründen (z.B. aus Antwortzeitgründen) gewollt sind. Die logischen Beziehungen der Datenelemente untereinander bestimmen die Struktur des Datenmodells. Durch das sogenannte Normalisierungsverfahren erhält das Datenmodell eine konsistente, anpassungsfähige Struktur, die eine solide Grundlage für das neue Informationssystem bietet. In diesem Kapitel werden die Prinzipien und Vorteile der zentralen Datenadministration und das Normalisierungsverfahren erläutert. Anschließend wird die Erfassung des logischen Datenmodells in der SIABA-Datenbank beschrieben.

5.1 Notwendigkeit der zentralen Datenadministration

5.1.1 Das Problem der Insellösungen

Die Daten eines Unternehmens entstehen in seinen verschiedenen funktionalen Bereichen. Um die tägliche Arbeit zu bewältigen, zeichnet jede Arbeitsgruppe die anfallenden Daten in einer für ihre Aufgaben geeigneten Form auf. Deswegen gibt es eine ganz natürliche Neigung, Daten nach funktionalen Gesichtspunkten zu ordnen. Aus diesem Grund sind in den frühen Jahren der elektronischen Datenverarbeitung Softwaresysteme entwickelt worden, die dieses funktionale Ordnungsprinzip widerspiegelten. Die Arbeitsgruppe Lohnbuchhaltung erhielt z.B. ein Lohnbuchhaltungssystem, die Finanzbuchhaltung ein Finanzbuchhaltungssystem usw. Jede Arbeits-

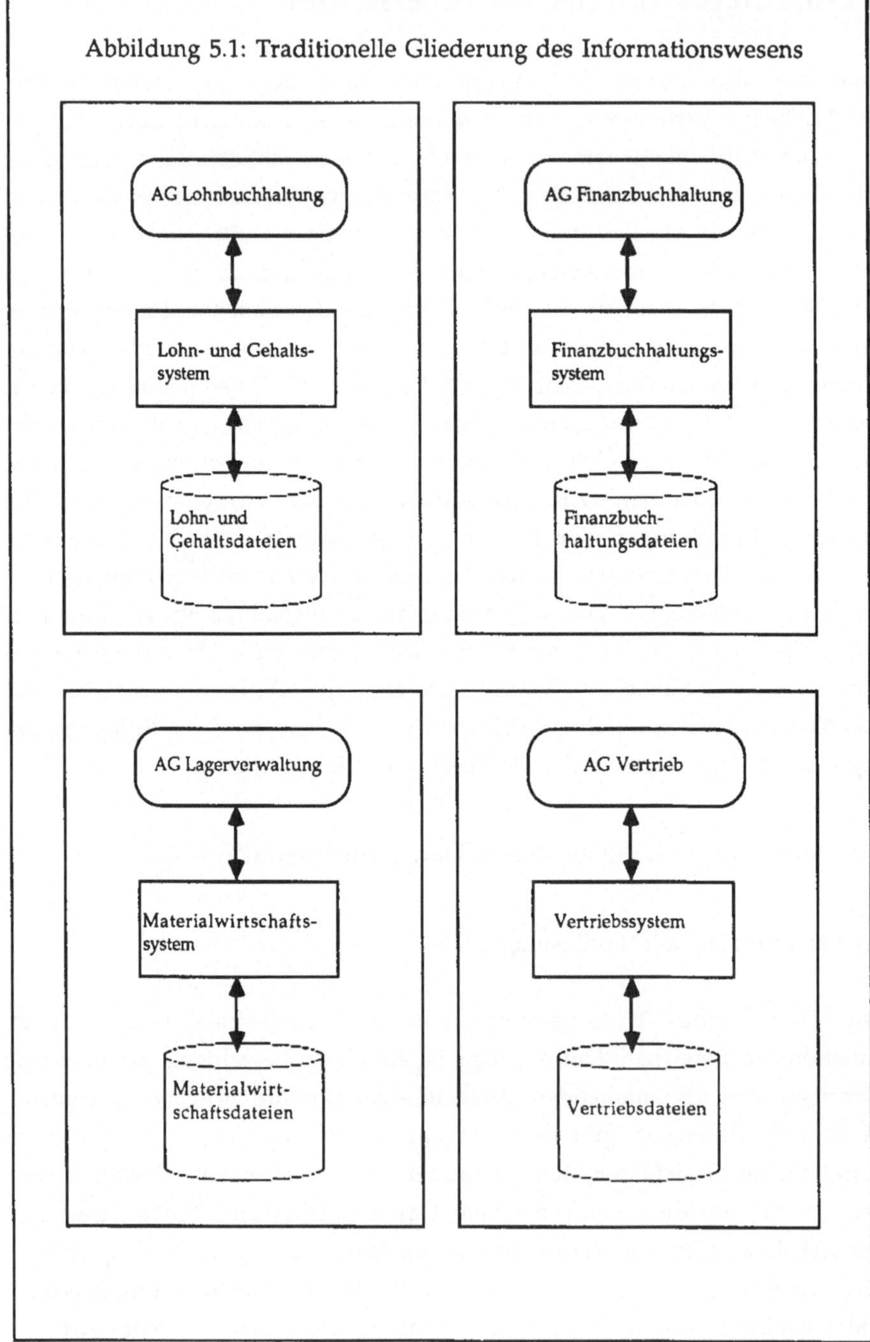

Abbildung 5.1: Traditionelle Gliederung des Informationswesens
AG Lohnbuchhaltung
AG Finanzbuchhaltung
Lohn- und Gehalts-
system
Finanzbuchhaltungs-
system
Lohn- und
Gehaltsdateien
Finanzbuch-
haltungsdateien
AG Lagerverwaltung
AG Vertrieb
Materialwirtschafts-
system
Vertriebssystem
Materialwirt-
schaftsdateien
Vertriebsdateien

gruppe hat sich im Rahmen solcher Insellösungen primär um die eigenen Daten gekümmert. Das Bedürfnis, mit anderen Arbeitsgruppen zu kommunizieren, beschränkte sich auf die Übermittlung von Belegen oder (bei sehr fortschrittlichen Organisationen) computerlesbaren Medien wie etwa Magnetbändern. Dieses Organisationsschema für das Informationswesen wird in Abbildung 5.1 veranschaulicht.

Die traditionelle Organisation des Informationswesens hat sich aus den nachstehend skizzierten Gründen sehr bald als ineffizient herausgestellt:

- Zeitverzögerungen der Informationsflüsse - Jede Übermittlung von Schnittstelleninformationen nimmt Zeit in Anspruch. Bei komplexen Organisationen vergehen manchmal Monate bis neue Informationen zu allen interessierten Arbeitsgruppen gelangen. Oftmals können Entscheidungen nicht rechtzeitig getroffen werden, weil die dazu benötigten Informationen zu spät eintreffen.

- Aufwand für Informationsverarbeitung - Die Übermittlung von Schnittstelleninformationen ist immer mit einem erheblichen Aufwand verbunden. Diese Informationen müssen z.B. oft bestimmten Transformationen unterzogen werden, um sie in eine für die jeweilige Arbeitsgruppe nützliche Form zu bringen.

- Dateninkonsistenz - Gleiche oder ähnliche Datenelemente werden in verschiedenen Systemen in unterschiedlichen Formaten gespeichert. Das erschwert die Kommunikation zwischen den Systemen, macht sie sogar manchmal undurchführbar. Wichtige Auswertungen, die bei strategischen Entscheidungen eine ausschlaggebende Rolle spielen könnten, lassen sich oft nicht maschinell erstellen, da die Daten der betreffenden Bereiche nicht integrierbar sind. Andere Auswertungen stiften Verwirrung, weil die gleichen Statistiken je nach erstellendem Bereich unterschiedlich ausfallen.

Bei wachsenden, komplexer werdenden Organisationen stellen diese Probleme eine Art Zeitbombe dar. Das wird deutlich, wenn man die Anzahl Schnittstellen bei steigender Anzahl kommunizierender Systeme betrachtet. Wenn jedes der in Abbildung 5.1 gezeigten vier Systeme jeweils zwei

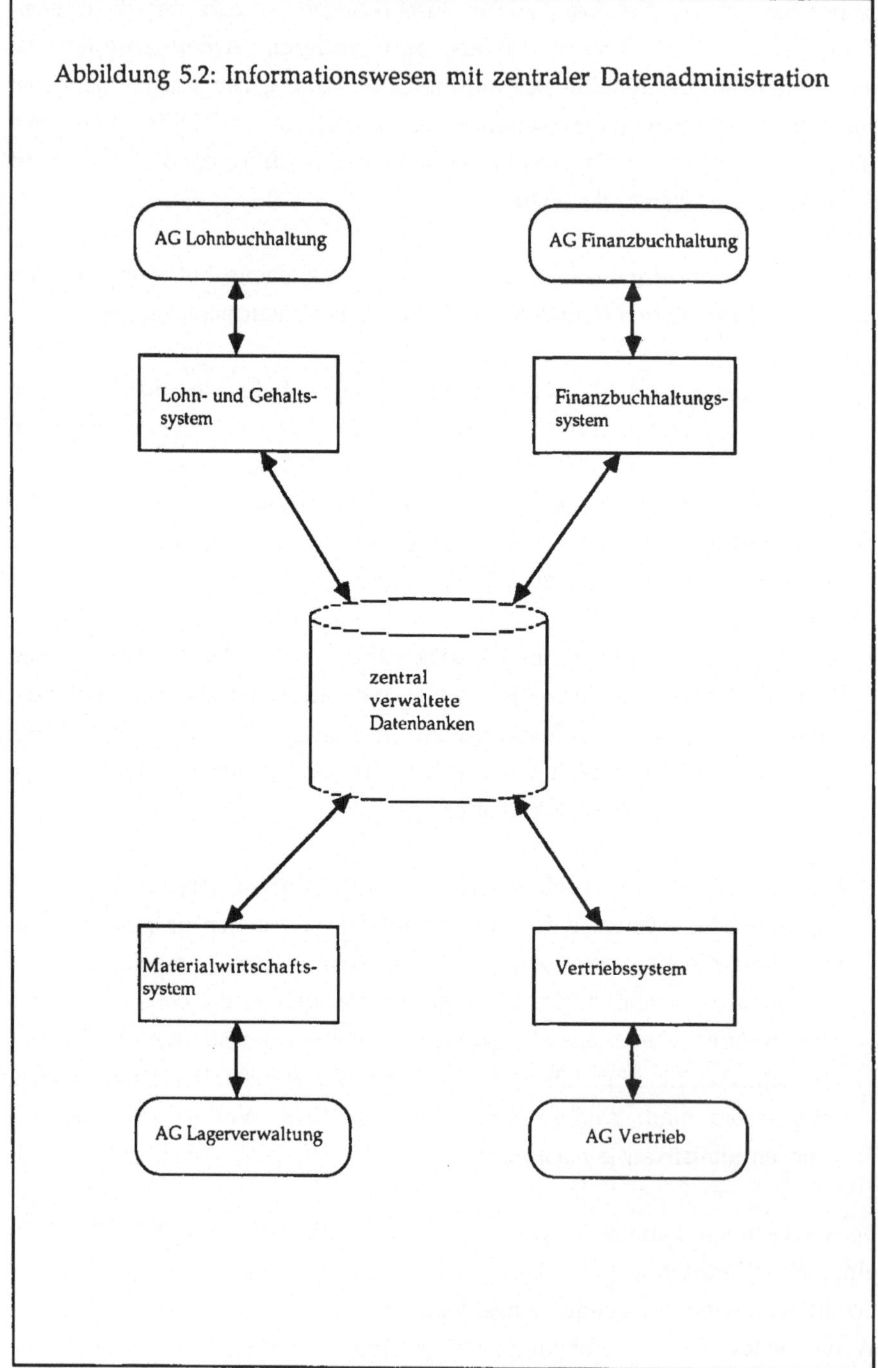

Abbildung 5.2: Informationswesen mit zentraler Datenadministration

Informationsflüsse zu jedem anderen System hat, so gibt es insgesamt zwölf Informationsflüsse. Kommt nur ein System hinzu, so steigt die Anzahl der Informationsflüsse auf zwanzig, bei sechs Systemen gibt es bereits dreißig Informationsflüsse. Das Wachstum der Anzahl der Schnittstellen kann also einer geometrischen Reihe entsprechen. Es wird immer kostspieliger, die Informationsflüsse aufrechtzuerhalten. Kleine Änderungen an einem System können immense Auswirkungen auf andere Systeme haben. Aus diesen Gründen hat sich allgemein die Erkenntnis durchgesetzt, daß Insellösungen zu vermeiden sind und eine zentrale, integrierte Datenadministration anzustreben ist.

5.1.2 Vorteile eines zentralen Datenmodells

Kernstück eines integrierten Informationswesens ist ein zentrales Datenmodell. In diesem Modell sollen die Daten nicht nach funktionalen Bereichen, sondern nach Informationsobjekten organisiert werden. Das hat einen ganz einfachen Grund: Die Informationsobjekte, zu denen Daten gespeichert werden, sind im Hinblick auf Veränderungen viel stabiler als die betrieblichen Abläufe, in denen die Daten benutzt werden. In einem typischen Mittelstandsunternehmen gibt es z.B. nicht mehr als ein paar Hundert Objekte, zu denen Daten gespeichert werden. Neue Objekte kommen nur hinzu, wenn sich die geschäftlichen Tätigkeiten des Unternehmens grundlegend ändern. Die betrieblichen Abläufe sind hingegen einem ständigen Wandel unterworfen, weil sich das Unternehmen kontinuierlich den täglichen Herausforderungen seiner Aufgaben und seiner Umgebung anpassen muß. Um ein solides Fundament für ein Informationssystem zu schaffen, muß deswegen ein zentrales, nach Informationsobjekten organisiertes Datenmodell aufgebaut werden, dessen sich alle Softwaresysteme bedienen. Ein solches Organisationsschema für das Informationswesen wird in Abbildung 5.2 veranschaulicht.

5.1.3 Entitäten, Attribute, Werte und Auswertungen

Die Objekte, über die die Daten gespeichert werden, bezeichnet man auch als Entitäten. Beispiele für Entitäten in einem Industrieunternehmen sind

Rechnungen, Lager, Filialen, Mitarbeiter, Waren, Kunden, Bestellungen usw. Entitäten haben bestimmte Attribute, die durch Datenelemente repräsentiert werden. Eine Rechnung kann z.B. eine Kundenanschrift, Artikelnummern, Artikelbeschreibungen, Mengen, Preise, Teilbeträge, einen Mehrwertsteuerbetrag und einen Gesamtbetrag haben. Bei einer gegebenen Rechnung hat jedes Attribut einen ganz bestimmten Wert. Während sich die Werte der Attribute in bestimmten Wertebereichen ändern können, bleiben die Entitäten selbst und deren Attribute relativ stabil, d.h. es werden vielleicht Tausende von Rechnungen im Jahr erstellt, aber jede Rechnung hat die gleiche Grundstruktur. Da es selten mehr als ein paar Hundert Entitäten in einer Organisation gibt und jede Entität erfahrungsgemäß im Schnitt etwa 10 Attribute hat, ist es angebracht, Entitäten und deren Attribute als Bausteine des Datenmodells zu verwenden. Dadurch erhält man eine Datenstruktur, die einerseits relativ selten geändert werden muß, aber sich andererseits leicht dem natürlichen Wachstum der Organisation anpassen läßt. Aus einer solchen Datenstruktur können viele verschiedene Auswertungen gewonnen werden. Um die sich ständig ändernden betrieblichen Abläufe zu unterstützen, muß eine robuste Datenstruktur eine immer größer werdende Anzahl Auswertungen ermöglichen. Das ist nur möglich, wenn die Datenstruktur nach Entitäten und deren Attributen organisiert ist.

5.1.4 Datenelementbestimmung und Namenskonventionen

In der bisherigen Analyse sind die Bezeichnungen für Dokumente und Datenelemente aus der betrieblichen Praxis der zu untersuchenden Organisation einfach übernommen worden. Bei der Aufstellung eines Datenmodells müssen jedoch strengere Maßstäbe zur Benennung von Informationseinheiten angesetzt werden. Die gewachsenen Konventionen einer Organisation sind fast immer von Redundanz und Inkonsistenz durchsetzt. Diese Schwächen müssen beseitigt werden, um eine effektive Datenadministration zu erreichen. Das bedeutet, daß umfassende Standards zur Definition und zur Benennung von Datenelementen aufgestellt und angewandt werden müssen.

5.1.4.1 Kopplung und Kohäsion

Datenelemente weisen zwei Eigenschaften auf, die bei der Gestaltung von Datenmodellen ausschlaggebend sind: Kopplung und Kohäsion. Ein Datenelement ist mit einem anderen Datenelement gekoppelt, wenn der Wert des ersten Datenelements vom Wert des zweiten Datenelements abhängt. In einer Datengruppe gibt es z.B. meistens ein Schlüsseldatenelement, dessen Wert die Werte der übrigen Datenelemente bestimmt; es besteht also eine logische Kopplung zwischen dem Schlüssel und jedem der anderen Datenelemente. Ein wichtiges Prinzip der Datenelementdefinition ist, daß solche Kopplung nur zwischen einem Schlüssel und einem anderen Datenelement bestehen soll; Datenelementkopplung zwischen Datenelementen, die nicht zu Schlüsseln gehören, müssen eliminiert werden. Das später zu besprechende Verfahren der Normalisierung ist eine Methode zur Minimierung von Datenelementkopplung.

Mit Kohäsion bezeichnet man in der Naturwissenschaft den Zusammenhalt der Moleküle einer Substanz. In der Informationstechnik hat dieser Ausdruck eine analoge Bedeutung - er bezeichnet den Zusammenhalt eines Datenelements. Ein Datenelement kann dann als Elementarteilchen des Informationswesens angesehen werden, das nicht ohne Verlust jeglicher Bedeutung weiter unterteilt werden kann. Viele in der betrieblichen Praxis entstehenden Datenelemente haben diese Eigenschaft nicht. In einem Kundeninformationssystem sei z.B. ein Datenelement gegeben, das die Bezeichnung trägt:

KUND-GEBIET-RABATT

Das Datenelement bestehe aus vier Zeichen, die ersten zwei deuten auf ein geographisches Gebiet hin, während die letzten zwei einen Rabattprozentsatz angeben. Dieses Datenelement ist nicht kohäsiv, da es eigentlich aus zwei Datenelementen besteht:

KUND-GEBIET
KUND-RABATT

Beim Entwurf eines Datenmodells müssen solche Datenelemente entsprechend getrennt werden. Im allgemeinen gilt es bei der Definition von Datenelementen die Datenelementkohäsion zu maximieren und die Datenelementkopplung zu minimieren, um ein stabiles, anpassungsfähiges Datenmodell zu erreichen.

5.1.4.2 Benennung der Datenelemente

Die konsequente Verwendung klarer Regeln zur Benennung der Datenelemente ist eine wichtige Komponente einer effizienten Datenadministration. Dadurch wird das Datenmodell übersichtlicher und weniger redundant. Viele Studien haben gezeigt, daß das durchschnittliche EDV-System etwa 20mal soviele Datenelementnamen wie Datenelemente hat.[1] Diese Redundanz liegt an der mangelnden Einheitlichkeit der Datenelementbenennung und kann durch die systematische Anwendung von Namenskonventionen erheblich reduziert werden.

Der SIABA-Standard sieht einen Datenelementnamen von maximal 30 Zeichen vor. (Das entspricht der in der COBOL-Programmiersprache größten zulässigen Feldnamenlänge). Der Name besteht aus den folgenden Komponenten:

1. einer Klassenbezeichnung

2. einer Hauptbezeichnung

3. einer oder mehreren Zusatzbezeichnungen

Klassenbezeichnungen geben Aufschluß über den allgemeinen Zweck der Datenelemente. Es werden in der Regel 10 Klassenbezeichnungen empfohlen:[2]

BETRAG   NAME
CODE   NUMMER

---

[1] W.R.Durell, *Data Administration*, New York: McGraw-Hill, Inc.,1985, S.79
[2] W.R.Durell, *Data Administration*, New York: McGraw-Hill, Inc.,1985, S.42

KONSTANTE   PROZENT
ZAHL   TEXT
DATUM   ZEIT

Die Hauptbezeichnung leitet sich von der betreffenden Entitätskategorie oder einer ihrer Unterkategorien ab. RECHNUNG, KUNDE und BUCHHALTUNG sind Beispiele für Entitätskategorien. Die Zusatzbezeichnungen dienen dazu, die Eindeutigkeit des Datenelementnamens zu gewährleisten. Die Komponenten des Datenelementnamens sollen mit Bindestrichen zusammengefügt werden. Beispiele solcher Datenelementnamen sind:

RECHNUNGS-BETRAG
KUNDEN-NUMMER
PLAN-DATUM-ANFANG
PLAN-DATUM-ENDE

Es mag etwas ungewöhnlich erscheinen, Wörter, die normalerweise zusammengeschrieben werden, durch Bindestriche zu trennen. Das erleichtert jedoch die maschinelle Suche nach Redundanzen: Die Datenelemente eines Datenmodells können nach den verschiedenen Komponenten sortiert werden, um eventuelle Redundanzen aufzuspüren. Solche sortierten Listen sind auch bei der Vergabe neuer Datenelementnamen sehr nützlich.

Die Klassenbezeichnungen, die Hauptbezeichnungen und, soweit wie möglich, die Zusatzbezeichnungen sollen für die ganze Organisation normiert und dokumentiert werden. Es ist empfehlenswert, auch eine Standardabkürzung für jede Bezeichnung festzulegen. Darüber hinaus können die Datendefinitionen mancher Klassenbezeichnungen (z.B. DATUM = 2stellige Jahresangabe + 3stellige Tagesangabe) standardisiert werden. Die Listen der Bezeichnungen und deren Abkürzungen dienen als Grundlage für die Vergabe der Datenelementnamen des zentralen Datenmodells.

5.1.5 Datenunabhängigkeit und Datenbankverwaltungssysteme

Eine weitere Voraussetzung für eine stabile Datenstruktur ist eine Trennung zwischen den logischen und physischen Aspekten der Informationsspeicherung. Die physischen Charakteristiken der Informationsspeicherung sind je nach Speichereinrichtung sehr unterschiedlich. Darüber hinaus gehört die Speichertechnik zu den innovationsreichsten Bereichen des Informationswesens. Ein Programm, dessen Funktionsweise von den physischen Beschaffenheiten eines Speichermediums abhängt, ist deswegen schnell veraltet bzw. anpassungsbedürftig. Um Programmsysteme weniger anpassungsbedürftig zu gestalten, ist es sinnvoll, sie von den physischen Details der Speicherung abzuschirmen. Das geschieht dadurch, daß die Programme ihre Daten in Form von logischen Sichten lesen und schreiben, die von der physischen Speicherung unabhängig sind. Diese sogenannte Datenunabhängigkeit verhindert, daß der stetige Ausbau der Informationsressourcen eines Unternehmens einen unzumutbaren Wartungsaufwand zur Folge hat.

Um die Datenunabhängigkeit zumindest annähernd zu erreichen, werden Datenbankverwaltungssysteme (DBVS) eingesetzt. Ein Datenbankverwaltungssystem vermittelt zwischen Programmen und Datenstrukturen (vgl. Abbildung 5.3). Die Programme tauschen Datenpuffer mit dem DBVS aus, die die logischen Sichten der Daten enthalten. Die physischen Details der Speicherung übernimmt das DBVS. Das bedeutet, daß die Weiterentwicklung der Datenstruktur keine Änderungen an bestehenden Programmen erforderlich macht, solange sich die entsprechenden logischen Sichten der Daten nicht ändern.

5.2 Die Normalisierung von Daten

Die Datennormalisierung ist ein Verfahren zur vernünftigen Gestaltung von logischen Datengruppen. Bei normalisierten Datengruppen (in der sogenannten dritten Normalform) ist jedes Datenelement einem eindeutigen Schlüssel zugeordnet. Der Schlüssel kann aus einem oder mehreren Datenelementen bestehen. Setzt sich ein Schlüssel aus mehreren Daten-

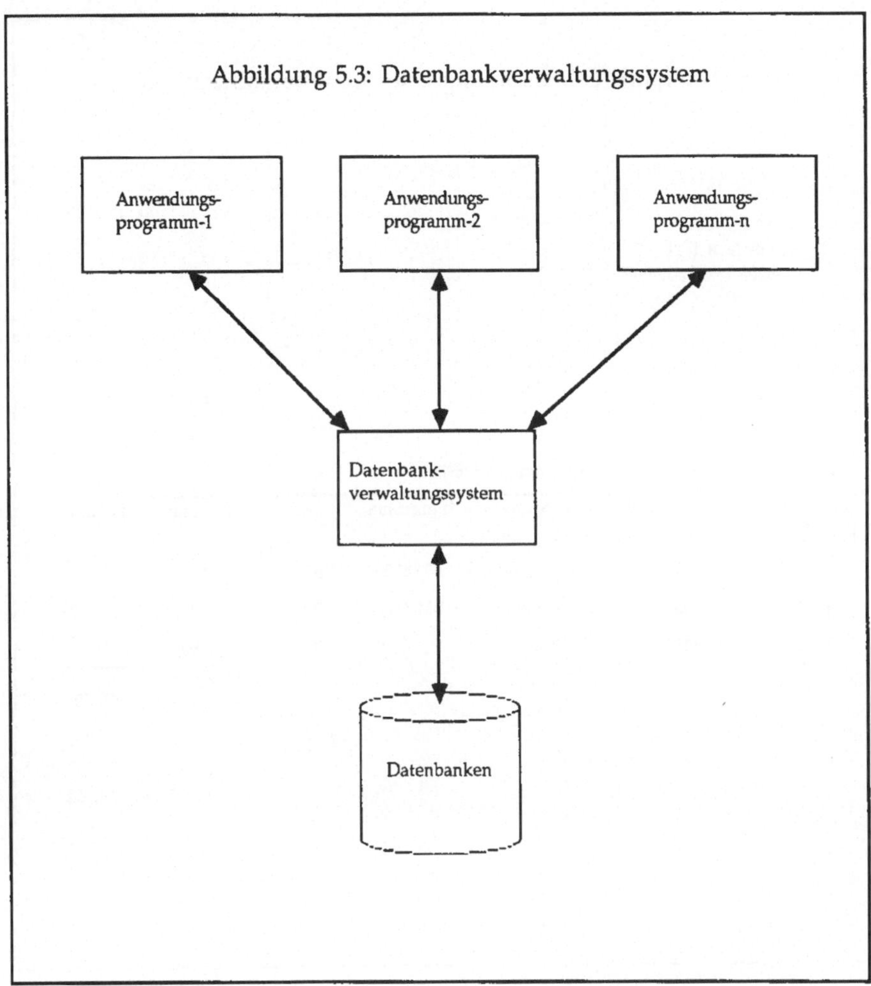

elementen zusammen, so beziehen sich die abhängigen Datenelemente auf den gesamten Schlüssel (nicht nur auf einen Teil des Schlüssels). Ist der Wert des Schlüssels festgelegt, so sind dadurch die Werte der anderen Datenelemente der Datengruppe bestimmt.

Die Gestaltung einer Datenstruktur in der dritten Normalform hat viele Vorteile. Die Beziehungen der Datenelemente zueinander unterliegen klaren, einfachen, logischen Regeln. Das erleichtert die Datenauswertung, da sich solche einfachen Datengruppen problemloser kombinieren lassen als

---

Abbildung 5.4: Rechnung einer EDV-Beratungsfirma

K-Nr. 1542

XYZ-GmbH
Postfach 4711
6200 Wiesbaden

27.04.89

Rechnungs-Nr. 89001

Abrechnungs-periode	Personal-Nr.	Name	Programm	Std.	Honorar	Gesamt
Jan.89	1020	Schmidt	PSX4000	60	100,--	6.000,--
Jan.89	1030	Fischer	BMP2000	50	90,--	4.500,--
Jan.89	1040	Bach	PQT3000	70	90,--	6.300,--
						16.800,--
				+ 14% Mwst		2.352,--
						19.152,--

---

komplexere Strukturen. Eventuelle Erweiterungen der Datenbasis um neue
Datenelemente sind dadurch einfacher zu realisieren. Darüber hinaus ist die
dritte Normalform bei einer gegebenen Datenstruktur mit festgelegten
Abhängigkeiten unter den Datenelementen eindeutig bestimmt. Aus diesem
Grund ist die dritte Normalform ein guter Standard für die Datenorganisation,
da die Ergebnisse des Normalisierungsverfahrens unabhängig vom jeweiligen
Systemdesigner sind.

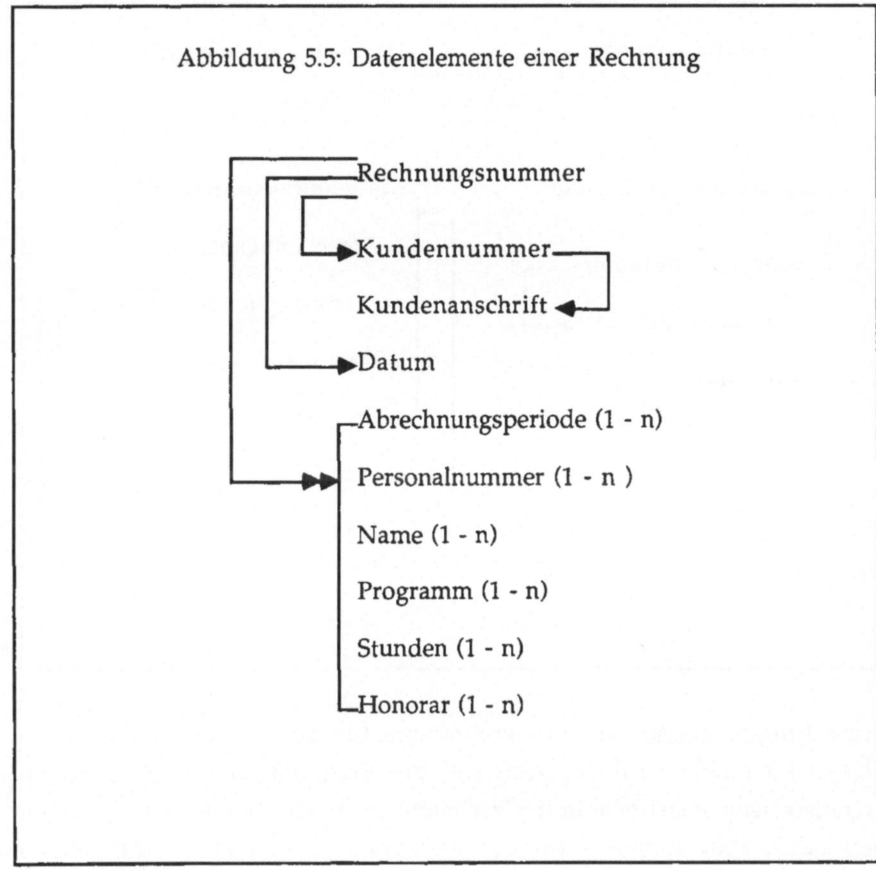

Das Normalisierungsverfahren sieht drei Schritte vor: Eine Datengruppe wird zuerst in die erste, dann in die zweite und schließlich in die dritte Normalform gebracht. In den nächsten Abschnitten werden diese drei Schritte anhand eines Beispiels erklärt.

5.2.1 Die erste Normalform

Als Beispiel für die Normalisierung werden die Datenelemente der Rechnung analysiert, die in Abbildung 5.4 gezeigt ist. Das ist eine Rechnung, die von einer EDV-Beratungsfirma an ihre Kunden gestellt wird. Das Hauptgeschäft dieser Beratungsfirma ist die Auftragsprogrammierung. Dabei setzt die Beratungs-

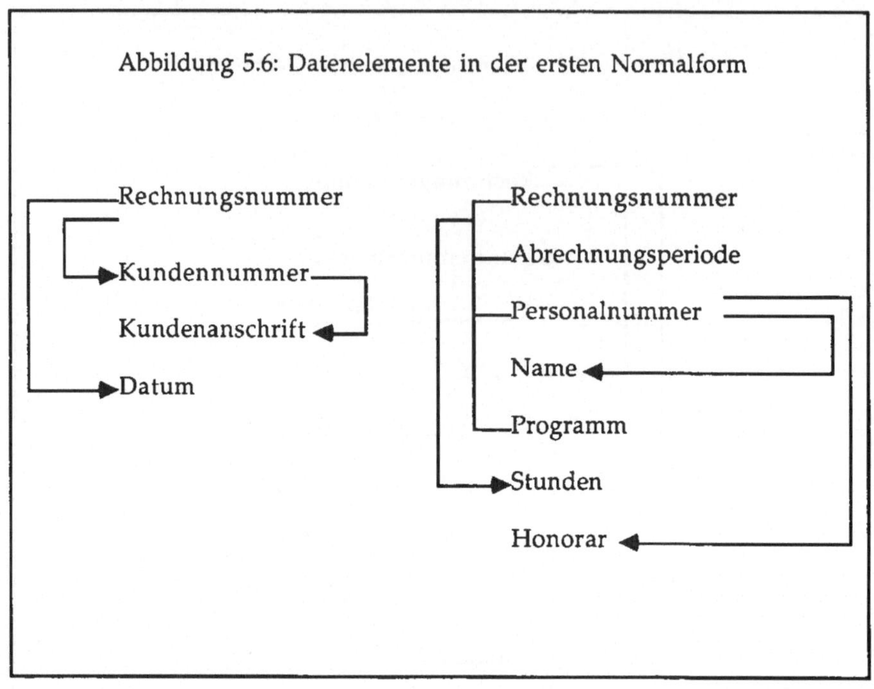

firma Programmierer ein, um Programme für den Kunden zu erstellen. Einmal im Monat wird der Aufwand pro Programmierer und Programm fakturiert. Jede Postenzeile in der Rechnung entspricht dem Aufwand, den ein bestimmter Programmierer für ein bestimmtes Programm im angegebenen Zeitraum aufgezeichnet hat. Bei der Normalisierung geht es nun darum, die optimale Datenstruktur für die maschinelle Erstellung solcher Rechnungen zu ermitteln.

Dabei besteht der erste Schritt darin, die Datenelemente aufzuzeichnen, aus denen die Rechnung erstellt wird. Auf Informationsfelder, die durch Berechnung ermittelt werden können, wird verzichtet. Da solche Datenelemente beim Drucken der Rechnung errechnet werden können, ist es nicht notwendig, sie in der Datenbank zu speichern. Die Datenelemente, die gespeichert werden müssen, sind in Abbildung 5.5 aufgelistet. Die Pfeillinien zeigen die logischen Beziehungen zwischen den Datenelementen. Der Hauptschlüssel ist die Rechnungsnummer, die die Kundennummer, das Datum und die Postenzeilen bestimmt. Die Kundenanschrift hängt von der

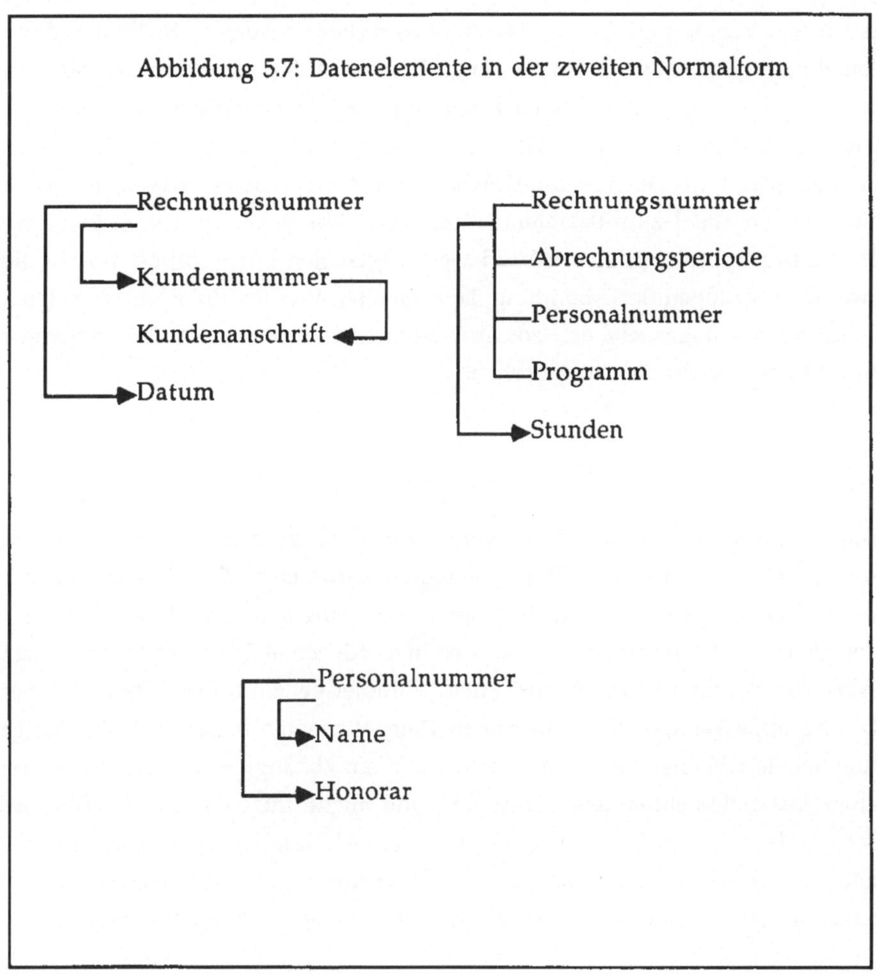

Kundennummer ab. Der Doppelpfeil zwischen der Rechnungsnummer und den Datenelementen der Postenzeile deutet auf eine 1-zu-n-Beziehung hin, da eine Rechnung mehrere Postenzeilen haben kann. Die anderen Beziehungen sind 1-zu-1-Beziehungen; eine Rechnungsnummer entspricht z.B. immer nur einer Kundennummer und einem Datum.

Um diese nicht-normalisierte Datengruppe zu speichern, muß eine Annahme bezüglich der Anzahl Postenzeilen einer Rechnung gemacht werden. Der Systemdesigner muß ermitteln, welche die größtmögliche Anzahl Postenzeilen sein könnte und das Satzlayout entsprechend festlegen. Stellt sich diese Annahme irgendwann als unzureichend heraus, muß das Satzlayout geändert, und es müssen alle betreffenden Programme entsprechend angepaßt werden. Die 1-zu-n-Beziehung kann also Probleme für die Zukunft schaffen. Aus diesem Grund werden bei der Umwandlung einer Datengruppe in die erste Normalform alle 1-zu-n-Beziehungen entfernt. Das geschieht durch Spaltung der Datengruppe. Aus der in Abbildung 5.5 gezeigten Datengruppe werden die zwei Datengruppen der Abbildung 5.6 abgeleitet. Werden die Rechnungsdaten in dieser Form gespeichert, so sind keine Annahmen über die maximale Anzahl der Postenzeilen erforderlich.

5.2.2 Die zweite Normalform

Die Bestimmung der zweiten Normalform hängt mit den funktionalen Abhängigkeiten unter den Datenelementen zusammen. Ein Datenelement Y einer Datengruppe D hängt funktional von einem anderen Datenelement X der gleichen Datengruppe ab, wenn es in D für jeden Wert von X nur einen Wert von Y geben kann. X wird auch Schlüssel genannt. Der Schlüssel einer Datengruppe kann auch aus mehreren Datenelementen bestehen. Vollständige funktionale Abhängigkeit ist gegeben, wenn ein abhängiges Datenelement von allen Datenelementen des Schlüssels und nicht nur von einem Teil des Schlüssels abhängt. Es kann auch mehrere Schlüssel in einer Datengruppe geben. Solche zusätzlichen Schlüssel werden auch Alternativschlüssel genannt. Eine Datengruppe befindet sich in der zweiten Normalform, wenn:

• die Bedingungen der ersten Normalform erfüllt sind und

• jedes nicht zu Schlüsseln gehörende Datenelement vom gesamten Schlüssel bzw. Alternativschlüssel abhängt.

Diese zweite Bedingung ist in unserem Beispiel noch nicht erfüllt. Die Datengruppe für die Postenzeile hat einen Schlüssel, der aus Rechnungsnummer, Abrechnungsperiode, Personalnummer und Programm besteht. Das Datenelement Stunde hängt vom ganzen Schlüssel ab. Die Datenelemente Name und Honorar hängen jedoch nur von der Personal-

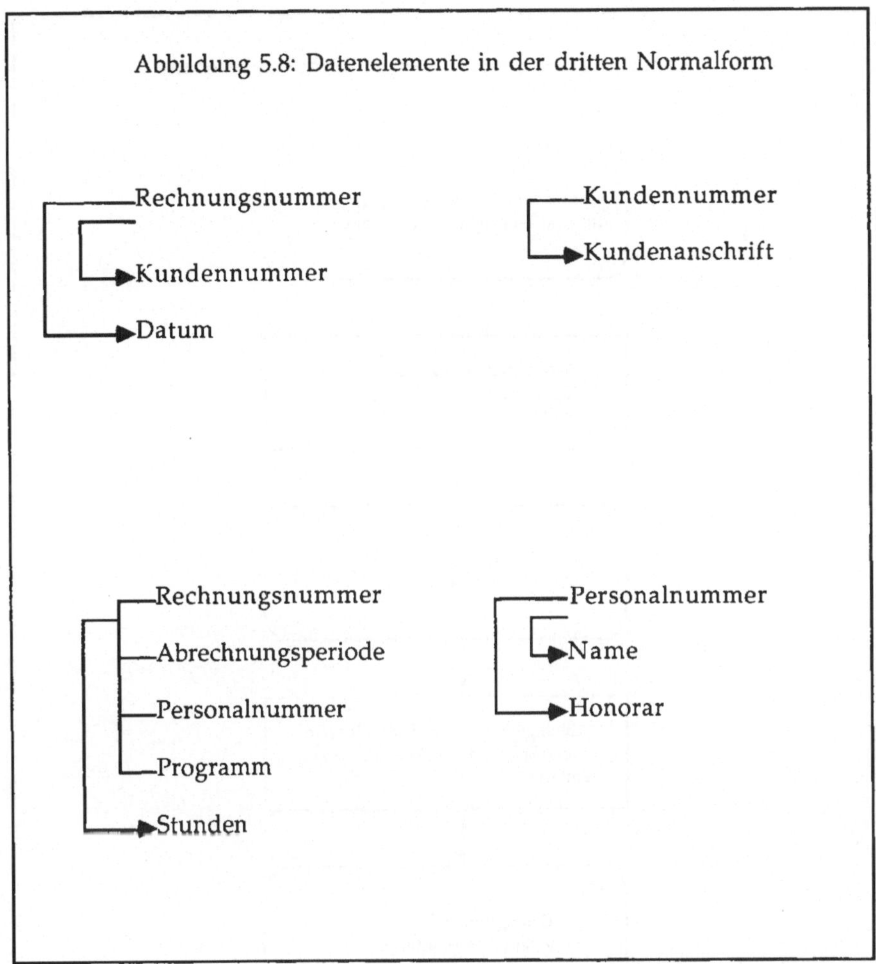

nummer und nicht vom gesamten Schlüssel ab. Das kann zur Folge haben, daß Name und Honorar redundant gespeichert werden müssen, da gleiche Werte für diese Datenelemente in vielen Postenzeilen vorkommen könnten.

Um dieses Problem zu umgehen, wird die Datengruppe in die zweite Normalform gebracht. Dabei werden die Teilabhängigkeiten durch Spaltung der Datengruppe eliminiert. Dadurch entstehen die in Abbildung 5.7 veranschaulichten Datengruppen. In diesen Datengruppen hängen alle nicht zu Schlüsseln gehörenden Datenelemente von vollständigen Schlüsseln ab.

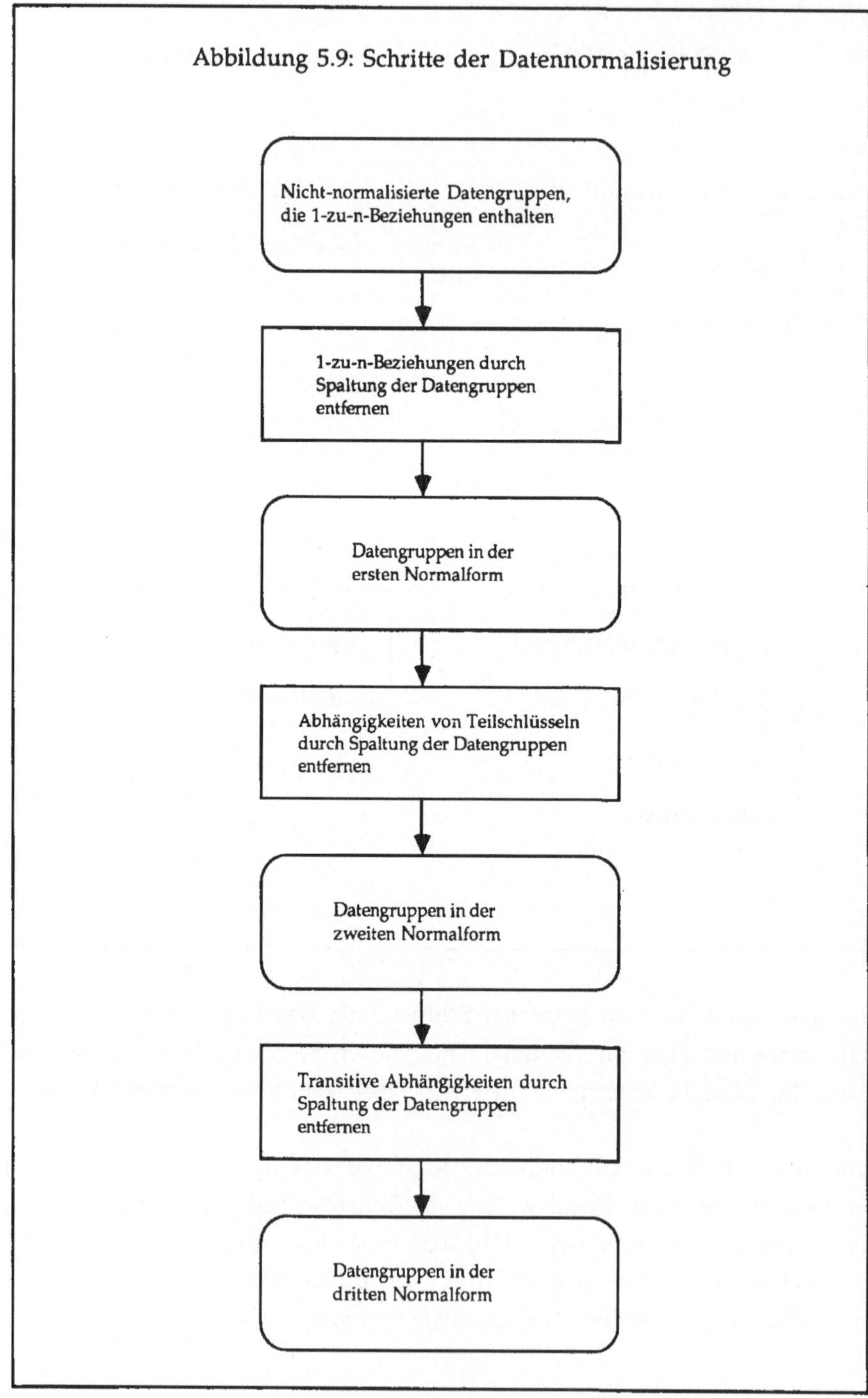

Abbildung 5.9: Schritte der Datennormalisierung
Nicht-normalisierte Datengruppen, die 1-zu-n-Beziehungen enthalten
1-zu-n-Beziehungen durch Spaltung der Datengruppen entfernen
Datengruppen in der ersten Normalform
Abhängigkeiten von Teilschlüsseln durch Spaltung der Datengruppen entfernen
Datengruppen in der zweiten Normalform
Transitive Abhängigkeiten durch Spaltung der Datengruppen entfernen
Datengruppen in der dritten Normalform

5.2.3 Die dritte Normalform

Datengruppen in der zweiten Normalform weisen gelegentlich ein Problem auf, das zu Komplikationen bei der Verarbeitung führen kann: Es gibt Datenelemente, die zwar keine Schlüssel sind, von denen jedoch bestimmte andere Datenelemente abhängen. Eine solche Konstellation wird auch transitive Abhängigkeit genannt. Eine der in Abbildung 5.7 gezeigten Datengruppen hat diese Eigenschaft. Das Datenelement Kundenanschrift hängt von der Kundennummer ab. Die Kundennummer hängt wiederum von der Rechnungsnummer ab. Kundennummer ist aber kein eindeutiger Schlüssel, da sie die anderen Datenelemente der Datengruppe nicht vollständig bestimmt (die gleiche Kundennummer kann in vielen Rechnungen vorkommen). Die Kundenanschrift ist also über die Kundennummer transitiv abhängig von der Rechnungsnummer. Auch diese transitive Abhängigkeit kann zu unzweckmäßigen Redundanzen in der Datenspeicherung führen und soll deswegen beseitigt werden. Die Umwandlung der Datengruppe in die dritte Normalform durch Spaltung löst das Problem. Die in Abbildung 5.8 gezeigten Datengruppen sind alle in der dritten Normalform.

Diese Form der Datengruppen stellt das optimale Speicherformat für die Rechnungen dar. Die verschiedenen Informationen lassen sich beliebig kombinieren, ohne daß logische Inkonsistenzen entstehen. Außerdem stellt sich in der Praxis heraus, daß solche Datenstrukturen fast immer weniger Speicherplatz in Anspruch nehmen und sich mit geringerem Aufwand pflegen lassen. Anpassungsfähigkeit und Übersichtlichkeit sind weitere wichtige Vorteile. Zur Verdeutlichung des Verfahrens werden die drei Schritte der Normalisierung noch einmal in Abbildung 5.9 veranschaulicht.

5.2.4 Die Eliminierung von Redundanzen

Der Systemdesigner muß alle Bildschirmmasken und Listen dem Normalisierungsverfahren unterziehen. Dadurch entstehen zahlreiche normalisierte Datengruppen. Es wird sich herausstellen, daß manche Listen und Masken die gleichen oder sehr ähnliche Datengruppen benötigen. Diese Datengruppen müssen konsolidiert und vereinheitlicht werden. Dabei muß

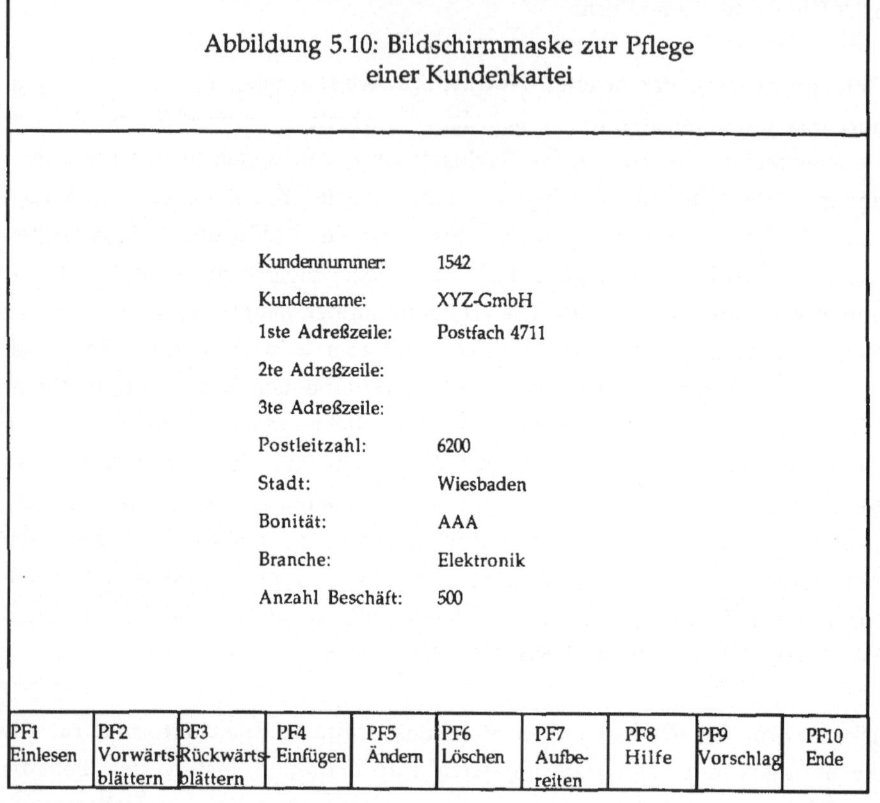

PF1 Einlesen	PF2 Vorwärts blättern	PF3 Rückwärts blättern	PF4 Einfügen	PF5 Ändern	PF6 Löschen	PF7 Aufbe- reiten	PF8 Hilfe	PF9 Vorschlag	PF10 Ende

der Systemdesigner erkennen, wann es sich bei einem Datenelement in verschiedenen Benutzersichten um das gleiche Datenelement handelt. In solchen Fällen wird der Datenelementname entsprechend vereinheitlicht. Anschließend werden alle Datengruppen zusammengelegt, die den gleichen Schlüssel haben. Auf diese Weise entstehen aus den vielen Ergebnissen des Normalisierungsverfahrens wenige konsolidierte Datengruppen, die zusammen die Datenbasis für das neue Informationssystem bilden. Da die Schlüssel sich auf Entitäten oder Kombinationen von Entitäten beziehen, entsteht daraus eine Datenbasis, die nach Entitäten organisiert ist.

Diese Vorgehensweise zur Eliminierung von Redundanzen wollen wir anhand eines Beispiels näher erläutern. Nehmen wir einmal an, daß die Rechnung aus dem vorigen Beispiel zu einem Organisationssystem gehört, in

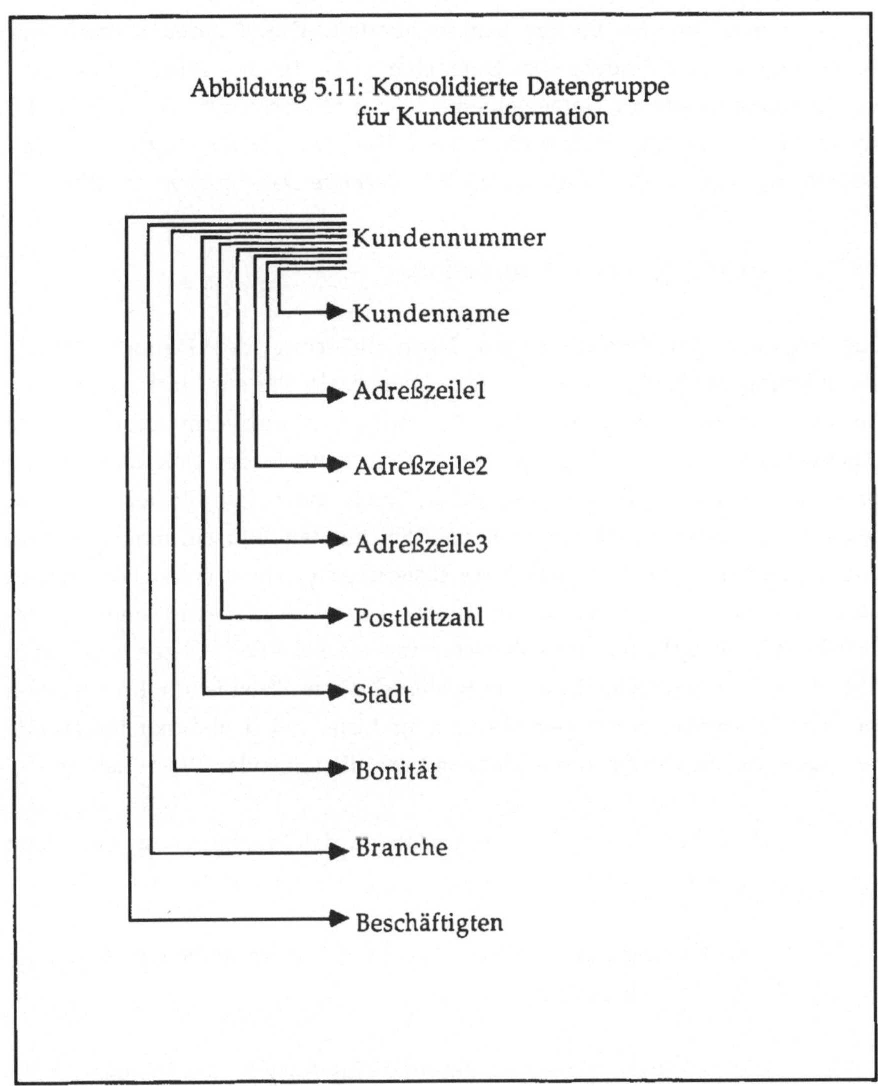

dem auch eine Kundenkartei gepflegt wird. Die Bildschirmmaske zur Pflege dieser Kartei wird in Abbildung 5.10 gezeigt. Vergleicht der Systemdesigner die Datenelemente dieser Bildschirmmaske mit der Kundendatengruppe der Rechnung in Abbildung 5.8, so erkennt er sofort, daß es sich um ähnliche, integrierbare Informationen handelt. Beide Datengruppen haben die Kundennummer als Schlüssel; das deutet auf die Tatsache hin, daß es sich in beiden Fällen um die Entität Kunde handelt. Die Kundenanschrift der Rechnung entspricht mehreren Datenelementen in der Bildschirmmaske. Darüber hinaus gibt es Datenelemente in der Bildschirmmaske, die in der Rechnung überhaupt nicht vorkommen. Die zwei Datengruppen werden zusammengelegt, um die in Abbildung 5.11 gezeigte Datengruppe zu bilden.

5.3 Die Anpassung der Sollkonzeption

Das Ergebnis der Verfahren zur Normalisierung der Daten und zur Eliminierung der Redundanzen ist eine Datenbasis, die aus einer bestimmten Anzahl logischer Datengruppen in der dritten Normalform besteht. Jede Datengruppe ist in SIABA als ein neues Dokument in der Dokumentendatei zu erfassen. Solche Dokumente haben auch besondere Beziehungen zu bestimmten anderen Dokumenten, nämlich zu den Bildschirmmasken und Listen, aus denen sie durch das Normalisierungsverfahren entwickelt worden sind. Diese Beziehungen werden in der Datei der Dokumenten-Datengruppen-Beziehungen festgehalten. Eine Bildschirmmaske zur Pflege dieser Datei ist in Abbildung 5.12 veranschaulicht. Der Schlüssel dieser Datei ist die Kombination aus dem Dokumentencode der Maske oder Liste und dem Dokumentencode der Datengruppe. Die Art der Beziehung kann die folgenden Werte haben:

E   Die Datengruppe ist eine Eingabe in das Programm zur Erstellung der Liste oder Maske.

A   Die Datengruppe ist eine Ausgabe des Programms zur Erstellung der Liste oder Maske.

U   Die Datengruppe ist eine Ein- und eine Ausgabe des Programms zur Erstellung der Liste oder Maske.

Im Abschnitt 4.3.1 ist die Konvention erklärt worden, wie jede Maske und jede Liste jeweils einem bestimmten Standardprogramm zugeordnet wird. Das bedeutet, daß die Datei der Dokumenten-Datengruppen-Beziehungen auch die Beziehungen zwischen den Programmen und den Datengruppen des Systems dokumentiert. Aus diesem Grund ist es möglich, anhand der Doku-

Abbildung 5.12: Bildschirmmaske zur Pflege
der Dokumenten-Datengruppen-Beziehungen

Dokumentennummer:

Dokumentennummer
der Datengruppe..:

Art der Beziehung:

PF1	PF2	PF3	PF4	PF5	PF6	PF7	PF8	PF9	PF10
Einlesen	Vorwärts blättern	Rückwärts blättern	Einfügen	Ändern	Löschen	Aufbereiten	Hilfe	Vorschlag	Ende

mentendatei und der Datei der Dokumenten-Datengruppen-Beziehungen Systemflußdiagramme automatisch zu erstellen. Ein solches Systemflußdiagramm ist in Abbildung 5.13 gezeigt. In diesem Stadium der Entwicklung des Datenmodells gibt es je Schlüssel eine Datengruppe. Jede Datengruppe wird jedem Programm zugeordnet, das irgendein Datenelement aus dieser Datengruppe benötigt. Viele Programme benötigen aber nur eine Teilmenge der Datenelemente der betreffenden Datengruppen. Das bedeutet einerseits, daß die Dokumenten-Datengruppen-Beziehungen nicht präzise genug sind, um beispielsweise die Erstellung eines Programm-Datenelemente-Verzeichnisses zu unterstützen und andererseits dadurch Programme auf Datenelemente zugreifen können, die mit der jeweiligen Funktion nichts zu tun haben. Das kann unangenehme Konsequenzen für die Datensicherheit haben. Aus diesen Gründen werden in einer dritten Phase für jedes Programm

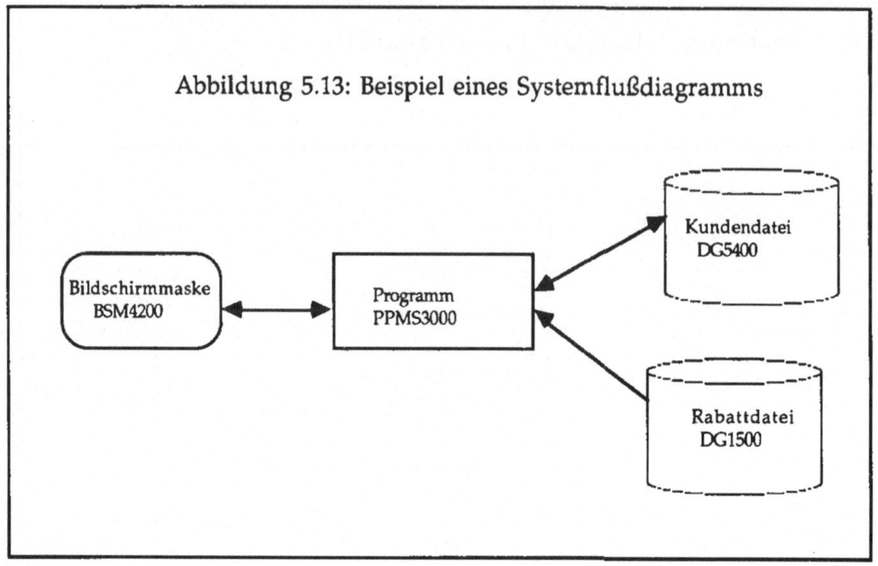

maßgeschneiderte Satzlayouts entwickelt, die nur die jeweils erforderlichen Datenelemente enthalten. Die Datei der Dokumenten-Datengruppen-Beziehungen wird dann entsprechend abgeändert. Diese Verfeinerung ist aber erst nach der Stabilisierung des Prototyps angebracht, da eine Vielzahl von Satzlayouts für die gleiche logische Datengruppe die Verwaltung der Testumgebung erschwert.

Die Erstellung der Systemflußdiagramme ist der letzte Schritt zur Vervollständigung der Sollkonzeption. Alle Masken, Listen, Programme und Datengruppen liegen fest und sind durch die SIABA-Datenbank dokumentiert. Das Prototypsystem ist damit vollständig definiert und kann aus den Standardbausteinen zusammengestellt werden.

5.4 Kontrollfragen bzw. - übungen

1.   Worin liegen die Probleme von Insellösungen?

2.   Wonach sollen Informationen organisiert werden und warum?

Abbildung 5.14: Seminaranmeldung

Codenummer des Seminars: _________

Seminarbezeichnung: _________________________

Datum und Ort des Seminars: 2.Okt.90 - Wiesbaden ☐
                                9.Okt.90 - Wiesbaden ☐
                                3.Okt.90 - Hamburg   ☐
                                6.Okt.90 - Hamburg   ☐
                                6.Nov.90 - München   ☐
                                7.Nov.90 - München   ☐

Teilnehmer:

Name: _________________ Vorname: _____________

Position: _______________ Abteilung: ___________

Firma: ________________________________

Straße/Postfach: ______________________________

Stadt: ________________________________

Telefon: __________________

Name: _________________ Vorname: _____________

Position: _______________ Abteilung: ___________

Firma: ________________________________

Straße/Postfach: ______________________________

Stadt: ________________________________

Telefon: __________________

3. Geben Sie die wichtigsten Prinzipien bei der Definition von
    Datenelementen an.

4. Was ist Datenunabhängigkeit?

5. Abbildung 5.14 zeigt ein Anmeldeformular eines Seminarveranstalters.
    Entwerfen Sie daraus ein Datenmodell in der dritten Normalform.

6 Die Zusammenstellung des Prototyps

In dem zweiten, vierten und fünften Kapitel ist die erste Phase des Dreiphasenkonzeptes erklärt worden, die aus dem Verfahren zur Ist-Aufnahme und dem Verfahren zur Entwicklung einer Sollkonzeption besteht. Das neue Informationssystem ist nun definiert und muß entweder in Form eines Softwarepakets erworben oder anhand der Standardprogrammbausteine, die im Kapitel 3 beschrieben wurden, zusammengestellt werden. Wird das Informationssystem durch den Einsatz eines Standardsoftwarepakets realisiert, so beschränken sich die Tätigkeiten der zweiten Phase auf die Auswahl und Installation der betreffenden Produkte. Um die Auswahl zu erleichtern, sollte jedes in Frage kommende Softwarepaket als Kern einer getrennten Sollkonzeption betrachtet werden. Die Masken, Listen und Datenstrukturen jedes Pakets sollen jeweils in ein SIABA-Modell genau so eingebunden werden wie die Informationsträger einer Eigenentwicklung. Das bedeutet, daß jeder Informationsträger eines untersuchten Pakets den betreffenden Arbeitsplätzen und Aufgaben zugeordnet werden muß, damit man sehen kann, wie sich die organisatorischen Abläufe beim Einsatz des Pakets ändern müssen. Auch die möglichen Ersparnisse oder der zu erwartende Mehraufwand (= negative Ersparnisse) müssen für jede Aufgabe ermittelt und aufgezeichnet werden. Anhand dieser Informationen kann dann für jedes Paket eine Kosten-Nutzen-Analyse automatisch erstellt werden. Die Sollkonzeption mit dem größten Nettonutzen deutet auf das beste Softwarepaket hin. Die anschließende Installation des Pakets ist normalerweise relativ einfach, zumal dies mit Hilfe des Lieferanten geschieht.

Bei einer Eigenentwicklung hingegen sind die Durchführung und Koordinierung der Tätigkeiten der zweiten Entwicklungsphase etwas komplexer. In diesem Fall wird es notwendig, eine mehr oder weniger große Anzahl Programmodule anzupassen, zu kompilieren und zu testen. Dabei gibt es viele qualitativ sehr unterschiedliche Möglichkeiten, diese Einzelaufgaben zu kombinieren und zu disponieren. Eine geschickt gewählte Reihenfolge der Programmiertätigkeiten kann den Aufwand für diese Phase (insbesondere für das Testen) erheblich reduzieren. Aus diesem Grund sollte zuerst ein präziser Plan für die Zusammenstellung des Prototyps erarbeitet werden. Anschließend

<table>
<tr><td colspan="8" align="center">Abbildung 6.1: Tätigkeitsbericht für Programmierer</td></tr>
<tr><td colspan="8" align="center">Tätigkeitsbericht</td></tr>
<tr><td colspan="5">Programmierer: Mustermann, G.</td><td colspan="3">Personal-Nr.: 4711</td></tr>
<tr><td colspan="8">Zeitraum............: 3.4.89 - 9.4.89</td></tr>
<tr><td>Datum</td><td>Von
Uhrzeit</td><td>Bis
Uhrzeit</td><td>Stunden</td><td>Projekt</td><td>Programm</td><td>Art</td></tr>
<tr><td>3.4.89</td><td>8:00</td><td>17:00</td><td>8,0</td><td>ABZ</td><td>AB4000</td><td>3</td></tr>
<tr><td>4.4.89</td><td>8:00</td><td>12:00</td><td>4,0</td><td>ABZ</td><td>AB4000</td><td>3</td></tr>
<tr><td>4.4.89</td><td>13:00</td><td>17:00</td><td>4,0</td><td>ABZ</td><td>AB4020</td><td>2</td></tr>
<tr><td>5.4.89</td><td>8:00</td><td>17:00</td><td>8,0</td><td>ABZ</td><td>AB4020</td><td>2</td></tr>
<tr><td>6.4.89</td><td>8:00</td><td>17:00</td><td>8,0</td><td>ABZ</td><td>AB4020</td><td>2</td></tr>
<tr><td>7.4.89</td><td>8:00</td><td>17:00</td><td>8,0</td><td>ABZ</td><td>AB4020</td><td>2</td></tr>
<tr><td></td><td></td><td></td><td></td><td></td><td></td><td></td></tr>
<tr><td></td><td></td><td></td><td></td><td></td><td></td><td></td></tr>
<tr><td colspan="3" align="center">Summe:</td><td>40,0</td><td></td><td></td><td></td></tr>
</table>

werden die Standardbausteine nach diesem Plan zusammengefügt und getestet. Durch eine wohlüberlegte Programmierreihenfolge wird der Aufwand zum Aufbau von Testumgebungen minimiert. Darüber hinaus gibt es weitere Maßnahmen zur Verwaltung der Testumgebung, die das Testen beschleunigen und sicherer machen. In diesem Kapitel werden die Aufstellung eines Entwicklungsplans für die Durchführung der Phase 2 im Rahmen einer Eigenentwicklung sowie Methoden zur Steuerung der Programmierung und des Testens erklärt.

6.1 Die Aufstellung eines Entwicklungsplans

6.1.1 Kalkulation

Beim Einsatz eines Softwarepakets besteht der Aufwand der zweiten Phase hauptsächlich aus den Kosten zum Erwerb des Pakets. Die Installationskosten sind oft im Preis inbegriffen.

Bei einer Eigenentwicklung hängt der Aufwand der zweiten Phase von der Anzahl und der Art der Programmbausteine ab. Weil die Programmbausteine unterschiedlich komplex sind, wird je nach Baustein ein anderer Kostenfaktor benutzt. Im vierten Kapitel ist erklärt worden, wie im SIABA-System die Kostenzuordnung maschinell vorgenommen wird. Dieses Verfahren setzt eine Standardkostentabelle voraus, die einen Kostenfaktor für jeden Programmtyp angibt. Die Standardkosten können je nach Entwicklungsumgebung und Qualität der Programmierer und Programmbausteine stark variieren. Deshalb sollten die Standardkostensätze aus der empirischen Erfahrung entwickelt bzw. iterativ verbessert werden. Das geschieht dadurch, daß die Programmierer grundsätzlich bei jedem Projekt einen Tätigkeitsbericht führen, der wie das Beispiel in Abbildung 6.1 aussieht. Hiermit wird die tatsächliche Arbeitszeit je Programm festgehalten. In regelmäßigen Abständen sollten die Daten der Tätigkeitsberichte zusammengefaßt und mit den in der SIABA-Datenbank gespeicherten geschätzten Programmierkosten verglichen werden. Die Ist-Kosten können zu diesem Zweck in der Dokumentendatei gespeichert werden. Am Ende eines Projektes werden summarische Statistiken nach Programmart gebildet und zur Überarbeitung der Standardkostentabelle benutzt. Auf diese Weise wird die Kalkulationsgrundlage mit jedem Projekt präziser.

6.1.2 Bestimmung der Reihenfolge der Programmierung

Die meisten Engpässe im Verlauf der Programmierung resultieren aus Problemen mit dem Testen. Durch die Verwendung der Modellprogramme geht die eigentliche Programmierung recht schnell voran. Den weitaus größten Zeitaufwand hat der Programmierer mit dem Sicherstellen der Funktionstüchtigkeit der Programme. Diese Tätigkeit ist deswegen so zeitraubend, weil der Programmierer vor jedem Test eine plausible Testumgebung aufbauen muß. Das bedeutet konkret, daß Sätze in verschiedenen Dateien gespeichert werden müssen, bevor ein Test durchgeführt werden kann. Zur Speicherung der Testdaten müssen Erfassungsprogramme vorhanden sein. Diese Erfassungsprogramme können entweder Komponenten des Anwendungssystems oder nur zu Testzwecken zusammengestellte Programme (sogenannte Gerüstprogramme) sein. Müssen Programme nur zu Testzwecken geschrieben

Abbildung 6.2: Systemflußdiagramm für Ausbildungssystem

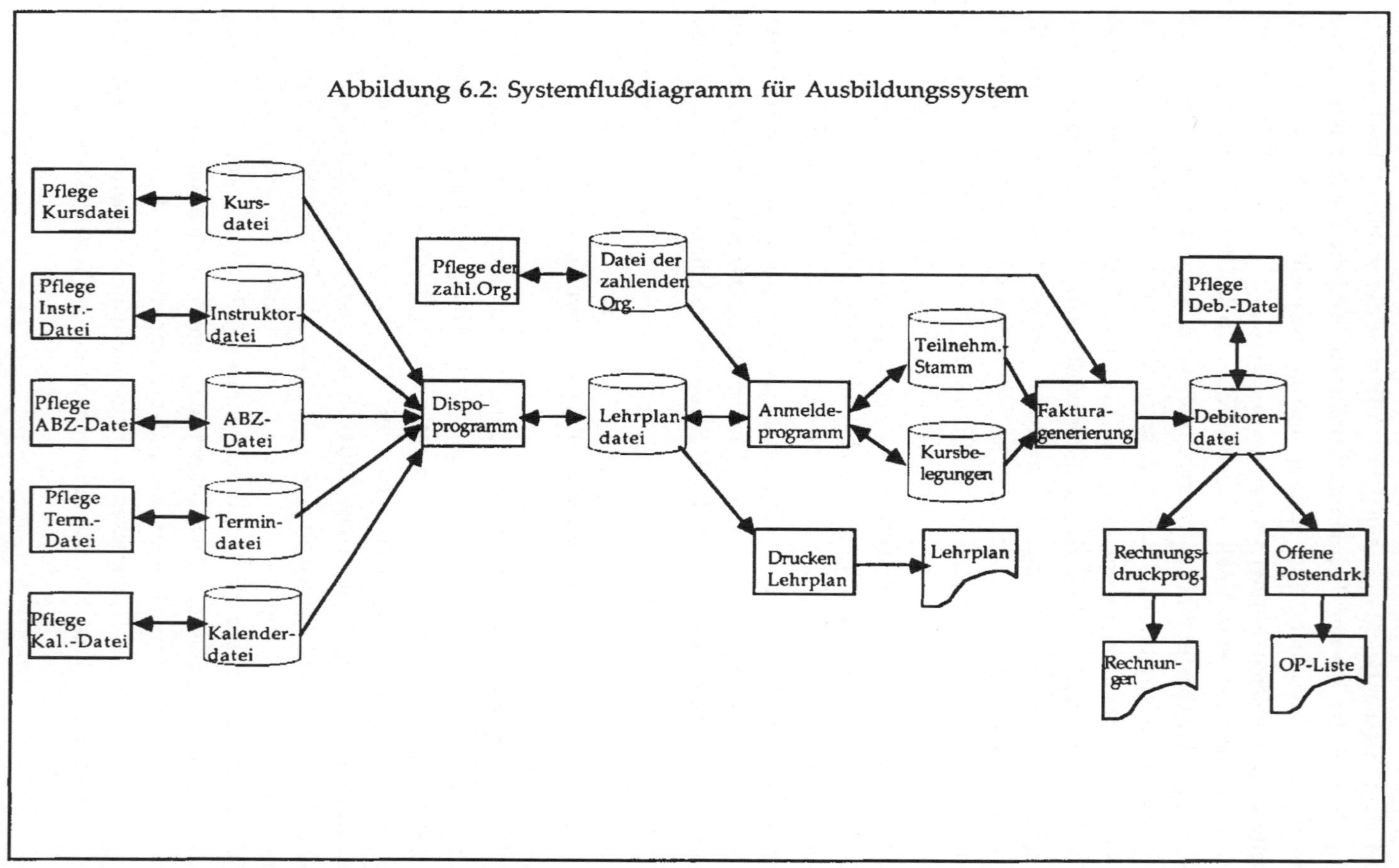

werden, so erhöht das den Entwicklungsaufwand für das System. Es ist daher angebracht, die Reihenfolge der Programmierung so anzuordnen, daß die notwendigen Testdatenbestände soweit wie möglich mit den zum Anwendungssystem gehörenden Datenbankpflegeprogrammen erstellt und verwaltet werden können. Das hat drei Vorteile:

- Es müssen weniger Programme geschrieben werden.

- Das Testen ist realistischer, da die Testdaten auf praxisnahe Weise entstehen.

- Die Datenbankpflegeprogramme werden besonders intensiv getestet.

Um diese Vorteile zu erzielen, sollte sich die Reihenfolge der Programmierung am Netz der logischen Informationsflüsse orientieren. Das bedeutet, daß zunächst die Programme zur Erfassung der Urdokumente zu schreiben sind. Anschließend sollten die übrigen Programme in der Reihenfolge der logischen Transformationen erstellt werden. Auf diese Weise kann beim Testen jedes Moduls die Testumgebung mit bereits erstellten Systemkomponenten aufgebaut werden. Diese Vorgehensweise wird anhand eines Beispiels näher erläutert. In Abbildung 6.2 wird ein Flußdiagramm eines Systems gezeigt, das die operativen Daten eines Ausbildungsinstituts verwaltet. Dieses Institut veranstaltet Lehrgänge in verschiedenen Ausbildungszentren zu unterschiedlichen Terminen. Die Lehrgänge werden in regelmäßigen Abständen geplant und ausgeschrieben. Die Anmeldungen der Lehrgangsteilnehmer werden von Sachbearbeitern erfaßt. Nach der Anmeldung lösen die Kursbelegungen die Erstellung von Sollbuchungen für eine Debitorendatei aus. Diese Sollbuchungen werden benutzt, um Rechnungen zu generieren, die an bestimmte zahlende Organisationen verschickt werden. Beim Zahlungseingang werden entsprechende Habenbuchungen in der Debitorendatei erfaßt.

Die Dateien in Abbildung 6.2 sind in der Reihenfolge der logischen Informationsflüsse aufgezeichnet. Um den Aufwand für das Schreiben von Gerüstprogrammen zu minimieren, sollten deshalb die Programme in diesem Diagramm von links nach rechts erstellt werden. Bevor z.B. das

Dispoprogramm getestet werden kann, müssen eine Kursdatei, eine Instruktordatei, eine Ausbildungszentrumsdatei, eine Termindatei und eine Kalenderdatei existieren. Es liegt auf der Hand, daß die entsprechenden Pflegeprogramme zuerst geschrieben werden müssen. (Die Reihenfolge der Programmierung dieser Pflegeprogramme kann allerdings willkürlich sein.) Das gleiche Prinzip gilt für die weiteren Programme dieses Systems.

6.1.3 Disposition der Programmierer

Ein häufig anzutreffendes Problem bei Softwareentwicklungsprojekten ist der Einsatz zu vieler Programmierer. Das geschieht meistens, um das Einhalten eines Ablieferungstermins "mit Gewalt" zu garantieren. Aus mehreren Gründen ist das jedoch eine ausgesprochen schlechte Strategie. Das Gesetz des abnehmenden Ertrages ist nirgendwo so ausgeprägt wie in der Programmierung. Das hängt damit zusammen, daß sich Änderungen am Datenmodell während der Programmierung praktisch **immer** als unumgänglich herausstellen. Solche Änderungen müssen mit allen beteiligten Programmierern abgestimmt werden. Je mehr Programmierer in ein Projekt involviert sind, desto mehr Zeit nehmen die Abstimmdiskussionen in Anspruch. Bei einer größeren Anzahl Programmierer ist es durchaus möglich, daß mehr Zeit mit Kommunikation als mit Programmieren verbracht wird! Deswegen besagt eine alte Faustregel, daß der Grenznutzen des fünften Programmierers gleich Null ist. Darüber hinaus leidet die Qualität des Systems unter einer zu großen Anzahl Programmierer. Ein gutes System ist wie "aus einem Guß", d.h. alle Routinen sind nach den gleichen Prinzipien aufgebaut. Je mehr Programmierer, desto schwieriger ist es, eine solche konzeptionelle Integrität zu erreichen - trotz weitestgehender Standardisierung sorgen unterschiedliche Programmierstile immer für eine uneinheitliche Systemgestaltung. Aus diesen Gründen sind bei der Disposition der Programmierer zwei Grundregeln einzuhalten:

- Die Anzahl der Programmierer sollte auf dem absoluten Minimum, das noch mit der Einhaltung der Terminauflagen vereinbar ist, gehalten werden. Im Zweifelsfall gilt es, eher weniger als mehr Programmierer einzusetzen. Man sollte niemals der Versuchung erliegen, einem Projekt mit Verspätung zusätzliche Programmierer zuzuteilen - die Verspätung wird dadurch nur gravierender.

- Die Arbeitsteilung unter den Programmierern sollte so organisiert werden, daß der Kommunikationsbedarf minimiert wird. Das wird am besten dadurch gewährleistet, daß jeder Programmierer einen möglichst in sich abgeschlossenen Systemteil übernimmt.

Der Sinn dieser Grundregeln kann anhand des in Abbildung 6.2 gezeigten Systems verdeutlicht werden. Diese 13 Programme werden am besten von einem Programmierer in der oben beschriebenen Reihenfolge erstellt. Müssen allerdings aus Termingründen zwei Programmierer für die Entwicklung des Systems eingesetzt werden, entstehen sofort Zusatzkosten, die vor allen Dingen daraus resultieren, daß die Programmierer nur abhängig voneinander arbeiten können. So würde z.B. ein Programmierer die Programme bis zur Erstellung der Datei der Lehrveranstaltungen schreiben und der andere die verbleibenden übernehmen. Die Schnittstellendatei bildete die Datei der Lehrveranstaltungen. Der zweite Programmierer könnte erst mit seinem Arbeitsanteil beginnen, wenn ein Gerüstprogramm geschrieben worden ist, mit dem Testsätze für diese Datei geschaffen werden können. Dieses Programm würde nach der Fertigstellung des Systems weggeworfen werden. Darüber hinaus käme es zu Arbeitsverzögerungen, weil jede auftretende Änderung am Format der Datei der Lehrveranstaltungen unter den Programmierern abgesprochen und das Gerüstprogramm entsprechend angepaßt werden müßte. Bei steigender Anzahl Programmierer kann der durch Kommunikationserfordernisse bedingte Aufwand geometrisch wachsen.

6.1.4 Aufstellung eines Netzplans

Die Netzplantechnik ist ein sehr nützliches Hilfsmittel für die Abwicklung von Projekten jeder Größenordnung. Vor einigen Jahren war die Erfassung eines Netzplans so aufwendig, daß diese Technik nur bei sehr komplexen Projekten zum Einsatz kam. Heute sorgen graphikfähige Mikrocomputer für

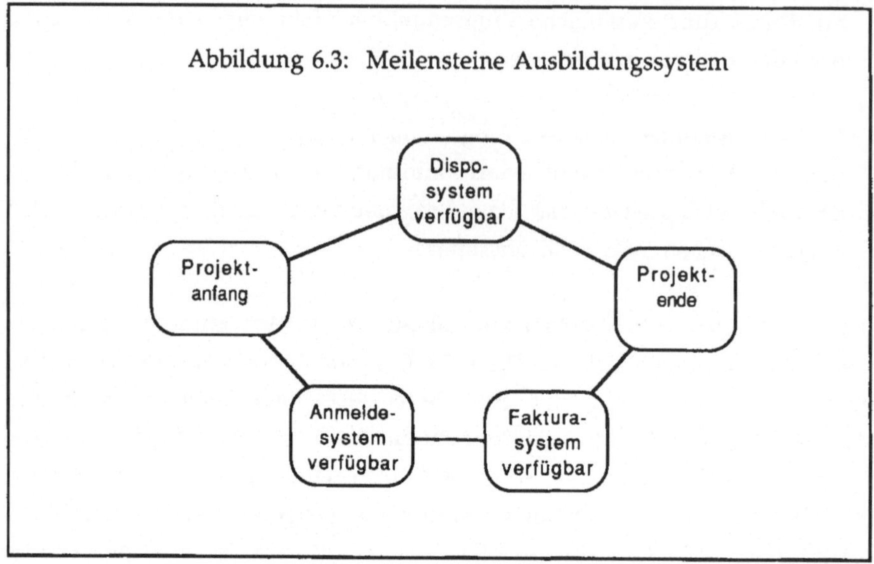

einen Bedienungskomfort, der den Einsatz von Netzplantechnik auch bei kleinen Projekten interessant macht. Durch Maustechnik lassen sich Netzpläne in kurzer Zeit graphisch erfassen, abändern, speichern und ausdrucken. Die einmal gespeicherten Daten können auf verschiedene Weise graphisch aufbereitet werden. PC-basierte Netzplansysteme bieten eine der komfortabelsten Möglichkeiten, den Überblick über ein Projekt zu behalten.

Ein Projekt wird durchgeführt, um bestimmte Ergebnisse zu erzielen. Das Vorhandensein eines Ergebnisses oder einer Gruppe von Ergebnissen wird in der Netzplantechnik als Meilenstein bezeichnet. Wenn alle Meilensteine eines Projektes erreicht sind, ist das Projekt abgeschlossen. Um Meilensteine zu erreichen, müssen bestimmte Tätigkeiten - oftmals in einer festgelegten Reihenfolge - erledigt werden. Die Meilensteine, die Tätigkeiten und ihre logischen Zusammenhänge werden in einem Netzplan graphisch abgebildet.

Als Beispiel eines Netzplans werden die Tätigkeiten und Meilensteine für die Erstellung des in Abbildung 6.2 gezeigten Systems verwendet. Dabei wird davon ausgegangen, daß zwei Programmierer für dieses Projekt eingesetzt werden.

Das System besteht aus drei Teilsystemen:

1. dem Disposystem
2. dem Anmeldesystem
3. dem Fakturasystem

Damit die beiden Programmierer möglichst die gleiche Anzahl von Programmen zu erarbeiten haben, wird dem ersten das Disposystem und dem zweiten das Anmelde- und Fakturasystem zugeteilt. Das Projekt hat fünf Meilensteine: Das Vorhandensein des Dispossystems, das Vorhandensein des Anmeldesystems und das Vorhandensein des Fakturasystems; darüber hinaus sind auch der Projektanfang und das Projektende als Meilensteine anzusehen. Als erster Schritt bei der Aufstellung eines Netzplans werden die Meilensteine gemäß der Reihenfolge der Projektarbeiten graphisch abgebildet, wie in Abbildung 6.3 gezeigt. Die Meilensteine sind hier als gerundete viereckige Kästen abgebildet. Dieses Diagramm drückt aus, daß die Arbeiten zur Erreichung des Meilensteins Disposystem parallel zu den Arbeiten zur Erreichung der Meilensteine, Anmeldesystem und Fakturasystem ablaufen, daß aber zuerst das Anmeldesystem und dann das Fakturasystem fertiggestellt wird. Eine wichtige Eigenschaft eines Netzplans ist also zu zeigen, welche Aufgaben seriell und welche parallel ablaufen.

Der nächste Schritt zur Erstellung eines Netzplans besteht im Ausfüllen des Meilensteinnetzplans mit den zur Erreichung der Meilensteine notwendigen Tätigkeiten. Diese werden als viereckige Kästen (ohne Rundung), wie in Abbildung 6.4 gezeigt, abgebildet. In diesem Beispiel setzt sich fast jede Tätigkeit aus dem Schreiben und Testen eines bestimmten Programms zusammen. Da zwei Programmierer dem Projekt zugeteilt sind, gibt es zwei parallel verlaufende Tätigkeitspfade, die gleichzeitig und relativ unabhängig voneinander ablaufen können. Die serielle Anordnung der Tätigkeiten in jedem Pfad drückt aus, daß die betreffenden Programme nacheinander geschrieben und getestet werden. Die Reihenfolge ergibt sich in erster Linie aus den logischen Zusammenhängen der verschiedenen Dateien. In manchen Fällen, wie bei den ersten fünf Programmen des oberen Pfades, ist die Reihenfolge unerheblich und kann vom Disponenten nach Belieben festgelegt werden.

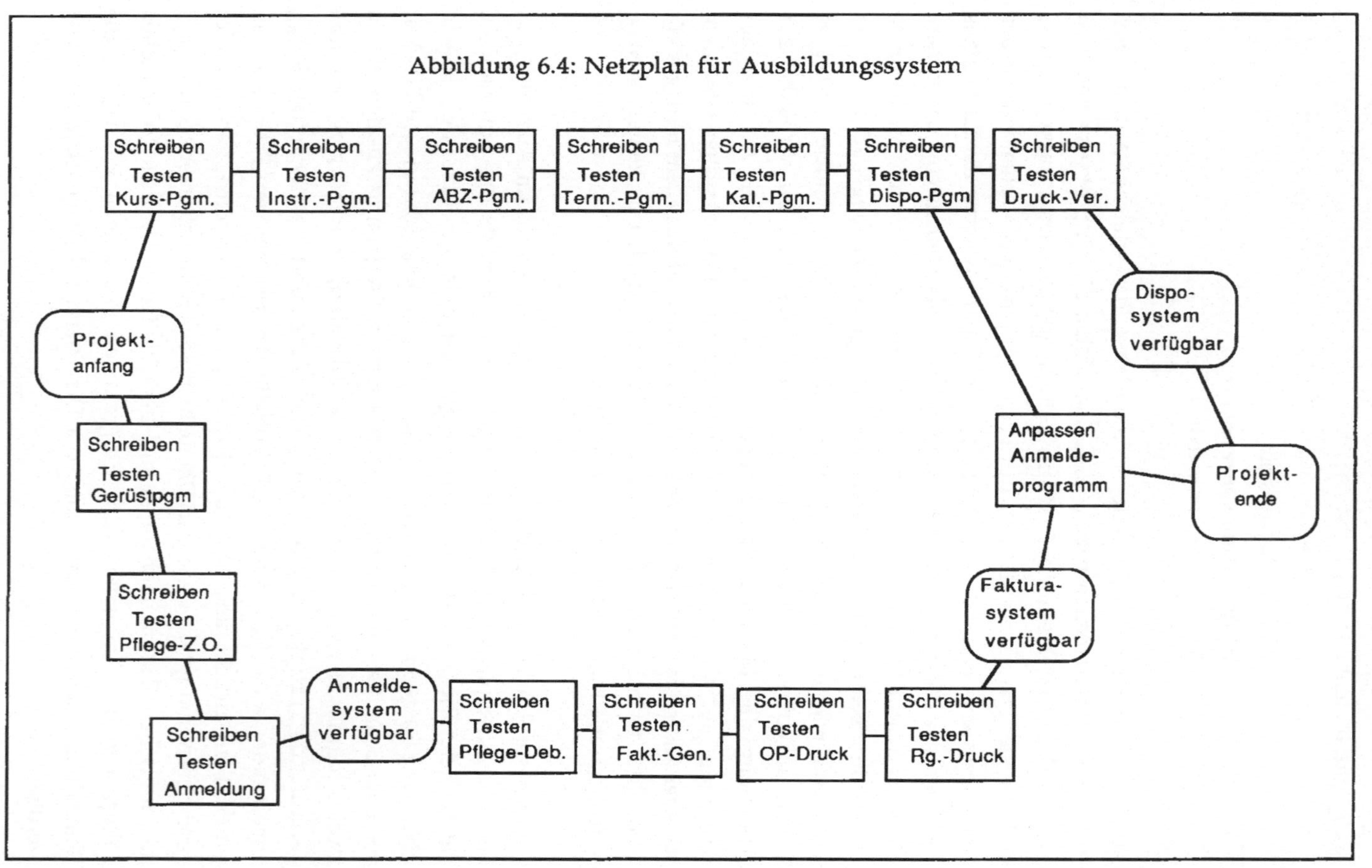
Abbildung 6.4: Netzplan für Ausbildungssystem
Schreiben
Testen
Kurs-Pgm.
Schreiben
Testen
Instr.-Pgm.
Schreiben
Testen
ABZ-Pgm.
Schreiben
Testen
Term.-Pgm.
Schreiben
Testen
Kal.-Pgm.
Schreiben
Testen
Dispo-Pgm
Schreiben
Testen
Druck-Ver.
Dispo-
system
verfügbar
Projekt-
anfang
Anpassen
Anmelde-
programm
Projekt-
ende
Schreiben
Testen
Gerüstpgm
Faktura-
system
verfügbar
Schreiben
Testen
Pflege-Z.O.
Schreiben
Testen
Anmeldung
Anmelde-
system
verfügbar
Schreiben
Testen
Pflege-Deb.
Schreiben
Testen
Fakt.-Gen.
Schreiben
Testen
OP-Druck
Schreiben
Testen
Rg.-Druck

Gelegentlich bestehen zwischen Tätigkeiten in zwei parallel verlaufenden Pfaden bestimmte logische Abhängigkeiten. Das bedeutet, daß eine Tätigkeit im ersten Pfad trotz Erledigung ihrer Vorgängertätigkeit im gleichen Pfad nicht vor der Erledigung einer anderen Tätigkeit im zweiten Pfad in Angriff genommen werden kann. Die Tätigkeit im zweiten Pfad ist also auch eine logische Vorgängerin der Tätigkeit im ersten Pfad. Diese Beziehung wird durch eine Linie zwischen den beiden Tätigkeiten zum Ausdruck gebracht. Im Beispiel gibt es nur einen Fall dieser Art von Querbeziehung. Die Tätigkeit "Anpassen Anmeldeprogramm" muß vom zweiten Programmierer erledigt werden, da die Datei der Lehrveranstaltungen zu Testzwecken durch ein Gerüstprogramm erstellt wurde. Das kann aber sinnvollerweise erst nach Erledigung der Tätigkeit "Schreiben und Testen Dispoprogramm" vorgenommen werden.

Um die wichstigsten Vorteile der Netzplantechnik zu erzielen, müssen nur noch zwei Informationen für jede Tätigkeit gespeichert werden: die Dauer und die Zuständigkeit. Darüber hinaus muß ein Anfangsdatum für das Projekt festgelegt werden. Anhand dieser Informationen kann dann eine Netzplansoftware viele aufschlußreiche Auswertungen und Graphiken erstellen. Das Datum des frühesten und spätesten Anfangs und Endes jeder Tätigkeit wird z.B. unter Berücksichtigung aller logischen Zusammenhänge und Zeitangaben automatisch errechnet. Dabei wird ermittelt, welcher der parallel verlaufenden Pfade der kritische Pfad ist, d.h. derjenige, bei dem die Verzögerung von nur einer einzelnen seiner Tätigkeiten zur Verzögerung des gesamten Projektes führt. (Die Programme dieses Pfades sollten auf jeden Fall dem besten Programmierer zugeteilt werden.)

In Abbildung 6.5 wird das Netzplanbeispiel noch einmal gezeigt, dieses Mal um die Angaben "frühestes Anfangsdatum", "Dauer" und "zuständiger Programmierer" ergänzt. Das früheste Anfangsdatum steht oben links oberhalb eines jeden Kastens. Rechts davon ist die Zeitdauer in Tagen, unten rechts die Abkürzung des zuständigen Programmierers angegeben. Wird der 1. Juni 1989 als Anfangsdatum festgelegt, so errechnet das System als Projektendedatum den 30. Juni 1989. (Das System geht hierbei von einer fünftägigen Arbeitswoche aus.) Alle Datumsangaben sind durch das Anfangsdatum, die Dauerangaben und die logischen Zusammenhänge der Tätigkeiten bestimmt. Das System

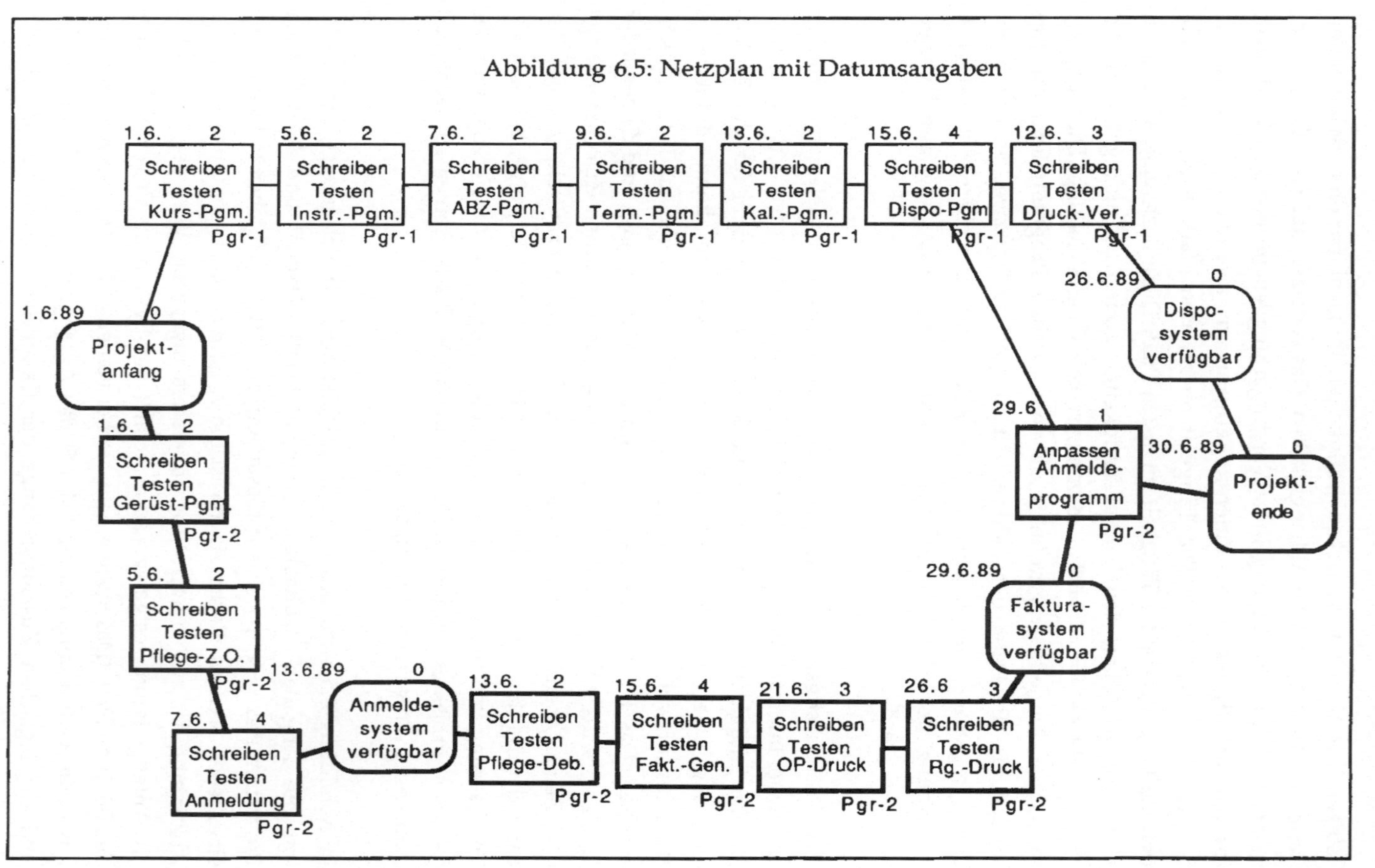

Abbildung 6.5: Netzplan mit Datumsangaben

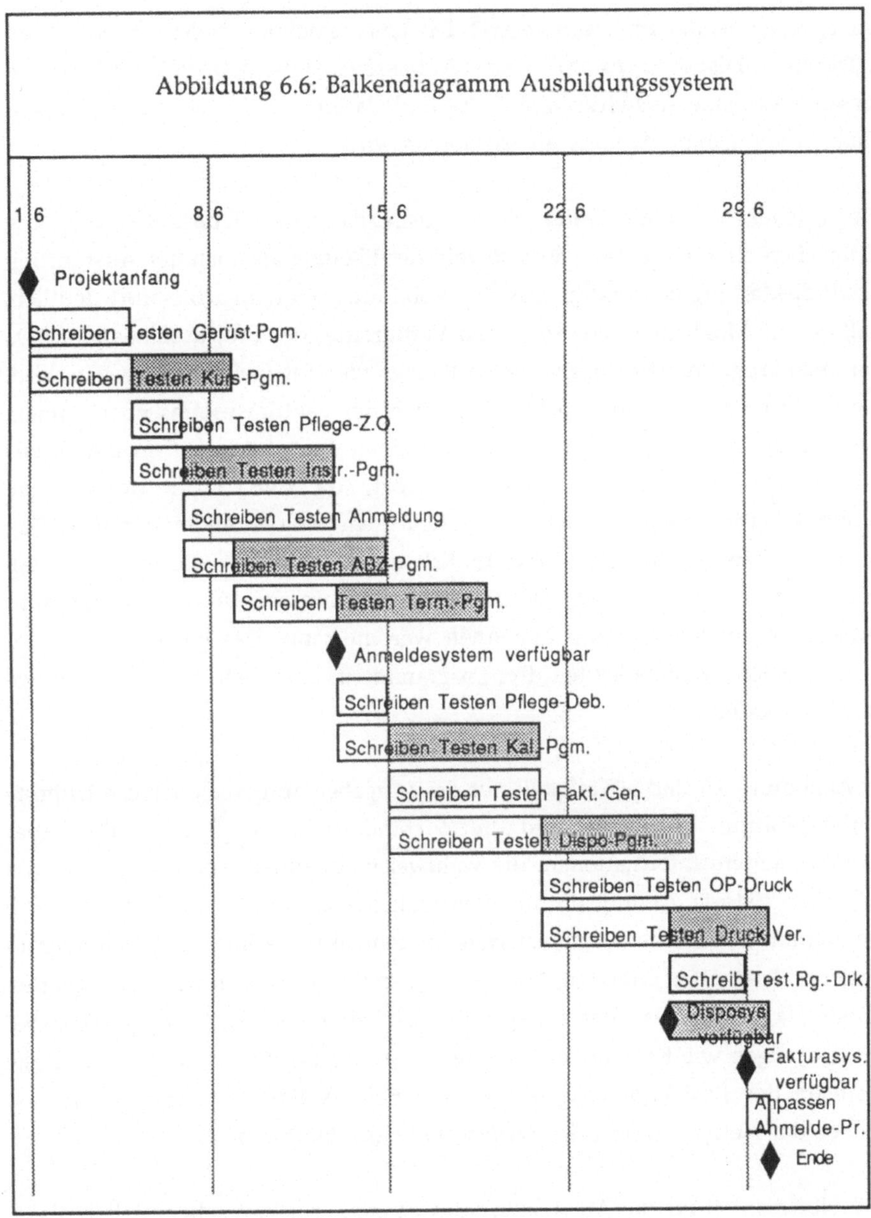

ermittelt gleichzeitig den kritischen Pfad - im Beispiel ist das der untere Pfad, der im Diagramm fett gezeichnet ist. Der obere Pfad hat einen Zeitpuffer von vier Tagen, d.h. der Programmierer-1 wird mit seinen Aufgaben vier Tage früher fertig als der Programmierer-2. Die Querbeziehung zwischen "Schreiben - Testen - Dispoprogramm" und "Anpassen Anmeldeprogramm" hat in diesem Fall keine Auswirkung auf das Endedatum, da die Vorgängertätigkeit ohnehin viel früher als nötig abgeschlossen wird.

Ein solcher Netzplan bietet einen ausgezeichneten Überblick über die Tätigkeiten eines Projektes, was sowohl der Planung als auch der Ausführung des Projektes zugute kommt. Aus der Abbildung 6.5 wird z.B. sofort deutlich, daß es eine Möglichkeit zur zeitlichen Verkürzung des Projektplanes gibt. Da der erste Programmierer mit seinen Aufgaben vier Tage früher fertig sein wird, könnte er eines von den Druckprogrammen des Fakturasystems übernehmen. Das würde den Zeitplan theoretisch um einen Tag verkürzen. In der Praxis wäre das jedoch nicht empfehlenswert, da der dafür notwendige Kommunikationsaufwand wahrscheinlich mehr als den einen ersparten Tag beanspruchen würde. Eine andere Erkenntnis, die aus diesem Netzplan gewonnen werden kann, ist, daß die Tätigkeit "Anpassen Anmeldeprogramm" jederzeit nach dem 21. Juni begonnen werden kann. Das bedeutet, daß der Programmierer-2 seine letzten drei Programme in einer beliebigen Reihenfolge erledigen kann.

In Abbildung 6.5 sind je Tätigkeit nur drei Angaben aufgezeichnet: das früheste Anfangsdatum, die Dauer und die Zuständigkeit. Das System führt aber mehrere andere Informationen, die wahlweise abgerufen werden können, wie z.B. das späteste Anfangsdatum, das früheste Enddatum und das späteste Enddatum. Die meisten Netzplansysteme können diese Informationen auch in anderen Formaten anbieten, wie z.B. in dem in Abbildung 6.6 gezeigten Balkendiagramm. Darüber hinaus gibt es bei vielen Systemen zusätzliche Einrichtungen wie Kostenüberwachung, Ressourcenplanung usw., die fast alle Aspekte der Projektplanung abdecken. Bei DV-Entwicklungsprojekten ist jedoch der Netzplan selbst das wichtigste Instrumentarium.

Ein Netzplan ist für die Abwicklung des ganzen Projektes sehr nützlich. Es ist empfehlenswert, jedem beteiligten Mitarbeiter eine Kopie des Plans zur Verfügung zu stellen, um die Wichtigkeit der jeweiligen Termine für das Gesamtprojekt zu verdeutlichen. Während des Ablaufs des Projektes sollte nach Erledigung jeder Tätigkeit das Plandatum durch ein Ist-Datum ersetzt werden. Werden diese Angaben im System gespeichert, so kann ein neuer Plan erstellt werden, der die Auswirkungen eventueller Verzögerungen zeigt. Auch die Ursachen der Verzögerungen gehen aus einem Netzplan sehr klar hervor. Solche Informationen sind für eine gute Projektleitung unentbehrlich.

6.2 Die Rolle der wiederbenutzbaren Komponenten

Im ersten Kapitel ist bereits darauf hingewiesen worden, daß der Einsatz von wiederbenutzbaren Komponenten eine der wirkungsvollsten Produktivitätsstrategien in der Softwareentwicklung ist. Wiederbenutzbarkeit wird durch Standardisierung aller Programme und Programmkomponenten erreicht, die jedem Programmierer in einer zentralen Bibliothek zur Verfügung stehen sollten. Darüber hinaus benötigen die Programmierer bestimmte Werkzeuge, um die Systembauteile in fertige, anwendungsgerechte Funktionen umsetzen zu können. Die fertigen Programme müssen auch einer Qualitätskontrolle unterzogen werden, die u.a. die sachgerechte Anwendung der Standardkomponenten sicherstellt. Der Erfolg beim Einsatz wiederbenutzbarer Softwarekomponenten hängt also stark von der Gestaltung der zentralen Bibliothek, der Eignung der eingesetzten Werkzeuge und einer Qualitätssicherung ab.

6.2.1 Die zentrale Bibliothek

Die bedeutendsten Komponenten in der zentralen Bibliothek sind die 12 Modellprogramme. Dabei ist es sehr wichtig, daß die Modelle lauffähige Programme und nicht nur leere Programmrahmen sind. Der Programmierer muß die Möglichkeit haben, jedes Programm in seinem ursprünglichen Zustand wirklich ausführen zu können, damit eventuell auftretende Schwierigkeiten bei der veränderten Version leichter eingegrenzt werden können. Außerdem sollten die Modellprogramme einen mittleren Schwierigkeitsgrad aufweisen - ein zu einfaches Modellprogramm deckt zu wenige der in der Praxis vorkommenden Probleme ab, ein zu komplexes erfordert einen übermäßigen Anpassungsaufwand. Selbstverständlich müssen alle Modellprogramme einem hohen technischen Standard entsprechen, da

Abbildung 6.7:   Bestandteile der Komponentenbibliothek

• Modellprogramme

• Bildschirmein- und -ausgaberoutinen

• Datenbankzugriffsroutinen

• Tabellenzugriffsroutinen

• Subroutinen zur Konvertierung von Datumsangaben

• Subroutinen zur Verarbeitung von Zeichenketten

• Statistische und mathematische Subroutinen

sich sonst eventuell vorhandene Schwachstellen über die ganze Installation ausbreiten werden.

Die Modellprogramme selbst bestehen aus Komponenten, die standardisiert und in der zentralen Bibliothek abgespeichert sind. Beispiele solcher Standardkomponenten sind in Abbildung 6.7 dargestellt. Alle sonstigen Routinen, die in vielen Programmen benutzt werden, sollten ebenfalls soweit wie möglich parametrisiert, standardisiert und in der zentralen Bibliothek gespeichert werden.

Sowohl die Modellprogramme als auch die Subkomponenten müssen gut dokumentiert sein. Das wird am besten dadurch gewährleistet, daß die Dokumentation in einem normierten Format als Kommentarzeilen in den jeweiligen Routinen gespeichert wird. Jede Dokumentation muß eine Beschreibung und eine Anpassungsanleitung beinhalten, die bei jeder Änderung des Quellcodes (wenn notwendig) gleich mitgeändert werden. Diese Vorgehensweise ist die beste Garantie dafür, daß die Dokumentation auf dem neuesten Stand bleibt. Darüber hinaus kann dann durch das Ausdrucken des

Inhalts der zentralen Bibliothek leicht ein Handbuch erstellt werden. Die Druckroutine sollte imstande sein, ein ausführliches Inhaltsverzeichnis automatisch mitzuerstellen. Jedem Programmierer muß eine aktuelle Kopie dieses Handbuchs zur Verfügung stehen.

Es ist empfehlenswert, einen bestimmten Mitarbeiter mit der Verwaltung der zentralen Bibliothek zu betrauen. Dieser Mitarbeiter ist für die Aufstellung neuer Standards, die Pflege der zentralen Bibliothek und die technische Unterstützung der Programmierer zuständig. Er ist der einzige, der Veränderungen in der Bibliothek vornehmen darf - alle anderen Programmierer haben nur Lesezugriff. Dieser Mitarbeiter spielt in allen Entwicklungsprojekten eine wichtige Rolle und sollte deshalb sehr qualifiziert sein. Er sollte auch an der Qualitätskontrolle eng beteiligt sein.

6.2.2 Werkzeuge zum Aufbau des Prototyps

Das wichtigste Werkzeug für die Programmerstellung ist der Editor. Jeder Programmierer verbringt einen erheblichen Teil seiner Zeit mit der Bearbeitung von Quellcode, deswegen sollte der Editor so komfortabel wie möglich sein. Über die üblichen Einrichtungen hinaus muß ein guter Editor die folgenden Eigenschaften aufweisen:

- Die Pflege des Quellcodes muß auf dem ganzen Bildschirm (nicht nur in einer Zeile) möglich sein.

- Es muß möglich sein, Programmteile aus einer Datei in andere Dateien zu kopieren bzw. aus anderen Dateien abzurufen.

- Es muß möglich sein, mehrere Dateien auf einmal (z.B. durch Unterteilung des Bildschirms) zu bearbeiten.

Angesichts der Selbstverständlichkeit der obigen Forderungen ist es erstaunlich, daß die zu mancher Hardware mitgelieferten Editoren nicht über diese Einrichtungen verfügen. Die Anschaffung eines Fremdproduktes ist in solchen Fällen eine lohnende Investition.

Das zweitwichtigste Werkzeug in der Programmierung ist der Debugger. Der Debugger muß imstande sein, die schrittweise bzw. befehlsweise Ausführung des Programms zu unterstützen. Dabei sollte es möglich sein, die Inhalte von internen Variablen anzusehen und zu verändern. Mit einem schlechten Debugger kann das Testen eines Programms ein Vielfaches der üblichen Zeit in Anspruch nehmen.

So wie ein Debugger dem Programmierer während des Programmtests die Kontrolle über die internen Daten ermöglicht, muß ein anderes Werkzeug die Kontrolle auch über die externen Daten bieten. Für die meisten Datenbankverwaltungssysteme gibt es z.B. Abfragesprachen, mit denen Daten leicht gespeichert, gelistet und gelöscht werden können. Bei anderen Datenstrukturen ist man auf Hilfsroutinen, Generatoren oder selbsterstellte Prozeduren angewiesen. Auf jeden Fall muß der Programmierer vor jedem Test Datensätze zum Aufbau einer Testumgebung erstellen können. Nach jedem Test muß er die aus dem Test resultierenden Dateien (oder Veränderungen in bestehenden Dateien) anschauen können. Die Wichtigkeit dieses Anliegens wird oft unterschätzt. Dabei ist es ohne weiteres möglich, daß ein Programmierer zwei Stunden mit der Zusammenstellung eines Programmes und anschließend zwei Tage mit dem Testen verbringt. Der große zeitliche Aufwand für das Testen hängt in erster Linie mit Schwierigkeiten beim Aufbau und bei der Auswertung der Testumgebung zusammen. Ein effizientes Werkzeug zur Pflege von Testumgebungen kann deswegen eine enorme Auswirkung auf die Programmierproduktivität haben.

Bei interaktiven Programmen nehmen der Entwurf und die Kodierung von Bildschirmmasken einen beachtlichen Teil der Programmierzeit in Anspruch. Diese Arbeiten werden durch Bildschirmmaskengeneratoren erheblich erleichtert. Ein gutes derartiges Werkzeug ermöglicht den Entwurf einer Bildschirmmaske als Textmatrix und die anschließende automatische Generierung der notwendigen Programmangaben.

Eine fünfte Kategorie von Werkzeugen betrifft die Schnittstelle zur Systemprogrammierung. In der Welt der Großanlangen ist es bei interaktiven Programmsystemen und solchen, die Datenbankverwaltungssysteme in Anspruch nehmen, erforderlich, daß Anwendungsprogrammierer und

Abbildung 6.8: Wichtigste Werkzeuge für die Programmentwicklung

- komfortabler und leistungsfähiger Quellcode-Editor

- Debugger

- Werkzeug zur Pflege und Auswertung von Testdaten

- Bildschirmmaskengenerator

- Werkzeuge zur Verarbeitung von Systemparametern

Systemprogrammierer eng zusammenarbeiten. Die Systemprogrammierer nehmen bestimmte Informationen von den Anwendungsprogrammierern entgegen und passen daraufhin verschiedene Parameter des Betriebssystems entsprechend an. Beispiele solcher Informationen (aus der IBM-Welt) sind Transaktionscodes, Programmkontrollblöcke, Programmstatusblöcke usw. Da die Systemprogrammierung mittlerweile zu einem komplexen Spezialgebiet geworden ist, kann die Schnittstelle zwischen der Anwendungsprogrammierung und der Systemprogrammierung zu einem Engpass in der Softwareentwicklung werden. Beispielsweise kann ein Anwendungsprogrammierer in der Praxis oft Stunden oder gar Tage auf eine kleine aber unentbehrliche Änderung in einer bestimmten Systemtabelle warten, die nur durch den entsprechenden Systemspezialisten vorgenommen werden darf. Solche Verzögerungen entstehen in der Regel deswegen, weil sich der System- spezialist nicht über die Dringlichkeit des Anliegens im klaren ist oder weil die Zusammenarbeit zwischen den Gruppen nicht hinreichend geregelt ist. Solche Probleme lassen sich durch geeignete Werkzeuge, die die Erfassung von Systemanforderungen durch den Anwendungsprogrammierer und die Bear- beitung durch den Systemprogrammierer unterstützen, in den Griff bekommen. Werkzeuge dieser Art ermöglichen auch eine bessere Kontrolle der Bearbeitung solcher Anforderungen. Existieren derartige Werkzeuge für

Abbildung 6.9: Werdegang eines Programmsystems

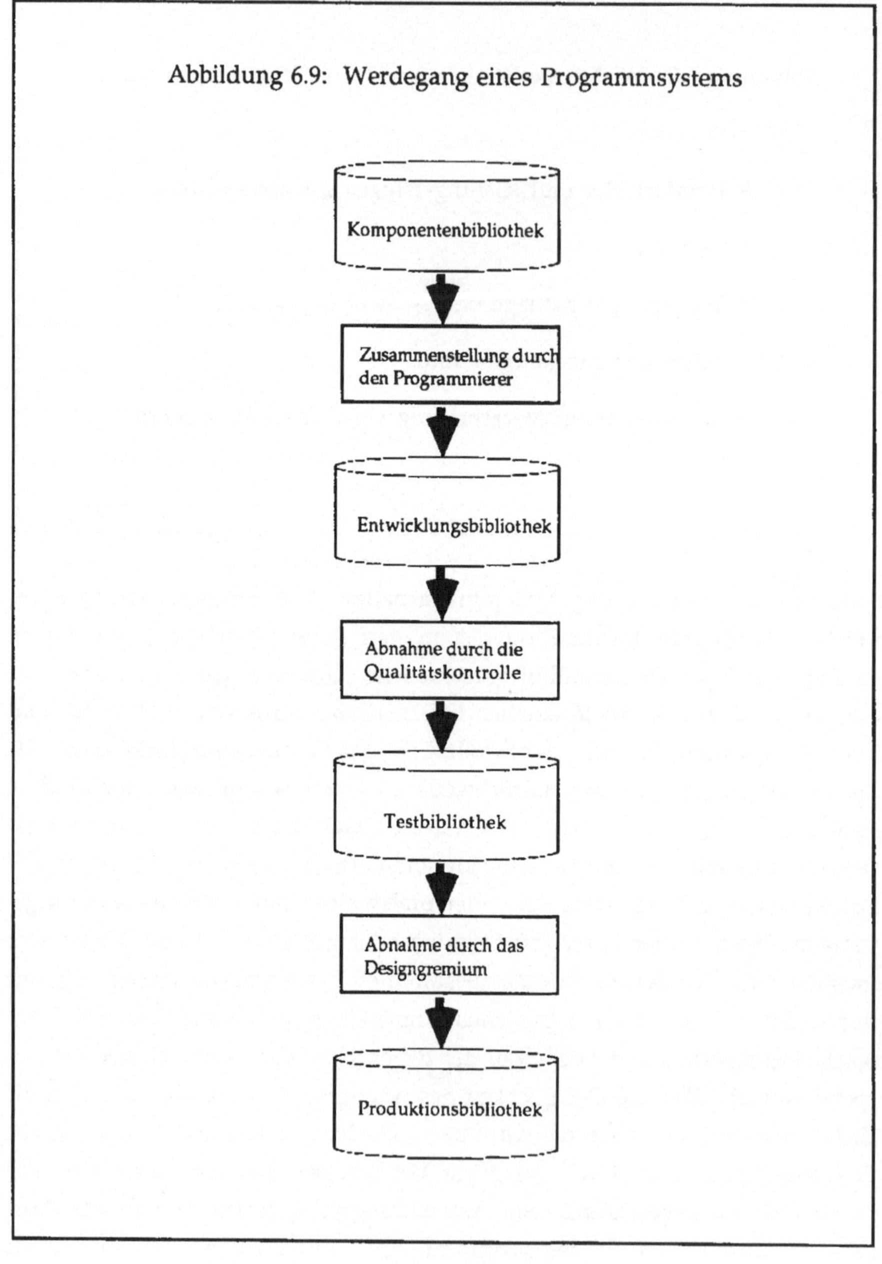

die betreffende Entwicklungsumgebung nicht, so sollten zumindest maßgeschneiderte Prozeduren auf der Basis einer durchdachten Organisation entwickelt werden.

6.2.3   Qualitätssicherung durch Abnahmen (Reviews, Structured Walkthroughs)

Alle Standardisierungsmaßnahmen nützen wenig, wenn die Anwendung der Standards nicht konsequent kontrolliert wird. Die Bekanntgabe der Standards allein reicht nicht aus, da es immer Programmierer gibt, die versuchen werden, die Standards zu umgehen. Die Kontrolle muß deswegen durch ein Abnahmeverfahren gesichert werden. Um das Abnahmeverfahren zu erleichtern, sollte es vier Bibliotheken geben:

- die oben beschriebene Komponentenbibliothek, die nur durch den zuständigen Verwalter verändert werden darf

- eine Entwicklungsbibliothek, die die Programmierer für die Zusammenstellung und den Test ihrer Module benutzen

- eine Testbibliothek, die die von den Programmierern fertiggestellten Programme während der Benutzertests speichert

- eine Produktionsbibliothek, die die vollständig ausgetesteten Programme für den normalen Systembetrieb speichert

In der Phase 2 werden die Programme unter Verwendung der Komponenten aus der Komponentenbibliothek in der Entwicklungsbibliothek zusammengestellt und getestet. Nach erfolgreichem Programmtest informiert der Programmierer den Bibliotheksverwalter, daß ein Programm für den Benutzertest bereit ist. Es obliegt dem Verwalter, zu diesem Zeitpunkt zu kontrollieren, ob alle Standards eingehalten worden sind. (Dies wird erleichert, wenn alle Standardroutinen als getrennte Kopierstrecken abgespeichert sind.) Erst nach bestandener Qualitätsprüfung sollte der Verwalter das Programm in die Testbibliothek überspielen. Die Anwender testen dann das Programm im

Abbildung 6.10: Voraussetzung für die effiziente Testverwaltung

* gut abstimmte Testpläne

* praxisnahe Testdaten in ausreichender Menge

* Werkzeuge zur Pflege und Auswertung von Testdatenbeständen

* Prozeduren zur Wiederherstellung von Testumgebungen
  nach Satzlayoutänderungen

Rahmen der im nächsten Kapitel zu besprechenden Verfeinerungsiterationen (Phase 3). Nach Abschluß dieses Verfahrens wird die Funktionstüchtigkeit des Softwaresystems von einem Designgremium bestätigt und alle Programme schließlich in die Produktionsbibliothek übernommen. Die Qualität der Software wird also zweimal überprüft, einmal durch den Bibliotheksverwalter auf die Einhaltung der formellen Richtlinien und einmal durch das Designgremium auf die allgemeine Funktionalität hin.

6.3 Die Verwaltung des Testens

Ein angemessenes Test-Management ist eine oft unterschätzte Produktivitätsquelle. Bei der Entwicklung von Software verbringen Programmierer in der Regel einen verblüffend kleinen Teil ihrer Zeit mit dem eigentlichen Programmieren - der größere Teil wird durch das Testen beansprucht. In den meisten EDV-Abteilungen werden Programmtests nach wie vor den einzelnen Programmierern überlassen. Das kann zur Folge haben, daß Programmtests nicht gründlich genug durchgeführt werden. Das löst wiederum irritierende und zeitraubende Probleme bei den Verfeinerungsiterationen aus und führt dazu, daß das Vertrauen der Benutzer in die technischen Fähigkeiten des

Entwicklungsstabes beeinträchtigt wird. Die häufig mangelnde Gründlichkeit beim Programmtesten hat mehrere Ursachen:

- Es fehlen praxisnahe Testdaten.

- Die Pflege der Testumgebung ist zu umständlich.

- Die Programmierer behindern sich gegenseitig durch die unkontrollierte Verwendung der gleichen Testumgebung.

Alle drei Probleme lassen sich durch eine durchdachte Organisation des Testens weitgehend eliminieren.

6.3.1 Die Bereitstellung von Testdaten

Die Entwicklung von Testdaten sollte auf keinen Fall dem einzelnen Programmierer überlassen werden, da er sich bei deren Gestaltung immer an seinen eigenen Erwartungen darüber, wie diese Daten in der Praxis aussehen werden, orientiert. Diese Erwartungen sind auch in die Logik des Programmes eingebaut. Es ist deswegen nicht verwunderlich, daß die vom Programmierer gewählten Testdaten zwar funktionieren, aber dennoch keinen guten Test darstellen. Es sind die vom Programmierer unerwarteten Datenkonstellationen, die die späteren Probleme auslösen und beim Testen aufgedeckt werden müssen. Deswegen sollte ein anderer, am besten der Projektleiter, die Testdaten entwickeln.

Die Entwicklung der Testdaten sollte der Programmierung der betreffenden Programme vorangehen, am besten indem echte Benutzerdaten durch den Projektleiter erhoben werden. Dazu sind Formulare erforderlich, die sich an den Bildschirmmasken orientieren - Photokopien der Maskenlayouts reichen meistens aus. Diese Formulare werden den betreffenden Benutzern mit der Bitte, eine ganz bestimmte Anzahl mit praxisnahen Daten auszufüllen, ausgehändigt. Bei Tabellendaten ist es angebracht, alle gültigen Werte zu erfassen. Bei anderen Datengruppen hängt die erforderliche Anzahl von der Datenvielfalt ab: Bei Daten, die viele verschiedene, unterschiedlich zu verarbeitende Konstellationen aufweisen, ist eine große Anzahl von Testsätzen notwendig (> 100 Sätze); bei Daten, die relativ einheitlich verarbeitet werden, genügen schon 20 bis 30 Sätze. Ein Teil der Testsätze wird dem Programmierer zur Verfügung gestellt, ein anderer Teil wird für die Qualtitätskontrolle aufgehoben.

6.3.2 Die Pflege der Testumgebung

Die Pflege der Testumgebung ist bei interaktiven Programmen problematischer als bei Stapelverarbeitungsprogrammen. Ein typisches Stapelverarbeitungsprogramm hat Ein- und Ausgabendateien. Beim Testen liest das Programm im Rahmen einer einmaligen Verarbeitung die Eingabedateien und erstellt die Ausgabedateien. Die Funktionstüchtigkeit des Programms ist leicht durch einen Vergleich der Inhalte der Ein- und Ausgabedateien zu prüfen. Der Test kann problemlos nach dem Löschen der Ausgabedateien wiederholt werden. Bei der interaktiven Programmierung werden Datenbestände oft im Zuge der Verarbeitung verändert, so daß die ursprüngliche Datenkonstellation zerstört wird. Darüber hinaus können bei jeder Bildschirmein- und -ausgabe weitere Veränderungen der Datenbestände ausgelöst werden. Es wird dadurch schwieriger, die Datentransformationen nachzuvollziehen. Gutes Testen setzt jedoch einen streng kontrollierten Versuch voraus, d.h. daß die Zustände der Datenstrukturen vor und nach jedem Test leicht ermittelbar und dokumentierbar sein müssen. Darüber hinaus muß es möglich sein, den Test mit vertretbarem Aufwand so oft wie nötig zu wiederholen. Diese Probleme können durch eine gute Organisation gelöst werden. Es müssen Prozeduren existieren, mit denen jederzeit "Schnappschüsse" eines Datenbankinhalts gespeichert und/oder aufgelistet werden können. Vor einem Test soll eine Kopie der Testumgebung so archiviert werden, daß die ursprüngliche Umgebung schnell und mit wenig Aufwand wiederhergestellt werden kann.

6.3.3 Das Problem der gegenseitigen Behinderung

Programmierer behindern sich oft gegenseitig, wenn sie die gleiche Testumgebung benutzen. Meist sind Satzlayoutänderungen dafür verantwortlich: Ein Programmierer entdeckt, daß eine Satzlayoutänderung für seine in der Entwicklung befindliche Transaktion notwendig ist. Ohne das neue Format kommt er mit dem Testen nicht weiter. Die Änderung betrifft leider aber eine Datenstruktur, die auch von einem zweiten Programmierer benutzt wird. Dieser zweite Programmierer wiederum hat mit erheblichem Aufwand eine Testumgebung aufgebaut, deren Datensätze im alten Format gespeichert sind. Der Einbau des neuen Satzformats erfordert bei den meisten Datenbankverwaltungssystemen die Löschung der alten Datenbank und die Generierung einer neuen. Dabei wird die Testumgebung des zweiten Programmierers zerstört. Entweder muß also der erste Programmierer auf seine Änderung warten oder der zweite Programmierer muß seine Testumgebung neu aufbauen. Bei steigender Anzahl der Programmierer potenziert sich ihre gegenseitige Behinderung.

Dieses Problem kann leider nicht vollständig eliminiert werden. Manche Lieferanten von Datenbankverwaltungssystemen geben zwar an, dieses Problem durch Datenunabhängigkeit lösen zu können, die praktische Realität bleibt allerdings weit hinter den Versprechungen der Werbeunterlagen zurück. Bei vielen der z.Z. auf dem Markt vorhandenen Systemen ist es nicht einmal möglich, archivierte Datenbestände durch die mit dem DBVS gelieferten Hilfsprogramme in einem anderen Format zurückzuladen. Der Projektleiter muß deswegen ein Konzept entwickeln, um durch gute Organisation Störungen dieser Art auf ein Minimum zu reduzieren. Hierfür gibt es zwei Lösungsansätze:

1.   Jeder Programmierer hat seine eigene Kopie der Datenbank, die er nach Belieben ändern darf.

2.   Satzlayoutänderungen werden vom Projektleiter gesammelt. In regelmäßigen Abständen (1- oder 2mal am Tag) wird die Datenbank im alten Format archiviert, gelöscht und im neuen Format wieder aufgebaut. Dann wird der archivierte Bestand unter Berücksichtigung aller Änderungen zurückgeladen. Gibt es dafür keine passende Hilfsroutine, so muß eine geschrieben werden.

Der erste Ansatz ist einfach zu implementieren, bringt aber bestimmte Schwierigkeiten mit sich. Bei verschiedenen Kopien der Testdatenbank hat das

System eine Tendenz, sich auseinanderzuentwickeln. Am Ende der Testphase kann es einen erheblichen Aufwand erfordern, die verschiedenen Kopien der Datenbank zu integrieren. Darüber hinaus entsteht durch diese Methode oft doppelte Arbeit bei der Erstellung der Testumgebungen, denn oftmals könnte der gleiche Testbestand von vielen Programmierern gemeinsam benutzt werden und müßte daher nur einmal aufgebaut werden. Aus diesen Gründen ist die zweite Vorgehensweise vorzuziehen. Sie erfordert allerdings mehr Verwaltungsarbeit seitens des Projektleiters. Er muß sich über die Testpläne der einzelnen Programmierer auf dem laufenden halten und dafür sorgen, daß sie die Voraussetzungen für ihre Tests so schnell wie möglich erhalten. Er muß sich über die gegenseitigen Auswirkungen der anstehenden Tests im klaren sein und die Formatänderungen so steuern, daß Störungen minimiert werden.

6.4 Kontrollfragen bzw. -übungen

1. Wie wird ein Softwarepaket auf methodisch gesicherte Weise ausgewählt?

2. Wie erfolgt die Standardkostenrechnung in Programmierprojekten?

3. Was bestimmt die Reihenfolge der Programmierung?

4. Was sind die Grundregeln bei der Disposition der Programmierer?

5. Welche Standardkomponenten sollten in der zentralen Komponentenbibliothek gespeichert werden?

6. Nennen Sie die wichtigsten Schritte der Qualitätssicherung.

7. Worin besteht das Hauptproblem beim Testen und woraus resultiert es?

7 Die schrittweise Verfeinerung

Die letzte Phase des Dreiphasenkonzeptes besteht in der Verfeinerung des aus der zweiten Phase hervorgehenden Prototyps. In dieser dritten Phase wird das System den betriebswirtschaftlichen Realitäten der Organisation angepaßt, ein Prozeß, der die breite Teilnahme der betreffenden Benutzer erfordert, damit Relevanz und Akzeptanz des Systems gewährleistet werden können. Dabei gilt es vier wichtige Aufgaben zu beachten:

- die Inbetriebnahme der Systemteile und die anschließende Ermittlung von Schwachstellen;

- die Konkretisierung von solchen Verbesserungsmaßnahmen, die sich mit den Mitteln der Informationstechnik durchführen lassen;

- die Konsensbildung unter den verschiedenen, teilweise konfliktträchtigen Arbeitsgruppen;

- die Beschränkung des Verfeinerungsaufwandes auf das ökonomisch Sinnvolle.

Diese Aufgaben haben technische, psychologische, politische und wirtschaftliche Aspekte. Die Vielfalt der auftretenden Probleme erfordert einerseits die Einbeziehung einer relativ großen Anzahl Mitarbeiter, aber andererseits auch eine straff organisierte Vorgehensweise, um eine Kostenexplosion zu vermeiden. In diesem Kapitel werden Organisation, Führung und Arbeitsweise eines Designgremiums erklärt, das imstande ist, solche Aufgaben in einem vorgegebenen Zeitraum zu erledigen.

7.1 Das Designgremium

Berufsanfänger sind oft überrascht, wenn sie entdecken, wie politisch beeinflußt das Arbeitsleben in einer großen Organisation ist. In der Ausbildung oder im Studium hegt man die Erwartung, daß der Erfolg eines Projektes maßgeblich von der Ermittlung der sachlich korrekten Lösung abhänge - es

wird angenommen, daß allein der Beweis der Richtigkeit eines Lösungs-
vorschlags ausreiche, um die Kooperation aller Beteiligten mehr oder weniger
automatisch herbeizuführen. Wie jeder erfahrene Manager weiß, ist diese
Annahme sehr realitätsfern. Die Ausarbeitung einer richtigen Lösung ist oft
eine triviale Aufgabe verglichen mit dem Aufwand, der für die Durchsetzung
der gewählten Lösungsstrategie in einer großen Organisation notwendig ist.
Gerade bei der Einführung von Informationssystemen ist es für den Erfolg
unentbehrlich, die Kooperation zahlreicher Mitarbeiter auf vielen verschiedenen Ebenen zu erlangen, da Qualität und Aktualität von Informationen auf
Dauer nur durch das aktive und engagierte Mitwirken der Beteiligten zu
gewährleisten sind. Aus diesem Grund ist es angebracht, die Implementierung
und schrittweise Verfeinerung eines Informationssystems mit Hilfe eines
repräsentativen Designgremiums durchzuführen, das aus Vertretern der
betroffenen Fachbereiche besteht.

Ein repräsentatives Designgremium ist aus zwei Gründen geeignet, die
erforderliche Kooperation der Fachbereiche herbeizuführen:

- Wegen seiner fachlichen Kompetenz: Die Vertreter der Fachbereiche
  verstehen die subtilen Details der täglichen Arbeitsabläufe bedeutend besser
  als die DV-Experten und können dieses Wissen in den Designprozeß mit
  einbringen. Dadurch wird das Endprodukt den gestellten Aufgaben
  wesentlich gerechter.

- Wegen seiner politischen Legitimation: Durch die Mitbestimmung der
  Fachbereiche ist das Informationssystem nicht mehr eine fremde Sache, die
  von außen aufoktroyiert wird, sondern etwas eigenes, mit dem man sich
  besser identifizieren kann. Die Angst vor den Folgen der Rationalisierung,
  die die Kooperationsbereitschaft oft erheblich beeinträchtigt, kann so
  wirkungsvoller bewältigt werden.

Damit diese Vorteile in der Praxis zum Tragen kommen, muß das Designgremium nach bestimmten Prinzipien organisiert und geführt werden. So
muß schon bei der Zusammenstellung des Designgremiums darauf geachtet
werden, daß die Mitglieder die betriebliche Praxis der Fachbereiche, die sie
vertreten, wirklich genau kennen. Das bedeutet in der Regel, daß das

Gremium nicht allein aus Gruppen- und Abteilungsleitern bestehen sollte. Viele Designgremien scheitern daran, daß sie zu viele "Häuptlinge" und zu wenige "Indianer" als Mitglieder haben. Die für die Verbesserungsiterationen notwendige Rückkopplung aus den Fachbereichen ist sehr spezifisch und detailliert; ein Abteilungsleiter, der über solche praxisbezogenen Detailkenntnisse verfügt, ist eher die Ausnahme. Darüber hinaus sind die strategischen Anliegen, an deren Berücksichtigung das Führungspersonal in erster Linie interessiert ist, bereits in der Sollkonzeption hinreichend abgedeckt. In der Phase 3 geht es hingegen um die Feineinstellung der operativen Abläufe. Deshalb sollte sich das Designgremium aus Mitarbeitern zusammensetzen, die handfeste Erfahrung mit den betreffenden Arbeitsabläufen haben.

Diese Mitarbeiter müssen sorgfältig auf ihre Aufgabe vorbereitet werden. Sie müssen die Grundzüge der elektronischen Datenverarbeitung verstehen und imstande sein, diese Kenntnisse an die von ihnen vertretenen Mitarbeiter weiterzugeben. Sie müssen in die Vorgehensweise des Designgremiums eingewiesen werden und diese auch mittragen. Sie sollen später alle systembezogenen Tätigkeiten in ihren Fachbereichen während des Entwicklungsprojektes und im späteren Produktionsbetrieb koordinieren. Sie sind für die Schulung der Mitarbeiter, die Erstellung der erforderlichen Benutzerhandbücher sowie die Beantwortung von Benutzerfragen auch nach Beendigung der Phase 3 zuständig. Sie sind angehalten, die in der Praxis auftretenden Probleme aktiv zu ermitteln und in den Gremiumssitzungen zur Sprache zu bringen. Letzten Endes hängt es von den Gremiumsmitgliedern ab, ob das neue Informationssystem ein Erfolg wird oder nicht.

Eine weitere Erfolgskomponente besteht in der Festlegung der Verantwortung: Das Designgremium muß die volle Verantwortung für die Gestaltung der Benutzeroberfläche übernehmen. Das wiederum ist nur durchsetzbar, wenn das Gremium mit allen notwendigen Kompetenzen ausgestattet ist, es muß bei allen Designentscheidungen das letzte Wort haben. Die Autorität dafür muß explizit von der Geschäftsleitung an das Gremium übertragen werden. Der Systemdesigner mit seiner technischen Mannschaft muß sich als Servicebetrieb für das Designgremium begreifen, d.h. die Techniker haben die Weisungen des Designgremiums auszuführen. Der aus der Phase 2 hervor-

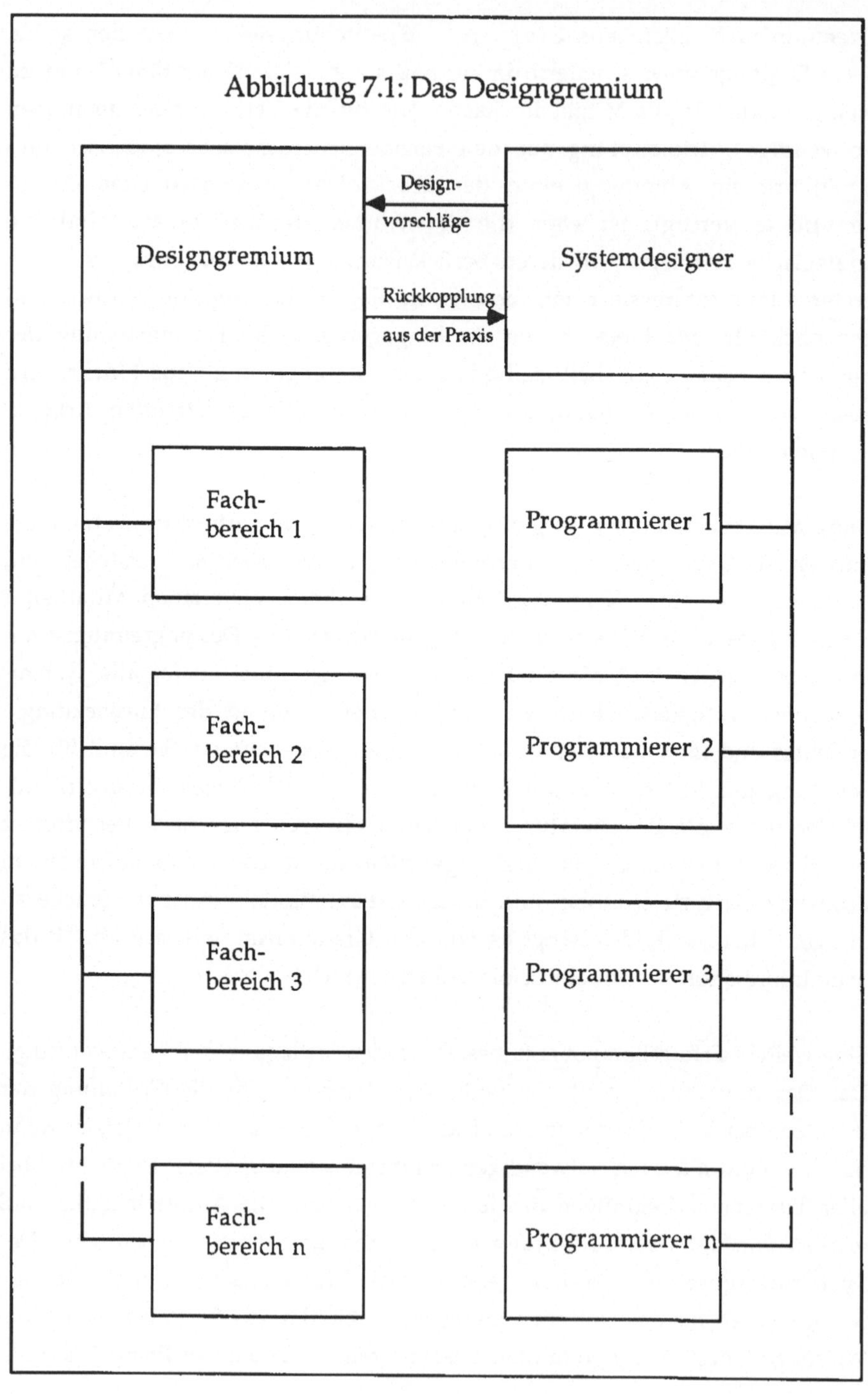
Abbildung 7.1: Das Designgremium
Designgremium
Design-
vorschläge
Systemdesigner
Rückkopplung
aus der Praxis
Fach-
bereich 1
Programmierer 1
Fach-
bereich 2
Programmierer 2
Fach-
bereich 3
Programmierer 3
Fach-
bereich n
Programmierer n

gehende Prototyp ist nur als erster Versuch eines Informationssystems anzusehen; es steht dem Designgremium frei, den Prototyp gemäß den organisatorischen und wirtschaftlichen Erfordernissen nach Belieben abändern zu lassen. Der Systemdesigner ist angehalten, anhand der Rückkopplung des Designgremiums neue Designvorschläge auszuarbeiten, vorzulegen und nach Annahme durch das Gremium mit Hilfe der technischen Mannschaft umzusetzen. Die Zusammenarbeit zwischen dem Systemdesigner und dem Designgremium ist in Abbildung 7.1 veranschaulicht.

Das wichtigste Prinzip bei der Führung der Arbeiten des Designgremiums ist die strenge Einhaltung eines genauen Zeitplans. Eine der größten Gefahren, die in der Einbeziehung eines Gremiums in den Designprozeß liegt, ist die, daß es zu endlosen Diskussionen unter den Mitgliedern kommen kann. Diese Gefahr ist bei einer Prototypentwicklungsmethode besonders ausgeprägt, weil manche Mitarbeiter durch die Möglichkeit, auch künftig Verfeinerungen vorzunehmen, dazu verleitet werden, ihre Anliegen nicht hinreichend gründlich zu formulieren. Daraus resultieren Designmängel, die durch weitere aufwendige Gespräche geklärt werden müssen. Eine Studie über 90 Firmen, die Prototypentwicklungsmethoden einsetzen, hat zum Beispiel gezeigt, daß die weitaus größten Probleme beim Prototyping die Einhaltung des geplanten Projektumfangs und die Steuerung des Verfeinerungsprozesses sind.[1] Um solchen Problemen vorzubeugen, muß ein Zeitplan aufgestellt werden, der die Erledigung genau definierter Aufgaben zu bestimmten Terminen vorsieht. Diese Aufgaben werden an die Fachbereichskoordinatoren oder an den Systemdesigner delegiert und **müssen** in dem geplanten Zeitraum erledigt werden, selbst auf die Gefahr hin, daß nicht alle relevanten Informationen berücksichtigt werden können. Das Gremium tagt in regelmäßigen Abständen (einmal pro Woche oder einmal in 14 Tagen); jede Sitzung hat eine Tagesordnung, deren Themen in der Sitzung abschließend behandelt werden müssen. Die Themen befassen sich mit der Verarbeitung der Rückkopplung aus bestimmten Fachbereichen. Ein gegebener Fachbereich hat während einer Verfeinerungsiteration normalerweise nur einmal Gelegenheit, seine Anliegen vorzutragen. Diese werden dann in der nächsten Auflage des

---

[1] J.M. Carey, J.D. Currey, "The Prototyping Conundrum", *Datamation*, Vol.35, Nr.11, June 1, 1989, S.30

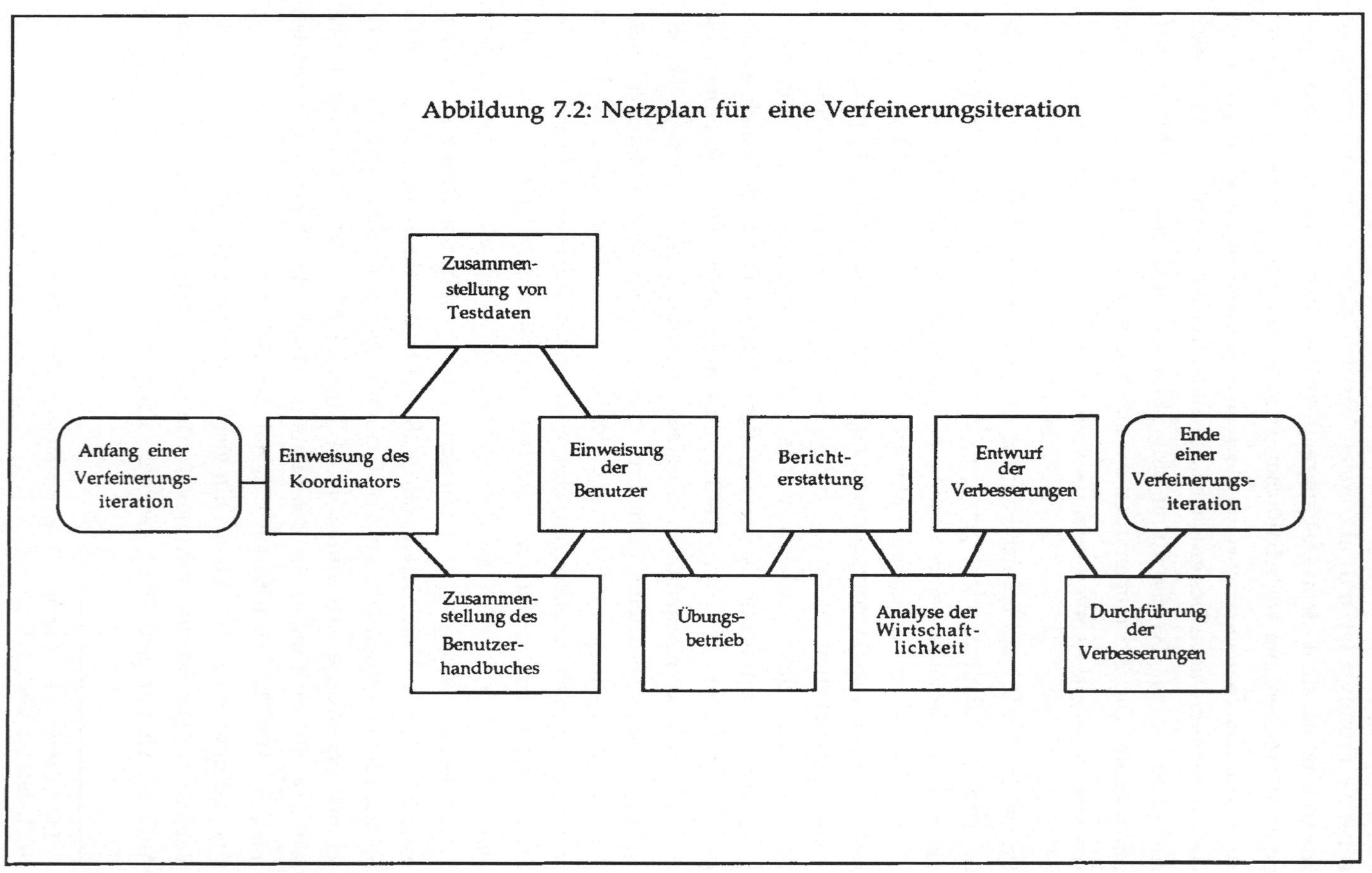
Abbildung 7.2: Netzplan für eine Verfeinerungsiteration
Zusammen-stellung von Testdaten
Anfang einer Verfeinerungs-iteration
Einweisung des Koordinators
Einweisung der Benutzer
Bericht-erstattung
Entwurf der Verbesserungen
Ende einer Verfeinerungs-iteration
Zusammen-stellung des Benutzer-handbuches
Übungs-betrieb
Analyse der Wirtschaft-lichkeit
Durchführung der Verbesserungen

Systems berücksichtigt. Die Genehmigung von weiteren Verfeinerungsiterationen hängt von gesamtsystembezogenen Rationalisierungsüberlegungen ab. Das bedeutet, daß ein Fachbereichskoordinator nicht wissen kann, ob eine verpaßte Verbesserungsgelegenheit jemals wiederkommt. Dadurch hat er einen starken Anreiz, seine Arbeit gründlich und termingerecht zu erledigen.

7.2 Die Aufstellung eines Test- und Implementierungsplans

Damit die Mitglieder des Designgremiums ihren Mitwirkungspflichten nachkommen können, muß ein Test- und Implementierungsplan aufgestellt werden. Dieser Plan setzt sich aus einer Reihe von teilsystembezogenen Verfeinerungsiterationen zusammen. Jede Verfeinerungsiteration besteht aus bestimmten Tätigkeiten, die in einer festgelegten Reihenfolge erledigt werden müssen. Die Tätigkeiten einer einzelnen Verfeinerungsiteration sind in dem in Abbildung 7.2 gezeigten Netzplan veranschaulicht. Diese Tätigkeiten sind:

- Einweisung des Koordinators - Zuerst muß jeder Fachbereichskoordinator in die Handhabung der Systemteile eingewiesen werden, für deren Betreuung er zuständig ist. Nach jeder Änderung müssen seine Kenntnisse auf den neuesten Stand gebracht werden.

- Zusammenstellung von Testdaten - Der Fachbereichskoordinator muß für die Bereitstellung praxisnaher Testdaten sorgen.

- Zusammenstellung bzw. Anpassung des Benutzerhandbuches - Nach seiner eigenen Einweisung muß der Fachbereichskoordinator mit Hilfe der technischen Mannschaft ein Benutzerhandbuch zusammenstellen. Der Fachbereichskoordinator ist für diese Aufgabe besonders geeignet, da er viel eher die Sprache der Benutzer spricht als der Systemdesigner. Darüber hinaus ist dies für den Fachbereichskoordinator eine Gelegenheit, seine in der Einweisung erworbenen Kenntnisse zu klären und zu vertiefen.

- Einweisung der Benutzer - Nach Bereitstellung von Testdaten und Benutzerhandbuch sollen die Benutzer durch den zuständigen Fachbereichskoordinator eingewiesen werden.

- Übungsbetrieb - Nach ihrer Einweisung üben die Benutzer für eine vorgegebene Zeit mit den bereitgestellten Testdaten. Die Dauer der Übungsphase hängt von den Eigenschaften der betreffenden Arbeitsplätze ab. Sie muß auf jeden Fall lang genug sein, um alle Arbeitszyklen vollständig durchspielen zu können.

- Berichterstattung - Durch Gespräche mit den Benutzern sowie durch eigene Übungen ermittelt der Fachbereichskoordinator die Schwachstellen des Praxisbetriebs und faßt diese in einem schriftlichen Protokoll zusammen. Das Protokoll soll eine genaue Beschreibung der Tests beinhalten. Fehlfunktionen sollten anhand von Datenbeispielen verdeutlicht werden.

- Analyse der Rationalisierungseffekte - Das Protokoll bildet die Diskussionsgrundlage für eine Gremiumssitzung. Schwachstellen und mögliche Verbesserungen werden im Hinblick auf Rationalisierungseffekte analysiert. Dabei wird entschieden, ob der noch erzielbare Rationalisierungseffekt in einem vertretbaren Verhältnis zum benötigten Zusatzaufwand steht.

- Entwurf der Verbesserungen - Gibt es noch zu einem vertretbaren Aufwand erzielbare Rationalisierungseffekte, so werden diesbezügliche Verbesserungen durch das Gremium mit Hilfe des Systemdesigners ausgearbeitet.

- Durchführung der Verbesserungen - Nach Spezifikation der Verbesserungen werden die entsprechenden Veränderungen am System durch die technische Mannschaft durchgeführt.

Dieser Ablauf gilt in der gleichen Form für jedes Teilsystem. Pro Teilsystem werden zunächst zwei Iterationen eingeplant. Nach der Tätigkeit "Analyse der Rationalisierungseffekte" kann eine Iteration sofort abgebrochen werden, wenn sich ihre Fortsetzung nicht wirtschaftlich begründen läßt.

Abbildung 7.3: Die Gruppendesignmethoden

Arten der Projektarbeit

Designmethoden	unter-suchend	kreativ	Entscheidung treffend
Benutzersimulation	•		•
Benutzeruntersuchung	•		•
Informationssuche	•		
Zielbäume	•	•	•
Kontraplanung	•	•	
Interaktionsmatrizen	•	•	•
Interaktionsnetze	•	•	•
Brainstorming	•	•	
Klassifizierung	•	•	
Erzwungene Verbindungen	•	•	
Neue Kombinationen	•	•	•
Vergrößerung des Untersuchungsfeldes		•	
Funktionelle Innovation		•	
Leistungsspezifikation		•	•
Checklisten	•		•

Die ersten Gremiumssitzungen werden der Aufstellung des Test- und Implementierungsplans gewidmet. Der oben beschriebene Iterationsablauf ist der Standardbaustein dieses Plans. Das Gremium fügt mit Hilfe des Systemdesigners die einzelnen Bausteine zu einem Plan für das gesamte System zusammen. Die für die Erledigung der Einzeltätigkeiten zuständigen Mitarbeiter müssen Zeitschätzungen abgeben, die in den Plan eingebaut werden. Nach Abschluß von zwei Verfeinerungsiterationen für jedes Teilsystem ist das Projekt vorläufig beendet. Zu diesem Zeitpunkt wird die Wirtschaftlichkeit des Gesamtsystems noch einmal kritisch betrachtet. Unter Berücksichtigung der Kosten weiterer Verfeinerungsiterationen und der noch erzielbaren Rationalisierungseffekte wird dann entschieden, ob zusätzliche Iterationen angebracht sind. Ist das der Fall, so wird ein neuer Plan aufgestellt und das Verfahren beginnt wieder von vorne. Anderenfalls kann der Produktionsbetrieb des Systems aufgenommen werden.

7.3 Die Gruppendesignmethoden

Die für die Erledigung der oben beschriebenen Aufgaben notwendigen Tätigkeiten lassen sich in drei Kategorien unterteilen:

- Untersuchende Tätigkeiten - Die Fachbereichskoordinatoren lernen das System kennen und beobachten sein Funktionieren in der Praxis. Dabei werden eventuelle Schwachstellen ermittelt.

- Kreative Tätigkeiten - In den Gremiumssitzungen werden aufgrund der Rückkopplung aus der Praxis und mit Hilfe des Systemdesigners Verbesserungsvorschläge ausgearbeitet.

- Entscheidungstreffende Tätigkeiten - In den Gremiumssitzungen muß entschieden werden, ob weitere Verbesserungsmöglichkeiten realisiert werden sollen und, beim Vorhandensein mehrerer Alternativen, welche am geeignetsten ist.

Diese Tätigkeiten können durch die verschiedensten Methoden unterstützt werden. Cross und Roy haben 15 Gruppendesignmethoden aufgestellt, die als

Grundelemente der Designtechnik angesehen werden können.[1] Die Korrespondenz zwischen diesen Methoden und den drei Kategorien von Projektarbeit ist in Abbildung 7.3 gezeigt. Im Rest dieses Abschnitts werden die einzelnen Methoden erklärt.

7.3.1 Benutzersimulation

Bei dieser Methode übernimmt der Fachbereichskoordinator die Rolle des Benutzers. Er führt genau die gleichen Arbeiten aus wie der Benutzer und notiert sich dabei alle auftretenden Schwierigkeiten und sonstigen Erkenntnisse. Ziel dieser Verfahrensweise ist, durch die aktive Teilnahme an den Aufgaben ein erhöhtes Verständnis für die Problematik des Arbeitsplatzes zu erreichen. Diese Methode ist besonders geeignet, wenn der Benutzer aus Kommunikationsunfähigkeit oder Unwillen nicht in der Lage ist, seine Erfahrungen mit dem System an den Fachbereichskoordinator weiterzugeben.

7.3.2 Benutzeruntersuchung

Diese Methode ist darauf ausgerichtet, Benutzerprobleme durch Diskussionen und Beobachtung herauszufinden. Es ist die übliche Methode, um die Probleme in der Praxis zu ermitteln. Der Fachbereichskoordinator weist den Benutzer in die Handhabung des Systems ein, teilt ihm bestimmte Übungsaufgaben zu und beobachtet, wie er diese Aufgaben erledigt. Alle auftretenden Probleme und Verbesserungsvorschläge werden notiert und finden Eingang in das Übungsprotokoll.

7.3.3 Informationssuche

Während aller drei Phasen eines Projektes ist es notwendig, Informationen über Aufbau und Abläufe der Organisation zu suchen. Um dabei nicht von einem Überangebot an Informationen überwältigt zu werden, muß struk-

---

[1] N.Cross, R. Roy, *Design Methods Manual*, Milton Keynes: The Open University Press, 1975

<table>
<tr><td colspan="2" align="center">Abbildung 7.4: Fragenbeispiele</td></tr>
<tr><td align="center">Ineffiziente Fragen</td><td align="center">Effiziente Fragen</td></tr>
<tr><td>1. Können Sie bitte Ihren Arbeitsplatz beschreiben?</td><td>1. Können Sie Ihre Arbeit in bis zu sechs Hauptaufgaben unterteilen?</td></tr>
<tr><td>2. Welche Informationen benötigen Sie für Ihre Arbeit?</td><td>2. Können Sie mir ein Beispiel von jedem Dokument zeigen, das Sie bei Ihrer Arbeit benutzen?</td></tr>
<tr><td>3. Sind Sie gut ausgelastet?</td><td>3. Wie viele Dokumente verarbeiten Sie pro Zeitraum (Tag, Woche, Monat usw.)?</td></tr>
</table>

turiert und methodisch vorgegangen werden. Vor der Untersuchung müssen spezifische Fragen ausgearbeitet werden, deren Antworten in einem bestimmten Zeitraum zu ermitteln sind. Die Fragen sollten so gestaltet werden, daß in erster Linie quantitative Angaben, binäre Antworten (Ja/Nein) oder präzise, knapp formulierte Listen daraus resultieren. Abbildung 7.4 zeigt einige Beispiele für effiziente und ineffiziente Fragen. Mit einer solchen Vorgehensweise können die riesigen Mengen der in jeder Organisation vorhandenen Informationen durch das klare Ausgrenzen der nichtrelevanten Details auf ein Maß reduziert werden, das in einem abgesteckten Zeitraum verarbeitet werden kann. Das ist bei der Delegierung von Untersuchungs-

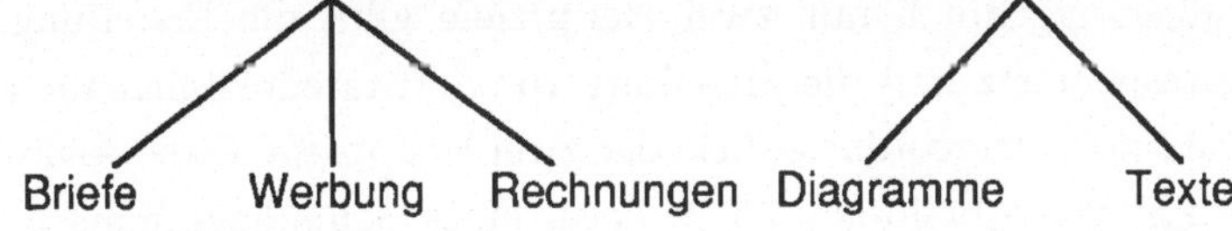

Abbildung 7.5: Die Strukturierung von Zielen

Unstrukturierte Ziele bezüglich eines Textverarbeitungsystems

* Geschäftskorrespondenz

* Werbung

* Programmdokumentation

* Diagramme

* Rechnungen

Strukturierte Ziele bezüglich des Textverarbeitungssystems

Strukturierte Ziele in Form einer hierarchischen Untergliederung:

1.0 Geschäftskorrespondenz
   1.1 Briefe
   1.2 Werbung
   1.3 Rechnungen
2.0 Dokumentation
   2.1 Diagramme
   2.2 Texte

arbeiten (wie z.B. an Fachbereichskoordinatoren) besonders wichtig. Aus diesem Grund wird die strukturierte Informationssuche im SIABA-Modell häufig angewandt.

7.3.4 Zielbäume

Zahlreiche empirische Studien belegen die Tatsache, daß allein die explizite Formulierung von Zielen die Leistungsfähigkeit einer Arbeitsgruppe erhöht.[1] Aus diesem Grund spielen Techniken zur Bestimmung von Zielen in vielen Managementmethoden eine große Rolle. Bei der Zielbaummethode werden Ziele durch Umformung in eine hierarchische Untergliederung analysiert. Dabei werden Globalziele in Detailziele aufgelöst, die ihrerseits weiter untergliedert werden können. Dadurch werden die Konsequenzen und Auswirkungen von Vorhaben erheblich klarer; es wird leichter, aus strategischen Plänen konkrete, taktische und operative Maßnahmen abzuleiten.

Als Beispiel werden die Ziele einer Organisation untersucht, die die Anschaffung eines Textverarbeitungssystems plant. Eine Brainstorming-Übung mit den betreffenden Mitarbeitern hat die fünf Ziele ergeben, die im oberen Teil von Abbildung 7.5 aufgeführt sind. Bei näherer Betrachtung wird deutlich, daß es eigentlich nur zwei Hauptziele gibt: die Erstellung von Geschäftskorrespondenz und die Erstellung von Softwaredokumentation. Die anderen Ziele sind untergeordnete Ziele der zwei Hauptziele. Diese Analyse ist im unteren Teil von Abbildung 7.5 in Form eines Baumdiagramms und in Form einer hierarchischen Gliederung veranschaulicht.

Eine Variante dieser Methode kann eingesetzt werden, um einen Konsens über die Auswahl einer von mehreren Alternativen zu erleichtern. Dabei muß für jede Alternative ein vollständiger Zielbaum ausgearbeitet werden. Jedes Ziel auf jeder Ebene des Zielbaums erhält eine Gewichtung, die die Wichtigkeit dieses Ziels im Vergleich zu den anderen Zielen der gleichen Ebene ausdrückt. Es vereinfacht die Rechnung, wenn die Gewichtungen so ausgelegt werden,

---

[1] siehe z.B. H.L.Tosi, S. Carroll, "Management by Objectives" in K.N. Wexley, G.A. Yukl, *Organizational Behavior and Industrial Psychology*, New York: Oxford University Press, 1975

Abbildung 7.6: Strukturierte und gewichtete Ziele
bezüglich eines Textverarbeitungssystems

| Ziele | --Gewichtungen-- | | ------Beurteilungen------ | | | |
	Ebene 1	Ebene 2	Alt.-1	x Gewichtung	Alt.-2	x Gewichtung
1.0 Geschäfts-korrespondenz	30					
1.1 Briefe		5	100	5	100	5
1.2 Werbung		5	100	5	50	2.5
1.3 Rechnungen		20	100	20	50	10
2.0 Dokumentation	70					
2.1 Diagramme		50	20	10	100	50
2.2 Texte		20	50	10	50	10
Summen:	100	100		50		77.5

daß sich auf jeder Ebene immer die Summe 100 ergibt. (Eine Einigung innerhalb eines Gremiums bezüglich der Struktur eines Zielbaums und der Gewichtung der einzelnen Detailziele ist normalerweise nicht besonders schwer zu erreichen.) Nach Festlegung der Zielbäume und der Gewichtungen wird jede Alternative dadurch bewertet, daß jedem Detailziel der untersten Ebene eine Prozentzahl zugeordnet wird, die widerspiegelt, wie gut das betreffende Detailziel durch die jeweilige Alternative erfüllt wird. Eine Gesamtbewertung jeder Alternative wird errechnet, indem jede Gewichtung mit der jeweiligen prozentualen Erfüllung multipliziert wird und anschließend die daraus resultierenden Produkte aufsummiert werden. Die Alternative mit der besten Gesamtbewertung wird gewählt. Jedes Gremiumsmitglied kann eine eigene Bewertung vornehmen, der Konsens wird dadurch herbeigeführt, daß für jedes Detailziel der Durchschnitt der Erfüllungsprozentsätze der einzelnen Gremiumsmitglieder zugrunde gelegt wird.

Dieses Verfahren soll anhand des vorangegangenen Beispiels verdeutlicht werden. Es wird angenommen, daß die erwähnte Organisation ihr Textverarbeitungssystem zu 70% für Softwaredokumentation und zu 30% für Geschäftskorrespondenz benutzen wird. Es ist deswegen vertretbar, diese Prozentsätze als Gewichtung der zwei Hauptziele zu nehmen. Diese Gewichtungen müssen dann auf die Detailebene verteilt werden. Da es in unserem Beispiel nur zwei Ebenen gibt, ist das einfach. Bezüglich der Geschäftskorrespondenz stellt sich in dieser Organisation heraus, daß das Detailziel "Rechnungserstellung" doppelt so wichtig wie die beiden anderen Detailziele zusammen ist. Hinsichtlich der Softwaredokumentation ist die Erstellung von Diagrammen der ausschlaggebende Faktor. Aufgrund dieser Erkenntnisse können die in Abbildung 7.6 gezeigten Bewertungen vorgenommen werden. In diesem Beispiel "verliert" die Alternative 1 trotz der guten Benotung des ersten Hauptziels, da das zweite Hauptziel so viel höher gewichtet worden ist.

Zur Verdeutlichung dieser Vorgehensweise werden die einzelnen Schritte noch einmal aufgeführt:

1. Zuerst werden die Ziele der höchsten Ebene durch eine Zahl zwischen 1 und 100 gewichtet.

2. Dann wird die Gewichtung jedes Ziels auf die untergeordneten Ebenen verteilt.

3. Für jede Alternative wird der Abdeckungsgrad jedes Ziels bzw. jedes Detailziels durch eine Zahl zwischen 1 und 100 bewertet; diese Zahl drückt aus, wie gut das jeweilige Detailziel durch die gegebene Alternative abgedeckt wird.

4. Zum Schluß wird für jede Alternative eine Gesamtbewertung errechnet, indem die Bewertung des Erfüllungsgrads jedes Detailziels mit der jeweiligen Gewichtung multipliziert wird und die daraus resultierenden Produkte aufsummiert werden.

7.3.5 Kontraplanung

Kontraplanung ist eine Methode, die sich an die Hegelsche Dialektik anlehnt. Es wird davon ausgegangen, daß Wahrheit und Fortschritt durch die Vereinigung von Gegensätzen zustandekommen. Bei der Betrachtung eines Designvor-schlags versucht das Gremium, die zugrundeliegenden Annahmen zu ermitteln. Danach wird eine neue Liste von Annahmen durch die Verneinung der ursprünglichen Annahmen aufgestellt. Anschließend wird ein Designvorschlag erarbeitet, der auf der zweiten Liste von Annahmen basiert. Dann wird versucht, durch Diskussionen eine Synthese aus den zwei Designvorschlägen zu bilden. Der daraus resultierende Designvorschlag ist nicht lediglich ein Kompromiß, sondern eine Verschmelzung der ursprünglichen Konzepte, die von allen Beteiligten als überlegen angesehen wird. Kontraplanung ist sehr nützlich, wenn der Erfolg des Informationssystems von Größen (wie z.B. Anzahl der zu verarbeitenden Belege, Lagerumsatz, Anzahl der Serviceanforderungen usw.) abhängt, die nicht mit Sicherheit vorhergesagt werden können. Durch die Berücksichtigung gegensätzlicher Annahmen wird das Informationssystem stabiler und robuster.

Abbildung 7.7: Entscheidungstabelle

Diese Entscheidungstabelle dient der
Errechnung von Einkommenssteuer, wobei
E = zu versteuerndes Einkommen,
S = Steuerbetrag

Bedingungen	Regeln					
E > DM 640	•					
DM 640 < E < DM 2440		•				
DM 2440 < E < DM 17440			•			
DM 17440 < E < DM 27640				•		
DM 27640 < E < DM 54640					•	
DM 54640 < E						•
Berechnungen						
S = 0	•					
S=.11 (E-640)		•				
S=198+.15 (E-2440)			•			
S=2448+.28 (E-17440)				•		
S=5304+.35 (E-27640)					•	
S=14 754+.385 (E-54640)						•

7.3.6 Interaktionsmatrizen

Die Interaktionsmatrix ist ein vielseitiges Werkzeug zur graphischen Darstellung der Beziehungen mehrerer Faktoren. Interaktionsmatrizen finden eine fast unbegrenzte Anzahl von Anwendungsmöglichkeiten in der Designtechnik, weil sich damit komplexe Beziehungen leicht verständlich abbilden lassen. Interaktionsmatrizen eignen sich auch besonders gut für die Verarbeitung durch den Computer. Solche Matrizen gehören zu den wichtigsten Darstellungstechniken von SIABA (siehe z.B die Arbeitsplatz-Aufgaben-Dokumente-Matrix, die Programm-Arbeitsgruppen-Matrix usw.). Die in Abbildung 7.7 gezeigte Entscheidungstabelle[1] ist nur eine besondere Form einer Interaktionsmatrix.

7.3.7 Interaktionsnetze

Manchmal sind die Beziehungen zwischen den Elementen eines Problems so geartet, daß die Darstellung in Form eines Netzes statt einer Matrix aussagefähiger ist. Informationsflußdiagramme, Netzpläne und Systemflußdiagramme sind Beispiele aus der Informationstechnik. Netze haben lange Zeit den Nachteil gehabt, daß ihre Erstellung und Pflege relativ arbeitsintensiv ist. In den letzten Jahren machen jedoch graphikfähige Mikrocomputer mit Maustechnik Netze als Darstellungsform immer attraktiver. Die zentralen Produkte der meisten CASE-Systeme sind zum Beispiel verschiedene Varianten von Interaktionsnetzen.

7.3.8 Brainstorming

Brainstorming ist wohl die einfachste und bekannteste Methode zur Stimulierung von Kreativität. Für den Ablauf einer Brainstorming-Übung gibt es zahlreiche Varianten. Wichtig dabei ist, negative Einflüsse und Bemerkungen zu vermeiden. Dem Gremium wird zuerst eine allgemeine Formu-

---

[1] Eine Entscheidungstabelle besteht aus drei Komponenten: den möglichen Handlungen oder Berechnungen einer Entscheidungssituation, den Bedingungen, unter welchen diese Handlungen durchgeführt werden und den Regeln, die die Bedingungen mit den zutreffenden Handlungen verbinden.

lierung des Problems vorgetragen. Dann werden die Mitglieder darum gebeten, ihre Ideen spontan und ohne lange Überlegung zu äußern. Jede Idee wird auf einer Tafel oder auf Karten aufgeschrieben und sichtbar für alle im Raum aufgehängt. Kritik an bereits geäußerten Ideen ist strengstens verboten. Unwahrscheinlich klingende oder gar verrückte Ideen sind willkommen. Die Atmosphäre muß locker und freundlich sein. Die bereits geäußerten Ideen bringen die Teilnehmer in einem humorvollen Wechselspiel auf immer neue Ideen. Gerade das spielerische Element ist für die Förderung der Kreativität ausschlaggebend. Erst nach Abschluß der Brainstorming-Übung werden die Ideen analysiert und eine Auswahl getroffen. Brainstorming ist bei der Entwicklung der Sollkonzeptionen, aber auch bei der Suche nach Alternativen während der Verfeinerungsiterationen sehr nützlich.

7.3.9 Klassifizierung

Die Suche nach sinnvollen Kategorien, nach denen Informationen systematisiert werden können, ist eine der grundlegenden Tätigkeiten jedes Designprojektes. Die Projektumgebung stellt sich oft als eine verwirrende Menge an Details dar. Diese müssen zuerst klassifiziert, d.h. in Kategorien unterteilt werden, die sowohl den Unterschieden als auch den Ähnlichkeiten der Detailinformationen Rechnung tragen. Eine mögliche Vorgehensweise zur Klassifizierung beginnt damit, daß jede Detailinformation auf einer Karte notiert wird. Anschließend werden die Karten so lange sortiert und gruppiert, bis bestimmte Muster sichtbar werden. Dann werden Kategorien aufgestellt, denen die offengelegten Muster eindeutig zugeordnet werden können. Diese Methode wird oft in der Phase 1 benötigt, um aus der Vielzahl der Tätigkeiten eines Arbeitsplatzes eine kleine Anzahl Hauptaufgaben zu entwickeln. In der Phase 3 ist es manchmal notwendig, die auftretenden Testfälle auf diese Weise zu analysieren. Auch die Sortierung einer Gruppe von Eigenschaften einer Alternative in Vor- und Nachteile ist eine häufig benötigte Anwendung von Klassifizierung.

Abbildung 7.8: Systemattribute und - alternativen

Attribute	Alternativen
Verarbeitungsmodus	Interaktive Verarbeitung Stapelverarbeitung
Programmiersprache	Cobol Pl/1 Pascal
Hardware	Großanlage Minicomputer Mikrocomputer
TP-Monitor	CICS SHADOW

7.3.10 Erzwungene Verbindungen

Die Methode der erzwungenen Verbindungen wird eingesetzt, um potentielle Kombinationen von Systemelementen zu untersuchen. Dabei werden zuerst Interaktionsmatrizen oder Interaktionsnetze aufgestellt, die die bisherigen Verbindungen der Systemelemente darstellen. Dann werden neue Verbindungen einfach eingezeichnet und anschließend auf ihre Nützlichkeit hin untersucht. Diese Vorgehensweise ist deswegen aufschlußreich, weil die Verbindungen der Komponenten in vielen Systemen sehr willkürlich sein können. Mit dieser Methode kann man sich von festgefahrenen Konzeptionen befreien und kreative Impulse erzeugen. Diese Methode kann im Falle der Umgestaltung der Informationsflüsse einer Organisation sehr hilfreich sein.

7.3.11 Neue Kombinationen

Diese Methode ist der Methode der erzwungenen Verbindungen insofern ähnlich, als daß beide darauf abzielen, innovative Möglichkeiten zum Kombinieren der Systemkomponenten aufzufinden. Bei der Methode der neuen Kombinationen wird zunächst eine Liste der Hauptattribute eines Systems oder Teilsystems aufgestellt. Dann werden alle bekannten Alternativen für jedes Attribut ermittelt. Anschließend werden alle Kombinationen der Attribute und Alternativen auf ihre Durchführbarkeit und Nützlichkeit hin untersucht. Die technischen Attribute eines Informationssystems und deren Alternativen könnten zum Beispiel wie in der Abbildung 7.8 aussehen. Diese sogenannte morphologische Aufstellung hilft dem Betrachter, sich von den bisherigen Konventionen zu lösen. Anhand einer solchen Liste können die möglichen Kombinationen leicht zusammengestellt werden, in diesem Beispiel gibt es 36. Viele davon entfallen aus dem einen oder anderen Grund. Manche werden sich jedoch als nützlich und innovativ herausstellen.

7.3.12 Vergrößerung des Untersuchungsfeldes

Manche Designprobleme entstehen durch eine zu enge Betrachtung des zu untersuchenden Objektes. Dieser "Scheuklappeneffekt" kann den Weg zu einer wirklich innovativen Lösung versperren. Deswegen ist es oft hilfreich, das Untersuchungsfeld bewußt auszudehnen. Bei Informationssystemen konzentriert man sich häufig allzu ausschließlich auf die Belange der zu untersuchenden Arbeitsgruppen oder auf die bisher praktizierten Lösungswege. So kommt es z.B. vor, daß eine Arbeitsgruppe enorme Anstrengungen unternimmt, um bestimmte Informationen für die Geschäftsleitung zu produzieren. Wird die Geschäftsleitung aber über den unverhältnismäßig großen Aufwand informiert, so verzichtet sie möglicherweise gerne auf die Information oder begnügt sich mit einer Ersatzinformation. Durch die Ausdehnung des Untersuchungsfeldes auf weitere Mitarbeiter (in diesem Fall auf die Geschäftsleitung) kommt eine bessere Lösung zustande.

Das Untersuchungsfeld kann nicht nur in Bezug auf die Mitarbeiter zu eng gefaßt sein, sondern auch in Bezug auf denkbare Lösungsmodelle. Es gibt immer eine Tendenz, die bisherige Praxis als alleiniges Modell für das Informationssystem anzusehen. Diese Haltung kann dazu führen, daß eventuell bestehende Mängel der Organisation im neuen Informationssystem verewigt werden, daher ist es angebracht, das Untersuchungsfeld systematisch auf andere Lösungsmöglichkeiten auszudehnen. Hierfür gibt es mehrere Ansätze:

- Die Lösungskonzepte anderer Organisationen sollten untersucht werden; meistens können daraus gewinnbringende Erkenntnisse für eigene Problemlösungen abgeleitet werden.

- Die bisherige Praxis sollte äußerst gründlich unter dem Aspekt hinterfragt werden, ob es sich bei den praktizierten Lösungen wirklich um die einzig möglichen handelt oder ob sie nur aus Gewohnheit beibehalten werden.

- Analogien aus anderen Bereichen sollten untersucht werden. Biologische Modelle haben z.B. immer wieder Anwendung in den Wirtschaftswissenschaften, in der Elektronik und in der Informatik gefunden. Selbst ganz fantastische Analogien können nützliche Hinweise für die Gestaltung eines Informationssystems liefern.

7.3.13 Funktionale Innovation

Bei der Methode der funktionalen Innovation wird zunächst eine Liste der Komponenten eines bestehenden Informationssystems aufgestellt. Anschließend werden die Funktionen dieser Komponenten ermittelt. Eventuell bestehende Mängel werden festgehalten. Dann versucht man alternative Komponenten zu entwerfen, die die gleichen Funktionen möglichst ohne Mängel übernehmen können. Diese Methode wird häufig bei der Modernisierung von Informationssystemen, wie etwa bei der Umstellung von einem Stapelverarbeitungssystem auf ein interaktives System, eingesetzt. Auch bei Tuning-Maßnahmen kann diese Vorgehensweise nützlich sein.

7.3.14 Leistungsspezifikation

Die Festlegung von Leistungspezifikationen ist wahrscheinlich die wichtigste Tätigkeit im Designprozeß. Dabei werden die Anforderungen an das System ganz präzise definiert, weil sie die Grundlage für die spätere Abnahme bilden müssen. Solche Anforderungen sollten sich ausschließlich auf die gewünschten Leistungen des Systems oder der Systemteile beziehen und nicht etwa bestimmte Lösungsansätze vorwegnehmen, weil dies den Freiheitsgrad der Designer über Gebühr einschränken würde. Das heißt, eine Leistungsspezifikation bestimmt, was ein System **tun** und nicht was es **sein** soll. Leistungsspezifikationen sollten objektiv beurteilbar sein, sie sind am besten in Form von quantitativen Bereichen anzugeben (z.B. 50 bis 75 Transaktionen pro Stunde oder Antwortzeiten im 3 bis 5 Sekundenbereich).

7.3.15 Checklisten

Das Abfassen einer Checkliste ist die einfachste Designmethode. In solch einer Liste werden die Kriterien dargestellt, die im Design berücksichtigt werden müssen. Sie kann die Basis für die Beurteilung alternativer Lösungsvorschläge oder aber auch nur eine Gedächtnisstütze für die Designer sein. Checklisten haben bei allen Designmethoden vielfältige Anwendungsmöglichkeiten. Manche Softwaredesignmethoden bestehen nur darin, daß bestimmte Checklisten, die die verschiedenen Aspekte der Softwareentwicklung abdecken, befolgt werden. Checklisten sind ein ausgezeichnetes Mittel für die Kommunikation zwischen dem Designgremium und dem Systemdesigner, da die verschiedenen Anliegen damit bündig und übersichtlich erfaßt werden können.

7.4 Rationalisierungsgesteuerte Verfeinerungsiterationen

Die Tätigkeiten der Verfeinerungsiterationen werden mit Hilfe der in Abbildung 7.3 aufgeführten 15 Designmethoden und der SIABA-Datenbank durchgeführt. Die Designmethoden helfen den Beteiligten, die notwendigen Detailinformationen zu ermitteln, innovative Lösungskonzeptionen zu

Abbildung 7.9: Prototyp-Praxistestprotokoll

Teilsystem bzw. Programme: _______________________

____

Arbeitsgruppen bzw. Benutzer: _____________________

____

Testzeitraum: _______________ Release-Nummer: ________
Beschreibung der Testumgebung: ___________________

____

____

Anzahl der Testfälle: ___________________________
Aufgetretene Probleme (Fortsetzung auf getrennten Seiten): ________

____

____

____

Verbesserungsvorschläge mit Kostenschätzungen (Fortsetzung auf
getrennten Seiten): ____________________________

____

____

____

Erhoffter Nutzen pro Aufgabe (Fortsetzung auf getrennten Seiten): __

____

____

____

Gesamtkosten des jetzigen Releases: ________________
Gesamtnutzen des jetzigen Releases: ________________
Geschätzte Gesamtkosten eines verbesserten Releases: ________
Geschätzer Gesamtnutzen eines verbesserten Releases: ________

____________   ____________________   ________________
  (Datum)   (Fachbereichskoordinator)   (Systemdesigner)

Abbildung 7.10: Kosten-Nutzen-Analyse pro Arbeitsgruppe

AG-Code	Arbeitsgruppe	anteilige Kosten Barwert	Zusatzkosten Barwert	geplanter Nutzen Barwert	Eingetretener Nutzen Barwert
4711	Lager	120.000	50.000	150.000	110.000
4712	Vertrieb	500.000	100.000	750.000	750.000
4713	Buchhaltung	80.000	80.000	200.000	200.000
	Summen:	700.000	230.000	1.100.000	1.060.000

entwickeln und rationale Entscheidungen zu treffen. Das SIABA-System unterstützt insbesondere die Entscheidungsfindung, indem es die Möglichkeit an die Hand gibt, die geplanten und tatsächlich eingetretenen Kosten- und Nutzendaten zu vergleichen. Diese Daten sind die Basis für die wichtigste Tätigkeit jeder Verfeinerungsiteration, die Analyse der Rationalisierungseffekte. Aufgrund dieser Analyse wird entschieden, ob sich weiterer Aufwand zur Verbesserung eines Teilsystems durch eine entsprechende Steigerung des Rationalisierungseffektes rechtfertigen läßt. Auch die Prioritäten für die weitere Projektführung werden von diesen Daten abgeleitet. Das Projekt wird auf diese Weise in eine Richtung gesteuert, die die Maximierung des Gesamtrationalisierungseffektes garantiert.

7.4.1 Das Release-Konzept

Eine wichtige Voraussetzung für die Maximierung des Rationalisierungs-effektes ist, schleichende Kosten zu vermeiden. Diese fallen bei Software-entwicklungsprojekten immer dann an, wenn das System kontinuierlich, mehr oder weniger "auf Zuruf", verbessert wird. Es ist dann sehr schwierig, einen Kostenüberblick zu behalten, und der Aufwand kann unbemerkt in die Höhe schnellen. Über die Kostenexplosion hinaus stiftet diese Vorgehensweise aber auch Verwirrung unter den Benutzern und erschwert die Wartung der Benutzerdokumentation. Aus diesen Gründen sollten neue Versionen von Softwaresystemen immer als klar definierte Auflagen herausgegeben werden. Eine solche Auflage eines Softwaresystems wird oft "Release" genannt. Ein neues Release erhält eine Nummer und wird durch eine Liste von

technischen Merkmalen dokumentiert, die die Unterschiede zu vorangegangenen Releases aufführt. Auch die Kosten- und Nutzendaten werden für
jedes Release getrennt festgehalten, um die Entwicklung der Rationalisierungseffekte besser überblicken zu können. Zu diesem Zweck ist es hilfreich,
eine getrennte Kopie der SIABA-Datenbank zu archivieren, die die Merkmale
eines Releases (insbesondere die Kosten-/Nutzendaten) dokumentiert.

7.4.2 Die Verarbeitung der Benutzerrückkopplung

Die effiziente Verfeinerung eines Informationssystems setzt die systematische
Verarbeitung der Rückkopplung aus den Fachbereichen voraus. Dazu gibt es
zwei nützliche Hilfsmittel, die SIABA-Datenbank und das in Abbildung 7.9
gezeigte Praxistestprotokoll. Der erste Teil des Praxistestprotokolls (bis
einschließlich der Beschreibung der aufgetretenen Probleme) wird vom
Fachbereichskoordinator nach Beobachtung des Tests ausgefüllt und dient als
Gesprächsgrundlage für eine Gremiumssitzung. In dieser Sitzung werden mit
Hilfe des Systemdesigners Verbesserungsvorschläge ausgearbeitet.
Anschließend werden Kosten- und Nutzenzahlen für sowohl den
gegenwärtigen Stand als auch für eine verbesserte Version des Systems aufgestellt. Die bisherigen Testkosten werden im Feld "Zusatzkosten" in der
Dokumentendatei gespeichert; die korrigierten Schätzungen der Rationalisierungseffekte werden in der Aufgabendatei als tatsächlich eingetretene
Rationalisierungseffekte aufgezeichnet. Anhand dieser Angaben kann dann
die in Abbildung 7.10 gezeigte Kosten-Nutzen-Analyse automatisch erstellt
werden, die die Wirtschaftlichkeit des jeweiligen Releases dokumentiert.
Anschließend wird eine Kopie der SIABA-Datenbank angefertigt, in der die zu
erwartenden Kosten- und Nutzengrößen eines verbesserten Releases
gespeichert werden. Auch hiervon wird die Wirtschaftlichkeit in Form einer
Kosten-Nutzen-Analyse dokumentiert. Nach Eingabe dieser Daten für alle
Teilsysteme kann anhand eines Vergleiches der zwei Kosten-Nutzen-Analysen
(der einen für das bestehende und der anderen für ein verbessertes Release)
leicht entschieden werden, ob eine weitere Verfeinerungsiteration angebracht
ist. Es ist wirtschaftlich sinnvoll, die Verfeinerungsiterationen so lange
fortzusetzen, bis keine Steigerung des Nettonutzens vom bestehenden Release
zum geplanten Release mehr zu verzeichnen ist. Ist dieses Stadium erreicht, so

hat die Organisation das wirtschaftlich optimale Informationssystem erreicht. Die Verfeinerungsiterationen sollten dann abgebrochen und das Informationssystem in den Produktionsbetrieb genommen werden.

7.5 Kontrollfragen bzw. -übungen

1. Nennen Sie die wichtigsten Aufgaben bei der schrittweisen Verfeinerung.

2. Warum ist ein Designgremium geeeignet, die erforderliche Kooperation zwischen Systementwicklern und Fachbereichen herbeizuführen?

3. Geben Sie die wichtigsten Prinzipien bei der Organisation von Designgremien an.

4. Nennen Sie die Ablaufschritte einer Verfeinerungsiteration.

5. Welche drei Kategorien von Tätigkeiten führt ein Designgremium bei seiner Arbeit aus?

6. Welche Designmethode eignet sich besonders für die Delegierung von Untersuchungsarbeiten, um einen Konsens über die Auswahl einer von mehreren Alternativen herbeizuführen bzw. um Anforderungen an ein System präzise zu definieren?

7. Warum ist ein Release-Konzept angebracht?

8. Wie lange sollen die Verfeinerungsiterationen fortgesetzt werden?

8 Zusammenfassung der Dreiphasenmethode

Die Dreiphasenmethode zielt durch die Anwendung einer bestimmten
Auswahl von Information-Engineering-Methoden auf eine Produktivitätssteigerung in allen Unternehmensbereichen. Die wesentlichen Elemente der
Dreiphasenmethode sind Unternehmensmodellierung, standardisierte
Softwarekomponenten, Prototyping und iterative Verfeinerung mit Hilfe
eines Benutzergremiums. Diese Elemente werden nach dem in Abbildung 8.1
veranschaulichten Dreiphasenkonzept angewandt:

Phase 1 - Analyse des Ist-Zustandes einer Organisation mit Hilfe
der strukturierten Interviewtechnik; Aufbau einer
Interviewdatenbank als Unternehmensmodell; Entwerfen eines aus 12 Modellprogrammen bestehenden
Prototyps;

Phase 2 - Erstellen des Prototyps bzw. Auswahl eines Softwarepakets, das der Funktionalität des Prototyps am nächsten
kommt;

Phase 3 - iterative Verfeinerung des Informationssystems mit
Hilfe eines Benutzergremiums; Steuerung der Ver-
feinerungsiterationen durch Grenzkosten-Grenznutzen-
Analysen.

Mit dieser Vorgehensweise können Informationssysteme mit abschätzbarem
Aufwand den Detailbedürfnissen einer Organisation angepaßt werden.

8.1 Das Unternehmensmodell als Ist-Aufnahme

Eine der wichtigsten Ideen des Information Engineering ist das Konzept der
ganzheitlichen Systemplanung. Das Unternehmen wird als eine Einheit
betrachtet, alle seine Systeme als integrierbare Bestandteile eines
zielgerichteten Ganzen. Um ein Unternehmen so begreifen zu können, ist es
nützlich, ein Modell aufzubauen, das einen Überblick über Strategien,

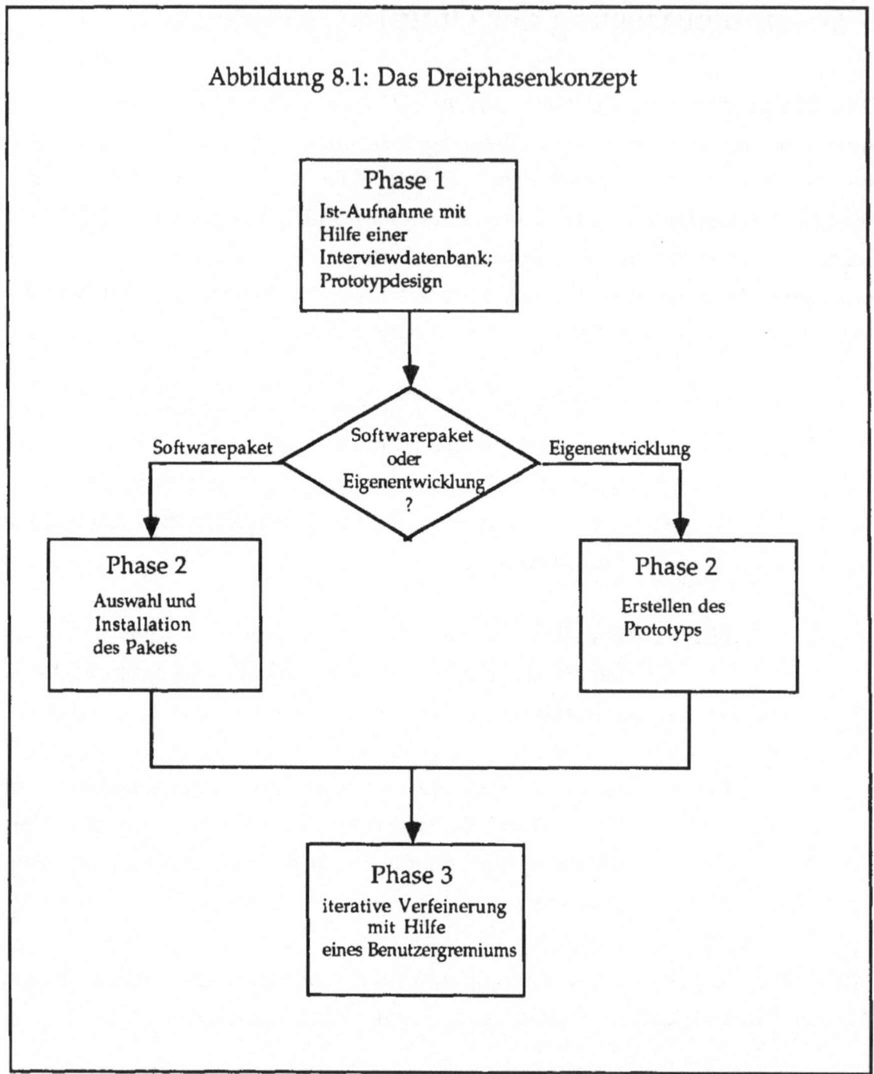

Aufbauorganisation, Ablauforganisation und Informationen bietet. Ein solches Unternehmensmodell unterstützt die Systemplanung dadurch, daß die Wechselbeziehungen zwischen Informationssystemen und Organisation schon im Planungsstadium gründlich durchleuchtet werden. Es ist sinnvoll, das Modell so zu gestalten, daß es jederzeit leicht zu verändern bzw. zu ergänzen ist, damit neuen Erkenntnissen über die Organisation Rechnung getragen werden kann. Die für die Systemplanung notwendige Ist-Aufnahme sollte deswegen in Form einer Datenbank erfaßt werden, die ein maschinell auswertbares Unternehmensmodell darstellt. Diese Datenbank speichert Informationen über die Unternehmensstruktur, die Probleme und Lösungsansätze, die Global- und Detailziele sowie die organisatorischen Abläufe jedes Arbeitsplatzes und die dazu notwendigen Informationsträger. Aus dieser Informationssammlung lassen sich alle wesentlichen Rationalisierungsparameter ableiten.

Die Informationen zum Auffüllen der Datenbank können mit der strukturierten Interviewtechnik auf effiziente Weise erhoben werden. Bei dieser Vorgehensweise werden ganz bestimmte Daten in einer festgelegten Reihenfolge erfragt. Die Interviewpartner werden entsprechend auf ihre Interviews vorbereitet, so daß die notwendigen Informationen mit einem Minimum an Aufwand gesammelt werden können.

Ist die Ist-Aufnahme in Form einer Datenbank erst einmal gespeichert, dann können zahlreiche computergestützte Analysen vorgenommen werden, die die quantitativen Aspekte des betrieblichen Informationswesens auswerten und dadurch eine effektive Vorgabe für die Designüberlegungen liefern. Analysen wie z.B. die ABC-Klassifizierung der Einsparungspotentiale zeigen, welche Teile einer Organisation die wichtigsten Rationalisierungs- möglichkeiten bieten und erlauben damit eine methodisch gesicherte Festlegung der Prioritäten. Aus dem Inhalt der Interviewdatenbank geht auch hervor, wer welche Aufgaben mit Hilfe welcher Informationen erledigt. Anhand dieser Daten kann ein Systemdesigner ein Prototypsystem entwerfen, das den ablauforganisatorischen Bedürfnissen entspricht.

8.2 Das Unternehmensmodell als Sollkonzeption

Die gleiche Datenstruktur, mit der sich Aufbau- und Ablauforganisation abbilden lassen, dient auch der Planung einer Sollkonzeption. In einem computergestützten Informationssystem werden manuelle Informationsträger durch Bildschirmmasken und maschinell erstellte Listen ersetzt. Das ist sowohl bei Standardsoftwarepaketen als auch bei Eigenentwicklungen der Fall.

Diese neuen Informationsträger müssen den spezifischen Arbeitsabläufen zugeordnet werden, die sie unterstützen sollen; die Arbeitsabläufe selbst müssen den neuen Möglichkeiten des Informationssytems angepaßt werden. Durch die Systemplanung mit direktem Bezug auf die organisatorischen Abläufe entsteht ein Informationssystem, das der betriebswirtschaftlichen Realität entspricht. Da das Unternehmensmodell als Datenbank vorhanden ist, können neue Informationsträger und veränderte Arbeitsabläufe leicht eingebunden werden. Darüber hinaus können verschiedene alternative Sollkonzeptionen mit wenig Aufwand durch Kopieren und anschließende Veränderung der Datenbank angefertigt werden.

Ein weiterer wichtiger Vorteil einer maschinell auswertbaren Sollkonzeption liegt darin, daß sich finanzielle Analysen automatisch generieren lassen. So können z.B. Barwertrechnungen mit verschiedenen Laufzeiten und Zinssätzen durchgespielt werden. Außerdem lassen sich Kosten-Nutzen-Analysen auf allen organisatorischen Ebenen mit den unterschiedlichsten Annahmen problemlos erstellen und vergleichen. Dadurch werden die finanziellen Konsequenzen jeder in Betracht kommenden Sollkonzeption transparent, so daß die optimale Systementscheidung getroffen werden kann.

8.3 Die Verwendung von Standardbausteinen

Stellt sich eine Eigenentwicklung als die optimale Sollkonzeption heraus, so sollte diese auf jeden Fall aus einer relativ kleinen Anzahl von standardisierten Programmmodulen zusammengestellt werden. Ein hoher Prozentsatz der Module jedes kommerziellen DV-Systems kann durch solche Standardbausteine abgedeckt werden. Die Vorteile der Standardbauteile sind aus der industriellen Fertigung wohlbekannt: schnellere Erstellung, leichtere Wartung und niedrigere Fehlerraten. Deswegen sollten die wichtigsten Modularten in jeder Entwicklungsumgebung (ob 2GL, 3GL oder 4GL) standardisiert werden. Das ist der einzig gesicherte Weg, Produktivitätssteigerungen in der Programmierung im 200%- bis 500%-Bereich zu erzielen (vgl. Abschnitt 1.2.1.3). Wiederbenutzbare Module, die von erfahrenen Programmierern entwickelt worden sind, sind auch wesentlich zuverlässiger als neuentwickelte Module und weisen signifikant kleinere Fehlerraten auf.

Durch die Verwendung von wiederbenutzbaren Standardkomponenten können neue Programmierer schneller eingewiesen werden. Sogar Berufsanfänger sind nach wenigen Wochen in der Lage, Programmsysteme zusammenzustellen, die sie sonst erst nach mindestens einem Jahr Berufserfahrung bewältigen könnten.

Der Einsatz von wiederbenutzbaren Softwarekomponenten bringt auch den Benutzern wichtige Vorteile, da er zur Vereinheitlichung der Benutzeroberfläche führt und das Erlernen des Systems vereinfacht.

8.4 Die iterative Verfeinerung des Prototyps

Jedes komplexe Informationssytem, gleich, ob es sich dabei um eine Eigenentwicklung, ein Standardsoftwarepaket oder eine Mischkonstruktion handelt, ist bei der ersten Implementierung immer nur ein Prototyp, der näher an die organisatorischen Gegebenheiten angepaßt werden muß. Dieser Anpassungsprozeß muß mit Hilfe der Benutzer durchgeführt werden, weil sonst keiner über das notwendige Detailwissen verfügt. Deswegen empfiehlt sich die Vorgehensweise der iterativen Verfeinerung mit Hilfe eines Benutzergremiums.

Bei der iterativen Verfeinerung eines Prototyps stellen sich immer zwei einander verwandte Probleme heraus: Wie steuert man den Verfeinerungsprozeß so, daß ein finanzielles Optimum erzielt werden kann, und wie beschränkt man die Anzahl der Iterationen bzw. den Systemumfang auf das wirtschaftlich Vertretbare. Diese Probleme werden durch Grenzkosten-Grenznutzen-Analysen mit Hilfe des Unternehmensmodells gelöst. Bei jeder Verfeinerungsiteration wird ein bestimmtes Systemrelease einem geordneten Praxistest unterzogen. Anschließend werden im Benutzergremium die Vorschläge für ein verbessertes Release erörtert. Die Kosten für die Realisierung der Vorschläge werden dann mit dem aus den Verbesserungen entstehenden Zusatznutzen verglichen. Ist der Zusatznutzen zumindest nicht geringer als die Zusatzkosten, so wird das verbesserte Release realisiert, anderenfalls wird das bestehende Release in Produktion genommen und die Verfeinerungsphase abgeschlossen.

Eine wichtige Erfolgskomponente bei der iterativen Verfeinerung eines Prototyps ist die richtige Führung des Benutzergremiums. Benutzergremien erledigen drei Arten von Arbeit: kreative, untersuchende und entscheidungstreffende. Alle drei lassen sich durch gezielte Maßnahmen verbessern. Die kreativen Tätigkeiten können z.B. von solchen Gruppendesignmethoden wie Brainstorming oder neuen Kombinationen unterstützt werden. Untersuchende Tätigkeiten werden u.a. durch die Methode der Informationssuche bzw. der Benutzersimulation erleichtert. Entscheidungsfindung bzw. Konsensbildung wird besonders durch Klassifizierung, Zielbäume, Checklisten und Interaktionsmatrizen gefördert. Es ist vorteilhaft, die Mitglieder des Benutzergremiums vor der Aufnahme der Verfeinerungsiterationen über die wichtigsten Gruppendesignmethoden zu informieren; dadurch werden die Gremiumssitzungen wesentlich produktiver und die Teilnehmer besser motiviert.

Die Steuerung des Verfeinerungsprozesses durch Grenzkosten-Grenznutzen-Analysen und des Benutzergremiums durch die Gruppendesignmethoden bietet die beste Gewähr für einen erfolgreichen Ablauf der Phase 3. Die aktive Teilnahme der Benutzer sorgt für Relevanz und Akzeptanz, während die durch die Grenzkosten-Grenznutzen-Analysen aufgezwungene Einschränkung des Projektumfangs die Erreichung des wirtschaftlich optimalen Informationssystems garantiert.

8.5 Kontrollfragen bzw. -übungen

1. Nennen Sie die wesentlichen Elemente des Dreiphasenkonzepts.

2. Nennen Sie die wichtigsten Vorteile einer Datenbank als Unternehmensmodell für die Ist-Aufnahme.

3. Nennen Sie die wichtigsten Vorteile einer Datenbank als Unternehmensmodell für die Aufstellung einer Sollkonzeption.

4. Warum sollen nach Möglichkeit wiederbenutzbare Softwarekomponenten eingesetzt werden?

5. Was bietet die beste Gewähr für einen erfolgreichen Ablauf der Phase 3?

Anhang: Kontrollfragen bzw. - übungen mit Auflösungen

Kapitel 1

1. **Nennen Sie die drei wichtigsten Kostenfaktoren in der Softwareentwicklung.**

    a)   Anzahl der zu entwickelnden Quellcodezeilen
    b)   Fähigkeit des Personals
    c)   Produktkomplexität

2. **Welche Maßnahmen können ergriffen werden, um die Anzahl der zu entwickelnden Quellcodezeilen zu reduzieren? Geben Sie die Vor- und Nachteile jeder Maßnahme an.**

    a)   Einsatz von Standardsoftwarepaketen

    Vorteile:

    - Es müssen keine Programme entwickelt werden.
    - Die Programme haben oft eine geringere Fehlerrate als Eigenentwicklungen.

    Nachteile:

    - Die Software ist nicht auf die Organisation zugeschnitten.
    - Anpassungen sind oft unmöglich, zu umständlich oder zu teuer.

    b)   Einsatz von Sprachen der vierten Generation

    Vorteile:

    - Manche Programmarten sind erheblich leichter und schneller zu programmieren.
    - Das Testen wird oft durch eine gut integrierte Entwicklungsumgebung wesentlich erleichtert.

Nachteile:

- Die Sprachen weisen oft praxisfremde Einschränkungen auf.
- Die Maschinenausnutzung ist oft ineffizient, wodurch Laufzeitprobleme in der Produktion entstehen können.

c)   Einsatz von wiederbenutzbaren Softwarekomponenten

Vorteile:

- Es sind wesentlich mehr Quellcodezeilen pro Personenjahr erreichbar.
- Wiederbenutzbare Softwarekomponenten haben eine geringere Fehlerrate als neuentwickelte Module.

Nachteile:

- Die Entwicklung der Standards kann sehr aufwendig sein.
- Die Einhaltung der Standards muß ständig überwacht werden.

d)   Vereinfachung

Vorteile:

- Programmsysteme sind leichter zu erstellen und warten.
- Einfache Programme haben eine niedrigere Fehlerrate als komplexe Programme.

Nachteile:

- Benutzeranforderungen wird nicht gründlich genug entsprochen, wodurch Akzeptanzprobleme entstehen können.
- Die vorhandenen technischen Möglichkeiten werden nicht ausgereizt.

3. **Warum neigen viele Benutzer zur Überspezifikation ihrer Bedürfnisse?**

   a) weil sie sich über die Funktionsweise des geplanten Systems im unklaren sind;

   b) weil sie gerne den Stellenwert des eigenen Arbeitsplatzes betonen bzw. erhöhen möchten.

4. **Warum sollten Endbenutzer am Designprozeß beteiligt werden?**

   a) weil die Endbenutzer die Probleme der Fachbereiche am besten kennen;

   b) weil die Teilnahme der Benutzer am Designprozeß die Akzeptanz des Systems erhöht;

   c) weil die Teilnahme der Benutzer am Designprozeß zu einer höheren Systemausnutzung führt.

5. **Nennen Sie die Vor- und Nachteile von CASE-Produkten.**

   Vorteile:

   a) Eine graphische Systemdarstellung bietet oft einen bündigen und präzisen Überblick über die Systemkomponenten.

   b) Manche CASE-Produkte sorgen für logische Konsistenz zwischen den verschiedenen Systemdarstellungen.

   Nachteile:

   a) Die Systemdarstellungen sind vielen Benutzern oft zu abstrakt.
   b) Die Schnittstellen der CASE-Produkte sind nicht normiert.
   c) Die quantitativen Aspekte des informationstechnischen Problems werden von den meisten CASE-Produkten vernachlässigt.

6. **Geben Sie die Vor- und Nachteile einer Prototypentwicklungsmethode an.**

   Vorteile:

   a) Der Benutzer muß keine abstrakten Designunterlagen verstehen.

b)   Der Systemdesigner erhält zu einem frühen Zeitpunkt Rück-
     kopplung aus der Praxis und kann das System effektiver gestalten.

Nachteile:

a)   Die für die Entwicklung des Prototyps notwendige Ist-Aufnahme
     wird nicht hinreichend gründlich durchgeführt, weil man darauf
     vertraut, die Mängel während der Verfeinerungsiterationen
     aufzudecken.

b)   Der Umfang des Verfeinerungsprozesses kann den Rahmen des
     wirtschaftlich Vertretbaren sprengen.

**7.   Nennen Sie die im Hinblick auf die Softwareproduktivität wichtigsten
Programmierpraktiken.**

a)   Anwendung der strukturierten Programmierung
b)   Konsequente Anwendung von wiederbenutzbaren Komponenten
c)   Standardisierung aller Aspekte von Programmen und Benutzer-
     oberflächen
d)   Zentrale Verwaltung von Parametertabellen
e)   Verwendung starker Module
f)   Begrenzung der Abrufstrukturen
g)   Sorgfältige Organisation von Testumgebungen

Kapitel 2

1.   Warum ist der Aufbau eines Unternehmensmodells sinnvoll?

Weil durch die Abbildung wesentlicher Aspekte der Organisation
Verbesserungsmaßnahmen erkannt werden können.

**2.   Welche Arten von Information werden im Unternehmensmodell
abgebildet?**

a)   strategische Daten über die langfristigen Ziele des Unternehmens
b)   operative Daten über die gegenwärtigen organisatorischen Abläufe

**3.   Welche strategischen Informationen sollten im Unternehmensmodell
abgebildet werden?**

a)   Listen der Global- und Detailziele
b)   Listen der Schwachstellen und Lösungsvorschläge

4.   Welche operativen Informationen sollten im Unternehmensmodell abgebildet werden?

a)   Arbeitsplatz-Aufgaben-Dokumente-Matrizen
b)   Listen der Aufgaben und Arbeitsschritte
c)   Physische Informationsflüsse
d)   Logische Informationsflüsse

5.   Nennen Sie die wichtigsten Merkmale der strukturierten Interviewtechnik beim Aufbau des Unternehmensmodells.

a)   Vorherige Festlegung der zu ermittelnden Informationen
b)   Vorherige Festlegung des Interviewablaufs
c)   Verwendung unterschiedlicher Formate für strategische und operative Datenerhebungen
d)   Vorbereitung der Interviewpartner

6.   Welche Vorteile entstehen durch die Speicherung des Unternehmensmodells in Form einer Datenbank?

a)   Die gespeicherten Daten können maschinell analysiert werden.
b)   Die Datenbank kann immer wieder aktualisiert und die daraus generierbaren Auswertungen neu gedruckt werden.

7.   Nennen Sie die zwei Arten von Rationalisierung und geben Sie an, wie die entsprechenden Verbesserungenpotentiale geschätzt werden. Welche ist normalerweise wichtiger?

a)   Rationalisierung der Sachbearbeitertätigkeiten; sie wird als Reduzierung des Aufwandes pro Aufgabe geschätzt.
b)   Rationalisierung der Planung und Steuerung; sie wird als Erhöhung des Erwartungswertes einer Entscheidungssituation geschätzt.

Normalerweise ist b wichtiger.

8.   Welches sind die kritischen Dokumente einer Organisation?

Kritisch sind diejenigen Dokumente, die mit einsparungsträchtigen
Aufgaben zusammenhängen und die Dokumente, die von sehr vielen
Mitarbeitern benutzt werden.

Kapitel 3

**1. Nennen Sie die drei Kategorien von Dateien in einem
Anwendungssystem.**

a)   Anwendungsdateien
b)   Tabellendateien
c)   Aktivitätendateien

2. Wozu dient die Aktivitätendatei?

a)   zum Nachrichtenaustausch
b)   zur Sortierung bzw. Aufbereitung

3. Welche Informationen werden in der Tabellendatei gespeichert?

a)   Validierungsinformationen
b)   Parameter zur Ablaufsteuerung
c)   Menüinformationen
d)   Hilfsinformationen
e)   Nachrichten (z.B. Fehlermeldungen)

**4. Geben Sie die drei Kategorien von Programmen in einem
Anwendungssystem an.**

a)   Datenbankpflegeprogramme
b)   Listengeneratoren
c)   Transformationsprogramme

**5. Nennen Sie die wichtigsten Funktionen eines Datenbankpflege-
programms.**

a)   Einlesen
b)   Vorwärtsblättern
c)   Rückwärtsblättern
d)   Einfügen

c) Rückwärtsblättern
d) Einfügen
e) Ändern
f) Löschen
g) Bildschirm aufbereiten
h) Hilfsmaske abrufen
i) Vorschläge aus einer Tabelle einblenden
j) Programm beenden

6. Nennen Sie die wichtigsten Veränderungen, die von Transformationsprogrammen durchgeführt werden.

a) Umformatierung
b) Berechnung
c) Sortierung
d) Selektierung
e) Verdichtung
f) Auflösung
g) Ergänzung

7. Was ist ein Starterprogramm?

Ein Starterprogramm liest Anforderungen für Stapelprozesse, die von interaktiven Programmen in der Aktivitätendatei gespeichert werden und veranlaßt die Ausführung der angeforderten Verarbeitungen.

8. Welche Vorteile bringt die Anwendung von standardisierten Programmen mit sich?

a) niedrigere Entwicklungskosten
b) niedrigere Wartungskosten
c) leichtere Erlernbarkeit für den Benutzer
d) weniger Programmfehler

Kapitel 4

1. Was ist ein Urdokument?

Ein Urdokument ist ein Dokument, das keine Quellendokumente hat. Jeder logische Informationsfluß beginnt mit einem Urdokument.

2. Bei welchen Entscheidungsprozessen können Informationen eine ausschlaggebende Rolle spielen?

a) beim Ausfindigmachen von neuen unternehmerischen Projekten
b) bei der Definition von Globalzielen und Strategien
c) bei der Beurteilung von Zielen und Strategien
d) bei der Entwicklung von Marketing-Systemen, Fertigungssteuerungssystemen, Planungs- und Dispositionssystemen, Finanzsystemen und sonstigen Systemen, die das operationelle Verhalten des Unternehmens günstig beeinflussen
e) bei der Entwicklung von Leistungsstandards und Meß- und Kontrollmethoden für sowohl langfristige als auch operationelle Tätigkeiten
f) bei der Steigerung von Effektivität (Erreichen von Zielen) und Effizienz (Kostenreduzierung)
g) beim Vermeiden von Fehlern

3. Wie wird nach der Ist-Aufnahme der zusätzliche Informationsbedarf ermittelt?

a) durch die Befragung der Manager mit herkömmlichen Mitteln z.B. mit Erhebungsbögen oder Interviews

b) durch die Analyse der Entscheidungsprozesse mit Mitteln der künstlichen Intelligenz
c) durch das Heranziehen bekannter Modelle und Techniken zur Entscheidungsfindung

4. Nennen Sie die wichtigsten Schritte zur Entwicklung einer Sollkonzeption.

a) Festlegung des gesamten Informationsbedarfs (aller Listen und Masken)

b) Integration der Informationsträger, um ihre Anzahl auf das praktische Minimum zu reduzieren

c)   Entwicklung der Datenerfassungsstrategien (an den Urdokumenten orientiert)

d)   Entwicklung der Transformationsstrategien

e)   Entwicklung der Darstellungsstrategien

5.   Was sagt eine Barwertanalyse aus?

Eine Barwertanalyse sagt aus, was monetäre Beträge, die in der Zukunft anfallen, heute wert sind.

6.   Wie wird der optimale Systemumfang bestimmt?

Das Informationssystem wird so lange ausgedehnt, bis die Grenzkosten für eine zusätzliche Systemeinrichtung dem Grenznutzen entsprechen.

Kapitel 5

1.   Worin liegen die Probleme von Insellösungen?

a)   in Zeitverzögerungen der Informationsflüsse

b)   in dem Aufwand für Schnittstellenverarbeitungen

c)   in der Dateninkonsistenz

2.   Wonach sollen Informationen organisiert werden und warum?

Informationen sollen nach Informationsobjekten (Entitäten) organisiert werden, weil sich diese seltener ändern als die betrieblichen Abläufe, in denen die Informationen benutzt werden.

3.   Geben Sie die wichtigsten Prinzipien bei der Definition von Datenelementen an.

a)   Die Datenelementkohäsion ist zu maximieren.

b)   Die Datenelementkopplung ist zu minimieren.

c)   Die Namensvergabe muß standardisiert werden.

Abbildung 5.14: Seminaranmeldung

Codenummer des Seminars: _________

Seminarbezeichnung: _____________________

Datum und Ort des Seminars:

2.Okt.90 - Wiesbaden ☐
9.Okt.90 - Wiesbaden ☐
3.Okt.90 - Hamburg ☐
6.Okt.90 - Hamburg ☐
6.Nov.90 - München ☐
7.Nov.90 - München ☐

Teilnehmer:

Name: _____________ Vorname: _____________

Position: _____________ Abteilung: _____________

Firma: _____________

Straße/Postfach: _____________

Stadt: _____________

Telefon: _____________

Name: _____________ Vorname: _____________

Position: _____________ Abteilung: _____________

Firma: _____________

Straße/Postfach: _____________

Stadt: _____________

Telefon: _____________

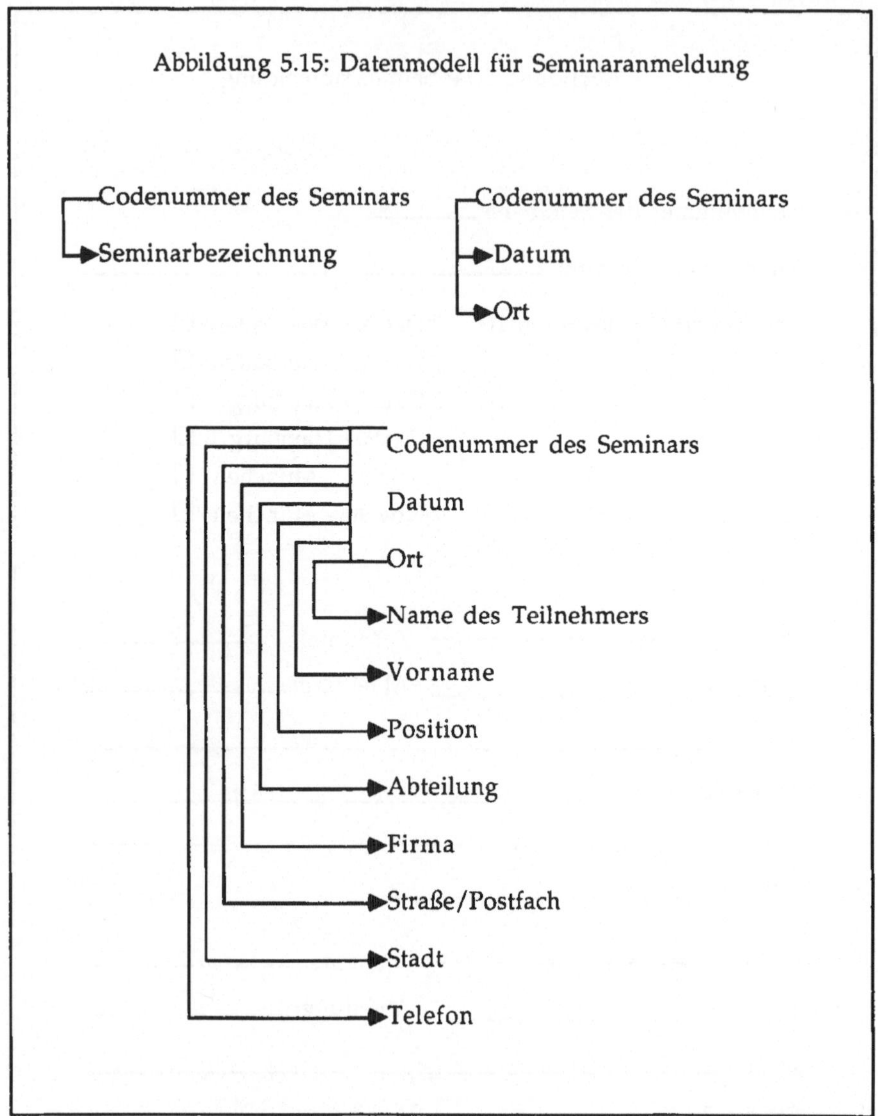

4. Was ist Datenunabhängigkeit?

Datenunabhängigkeit liegt vor, wenn die logischen und physischen
Aspekte der Informationsspeicherung getrennt sind, d.h. voneinander
unabhängig sind.

5.   Abbildung 5.14 zeigt ein Anmeldeformular eines Seminarveranstalters.
     Entwerfen Sie daraus ein Datenmodell in der dritten Normalform.

Kapitel 6

1.   **Wie wird ein Softwarepaket auf methodisch gesicherte Weise
     ausgewählt?**

     Die Masken, Listen und Datenstrukturen jedes in Frage kommenden
     Softwarepakets sollen in einem getrennten Unternehmensmodell genau
     so abgebildet werden wie die Informationsträger einer Eigenentwicklung.
     Das bedeutet, daß jeder Informationsträger eines untersuchten Pakets den
     betreffenden Arbeitsplätzen und Aufgaben zugeordnet werden muß,
     damit man sehen kann, wie sich die organisatorischen Abläufe beim
     Einsatz des Pakets ändern müssen. Auch die möglichen Ersparnisse oder
     der zu erwartende Mehraufwand (=negative Ersparnisse) müssen für jede
     Aufgabe ermittelt und aufgezeichnet werden. Anhand dieser
     Informationen kann dann für jedes Paket eine Kosten-Nutzen-Analyse
     erstellt werden. Die Sollkonzeption mit dem größten Nettonutzen deutet
     auf das beste Softwarepaket hin.

2.   **Wie erfolgt die Standardkostenrechnung in Programmierprojekten?**

     Das System wird aus einer relativ kleinen Anzahl von
     Modellprogrammen entworfen. Aufwandstatistiken werden nach
     Programmart gesammelt und bilden die Basis für die Standard-
     kostensätze.

3.   **Was bestimmt die Reihenfolge der Programmierung?**

     Die Reihenfolge der Programmierung wird durch die Reihenfolge der
     logischen Informationsflüsse bestimmt.

4.   **Was sind die Grundregeln bei der Disposition der Programmierer?**

     a)   Die Anzahl der Programmierer sollte auf dem absoluten Minimum,
          das noch mit der Einhaltung der Terminauflagen vereinbar ist,
          gehalten werden. Im Zweifelsfall gilt es, eher weniger als mehr
          Programmierer einzusetzen.

     b)   Die Arbeitsteilung unter den Programmierern sollte so organisiert
          werden, daß der Kommunikationsbedarf minimiert wird.

5. **Welche Standardkomponenten sollten in der zentralen Komponenten-
    bibliothek gespeichert werden?**

    a)   Modellprogramme
    b)   Bildschirmein- und -ausgaberoutinen
    c)   Datenbankzugriffsroutinen
    d)   Tabellenzugriffsroutinen
    e)   Subroutinen zur Konvertierung von Datumsangaben
    f)   Subroutinen zur Verarbeitung von Zeichenketten
    g)   Statistische und mathematische Subroutinen

6. **Nennen Sie die wichtigsten Schritte der Qualitätssicherung.**

    a)   Der Programmierer testet sein Programm gründlich mit praxisnahen
         Testdaten.

    b)   Der Bibliotheksverwalter überprüft das Programm im Hinblick auf
         die Einhaltung der Standards.
    c)   Die Benutzer testen das Programm im Rahmen der
         Verfeinerungsiterationen.

7. **Worin besteht das Hauptproblem beim Testen und woraus resultiert es?**

    Das Hauptproblem beim Testen ist die mangelnde Gründlichkeit, mit der
    die Funktionstüchtigkeit der Programme überprüft wird. Das resultiert
    aus den folgenden Umständen:

    a)   Es fehlen praxisnahe Testdaten.
    b)   Die Pflege der Testumgebung ist zu umständlich.
    c)   Die Programmierer behindern sich gegenseitig durch die
         unkontrollierte Verwendung der gleichen Testumgebung.

Kapitel 7

1. **Nennen Sie die wichtigsten Aufgaben bei der schrittweisen Verfeinerung.**

    a)   die Inbetriebnahme der Systemteile und die anschließende
         Ermittlung von Schwachstellen

    b)   die Konkretisierung von solchen Verbesserungsmaßnahmen, die
         sich mit den Mitteln der Informationstechnik durchführen lassen

c)   die Konsensbildung unter den verschiedenen, teilweise
     konfliktträchtigen Arbeitsgruppen
d)   die Beschränkung des Verfeinerungsaufwandes auf das ökonomisch
     Sinnvolle

**2.   Warum ist ein Designgremium geeeignet, die erforderliche Kooperation
       zwischen Systementwicklern und Fachbereichen herbeizuführen?**

a)   wegen seiner fachlichen Kompetenz
b)   wegen seiner politischen Legitimation

**3.   Geben Sie die wichtigsten Prinzipien bei der Organisation von
       Designgremien an.**

a)   Aufstellung praxiskundiger Vertreter der Fachbereiche
b)   Vorbereitung der Gremiumsmitglieder auf ihre Arbeit
c)   Verantwortungsübernahme für die Gestaltung der
     Benutzeroberfläche von seiten des Gremiums
d)   strenge Einhaltung eines genauen Zeitplans

4.   Nennen Sie die Ablaufschritte einer Verfeinerungsiteration.

a)   Einweisung des Koordinators
b)   Zusammenstellung von Testdaten
c)   Zusammenstellung bzw. Anpassung des Benutzerhandbuchs
d)   Einweisung der Benutzer
e)   Übungsbetrieb
f)   Berichterstattung
g)   Analyse der Rationalisierungseffekte
h)   Entwurf der Verbesserungen
i)   Durchführung der Verbesserungen

**5.   Welche drei Kategorien von Tätigkeiten führt ein Designgremium bei
       seiner Arbeit aus?**

a)   untersuchende Tätigkeiten
b)   kreative Tätigkeiten
c)   entscheidungstreffende Tätigkeiten

**6.   Welche Designmethode eignet sich besonders für die Delegierung von
       Untersuchungsarbeiten, um einen Konsens über die Auswahl einer von**

mehreren Alternativen herbeizuführen bzw. um Anforderungen an ein System präzise zu definieren?

a) Informationssuche
b) Zielbäume
c) Leistungsspezifikation

7. Warum ist ein Release-Konzept angebracht?

a) um schleichende Kosten zu vermeiden
b) um einen besseren Überblick über die Funktionsweise des Systems zu behalten

8. Wie lange sollen die Verfeinerungsiterationen fortgesetzt werden?

Die Verfeinerungsiterationen sollen so lange fortgesetzt werden, bis keine Steigerung des Nettonutzens vom bestehenden Release zum geplanten Release mehr zu verzeichnen ist.

Kapitel 8

1. Nennen Sie die wesentlichen Elemente des Dreiphasenkonzepts.

a) Unternehmensmodellierung
b) standardisierte Softwarekomponenten
c) Prototyping
d) iterative Verfeinerung mit Hilfe eines Benutzergremiums

2. Nennen Sie die wichtigsten Vorteile einer Datenbank als Unternehmensmodell für die Ist-Aufnahme.

a) guter überblick über Strategien, Aufbauorganisation, Ablauforganisation und Informationen
b) leichte Anpassungsfähigkeit
c) Möglichkeit der automatischen Erstellung von Analysen

3. **Nennen Sie die wichtigsten Vorteile einer Datenbank als Unternehmens-modell für die Aufstellung einer Sollkonzeption.**

a)   ganzheitliche Systemplanung mit direktem Bezug auf die organisatorischen Abläufe

b)   problemlose Aufstellung von Alternativen durch Kopieren der Datenbank

c)   Möglichkeit der automatischen Erstellung von Analysen

4. **Warum sollen nach Möglichkeit wiederbenutzbare Softwarekomponenten eingesetzt werden?**

a)   schnellere Programmerstellung

b)   leichtere Wartung

c)   niedrigere Fehlerraten

5. **Was bietet die beste Gewähr für einen erfolgreichen Ablauf der Phase 3?**

Die Steuerung des Verfeinerungsprozesses durch Grenzkosten-Grenznutzen-Analysen und des Benutzergremiums durch die Gruppendesignmethoden bietet die beste Gewähr für einen erfolgreichen Ablauf der Phase 3.

Sachwortverzeichnis

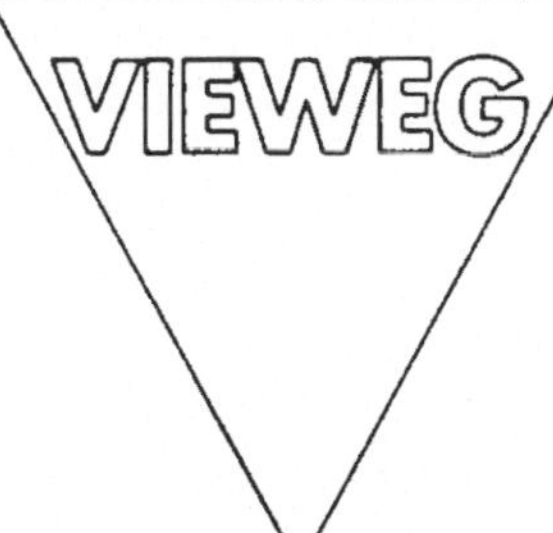

Ray Duncan neues

MS-DOS

FÜR FORTGESCHRITTENE

Das Microsoft-Handbuch zum Programmieren mit Assembler und C.

Aus dem Amerikanischen übersetzt von Peter Riswick. Ein Microsoft Press/ Vieweg-Buch. 1989. X, 724 Seiten. Gebunden.

MS-DOS für Fortgeschrittene, eine hervorragende Informationsquelle für Assembler und C-Programmierer, wurde erweitert und überarbeitet. Das Buch enthält eine Menge neuer Informationen und Programmierhilfen:

- ROM-BIOS für den IBM PC, PC/AT, PS/2 und den zugehörigen Peripheriegeräten wie Disketten- und Festplattenlaufwerke, Bildschirmadapter und Zeigergeräte (Maus);
- MS-DOS bis einschließlich Version 4;
- Version 4 des Lotus/Intel/Microsoft-Systems zur Nutzung des Erweiterungsspeichers (Expanded Memory Specification);
- Vergleich von „gutartigen" und „hardwareabhängigen" Anwendungsprogrammen;
- Kompatibilität zu OS/2;
- Programmierung von Zeichengeräten und Massenspeichern;
- Verwaltung des Speichers;
- Prozeßmanagement.

Zusätzlich zu seinem Expertenwissen hat Ray Duncan viele nützliche Assembler- und C-Programme als Beispiele hinzugefügt. Dazu gehören komplette Hilfsprogramme wie ein Terminal-Emulationsprogramm, eine DOS-Benutzeroberfläche (DOS-Shell) und ein Rahmenprogramm für Interrupt-Behandlungsroutinen. Alle Programme wurden mit dem Microsoft-Assembler 5.1 oder Microsoft C 5.1 übersetzt.

Detaillierte Beschreibungen der einzelnen MS-DOS-Funktionen und Interrupts sowie Informationen über den Aufruf der Funktion, Fehlermeldungen und Unterschiede zwischen verschiedenen Versionen werden aufgeführt. Dabei handelt es sich um ein *vollständiges* Nachschlagewerk, das *alle MS-DOS-Versionen* einschließlich Version 4.0 berücksichtigt!

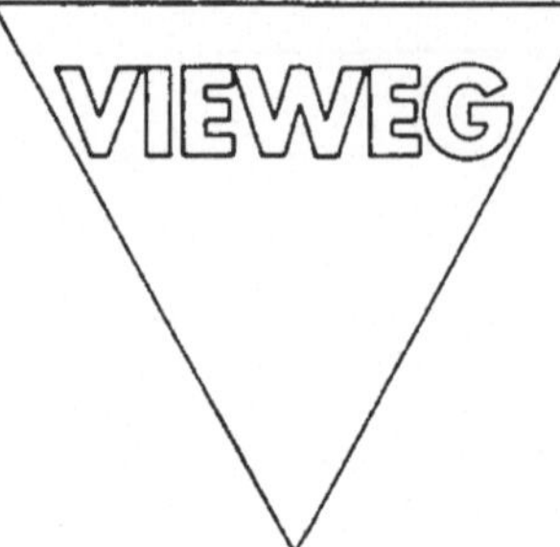

Jeffrey I. Krantz, Ann. M. Mizell und Robert L. Williams

OS/2 für Anwender und Systementwickler

Mit einem Geleitwort der IBM Deutschland.

Aus dem Amerikanischen übersetzt und bearbeitet von Almut Kleine und Johanna Heiss. 1989. XX, 308 Seiten. Gebunden.

Die nunmehr vorliegende Übersetzung des bereits in den USA hochgelobten Werkes zu OS/2 bietet dem ernsthaften Anwender ein umfangreiches und komprimiertes Fachwissen zum neuen Betriebssystem. Die Autoren, selbst an der Entwicklung des Betriebssystems bei der IBM beteiligt, zeigen zahlreiche Programmiermöglichkeiten unter Benutzung der Programmiersprache C auf.

In der Juliausgabe der Zeitschrift BYTE heißt es zum amerikanischen Original: *„This book really shines in its discussions of PS/2 programming, offering some previously little known information on the PS/2s' Advanced BIOS. The authors also provide a good discussion of the difference between the edgetriggered hardware interrupt mechanism in the IBM PC AT environment and the level-sensitive triggering of the PS/2s, and how OS/2 device drivers can use this hardware feature."*

Aus dem Inhaltsverzeichnis:

- Speichermöglichkeiten
- Multitasking und Prozeßkommunikation
- Programmbeispiele in C mit mehreren Threads
- Ein-/Ausgabeeinrichtungen
- Interruptgesteuerte Einheitenverwaltung
- Fortgeschrittene Programmierkonzepte
- Systemumgebung und -konfiguration
- Erweiterungen des Standard OS/2 (Presentation Manager, Database Manager, Communications Manager)